学ぶ人は、
変えてく人だ。

目の前にある問題はもちろん、
人生の問いや、
社会の課題を自ら見つけ、
挑み続けるために、人は学ぶ。
「学び」で、
少しずつ世界は変えてゆける。
いつでも、どこでも、誰でも、
学ぶことができる世の中へ。

旺文社

でる順×分野別

漢検問題集

五訂版

準2級

旺文社

目次

はじめに …… 4
本書の特長 …… 7
本書の使い方 …… 8
漢字検定 受検ガイド …… 10
漢字検定 合格までの道 …… 12
準2級攻略法 …… 14
傾向と学習のポイント …… 16

でる順Ⓐランク …… 25
読み ①〜⑥ …… 26
部首 ①〜③ …… 38
同音・同訓異字 ①〜③ …… 44
熟語の構成 ①〜⑤ …… 50
対義語・類義語 ①〜③ …… 60
送り仮名 …… 66
四字熟語 ①〜⑥ …… 68
誤字訂正 ①〜⑤ …… 80
書き取り ①〜⑥ …… 90
漢字パズル ① …… 102

でる順Ⓑランク …… 103
読み ①〜③ …… 104
部首 ①・② …… 110
同音・同訓異字 ①〜③ …… 114
熟語の構成 ①・② …… 120
対義語・類義語 ①〜③ …… 124
送り仮名 ①・② …… 130
四字熟語 ①〜③ …… 134
誤字訂正 ①〜③ …… 140

書き取り ①～⑤ …… 146
漢字パズル ② …… 156

でる順 C ランク …… 157
読み ①・② …… 158
部首 …… 162
同音・同訓異字 ①～③ …… 164
熟語の構成 …… 170
対義語・類義語 ①・② …… 172
送り仮名 …… 176
四字熟語 ①～③ …… 178
誤字訂正 ①・② …… 184
書き取り ①～④ …… 188
漢字パズル ③ …… 196

予想問題 …… 197
第1回 予想問題 …… 198
第2回 予想問題 …… 204
第3回 予想問題 …… 210
予想問題 解答と解説 …… 216
2級チャレンジテスト …… 222
2級チャレンジテスト 解答と解説 …… 228

別冊付録
準2級配当漢字表 …… 1
おもな特別な読み、熟字訓・当て字 …… 44
高校で習う読み（3級以下の配当漢字） …… 46
部首一覧 …… 52

編集協力　株式会社友人社
校正　加藤陽子・広瀬菜桜子・豆原美希
装丁デザイン　ライトパブリシティ（大野瑞生）
本文デザイン　伊藤幸恵・作間達也
本文イラスト　三木謙次

漢字検定（漢検）とは

本書が目指す「漢字検定（漢検）」とは、公益財団法人日本漢字能力検定協会が主催する「日本漢字能力検定」のことです。漢字検定は1級から、準1級・準2級を含む10級までの12段階に分かれています。

●受検資格

年齢・学歴などにかかわらず、だれが何級を受検してもかまいません。検定時間が異なれば4つの級まで受検できます。受検には個人受検・団体受検・漢検CBT受検の3つがあります（詳しくは10ページ）。

●出題対象となる漢字

漢字検定では、それぞれの級に定められた出題範囲があります。それぞれの級で新たに出題対象となる漢字を配当漢字といい、当該級はそれ以下の級の配当漢字も出題範囲に含まれることが原則です。

準2級では、常用漢字のうち1951字が出題の対象となります。

●問い合わせ先

公益財団法人　日本漢字能力検定協会

本　部　〒605－0074
京都府京都市東山区祇園町南側551番地
TEL. 075－757－8600
FAX. 075－532－1110

東京事務所　〒108－0023
東京都港区芝浦3丁目17－11　天翔田町ビル6階

URL　https://www.kanken.or.jp/

●漢字検定準2級の審査基準

程度	常用漢字のうち1951字を理解し、文章の中で適切に使える。
領域・内容	**《読むことと書くこと》** 1951字の漢字の読み書きを習得し、文章の中で適切に使える。 ・音読みと訓読みとを正しく理解していること ・送り仮名や仮名遣いに注意して正しく書けること ・熟語の構成を正しく理解していること ・熟字訓、当て字を理解していること （硫黄／いおう、相撲／すもう　など） ・対義語、類義語、同音・同訓異字を正しく理解していること **《四字熟語》** 典拠のある四字熟語を理解している(驚天動地、孤立無援　など)。 **《部首》**　部首を識別し、漢字の構成と意味を理解している。

●漢字検定準2級の採点基準

字の書き方	正しい筆画で明確に書きましょう。くずした字や乱雑に書かれた字は採点の対象外です。
字種・字体・読み	2～10級の解答は、内閣告示「常用漢字表」（平成22年）によります。旧字体での解答は不正解となります。
仮名遣い	内閣告示「現代仮名遣い」によります。
送り仮名	内閣告示「送り仮名の付け方」によります。
部首	『漢検要覧　2～10級対応』（公益財団法人日本漢字能力検定協会）収録の「部首一覧表と部首別の常用漢字」によります。
合格基準	合格のめやすは、正答率70％程度です。200点満点ですから、140点以上とれれば合格の可能性大です。

●おもな対象学年と出題内容　※2024年2月現在

<table>
<tr><th>内容／級</th><th>レベル</th><th>漢字の書取</th><th>誤字訂正</th><th>同音・同訓異字</th><th>四字熟語</th><th>対義語・類義語</th><th>送り仮名</th><th>熟語の構成</th><th>部首・部首名</th><th>筆順・画数</th><th>漢字の読み</th><th>検定時間</th><th>検定料</th></tr>
<tr><td rowspan="2">2</td><td rowspan="2">高校卒業
・
大学
・
一般程度</td><td>○</td><td>○</td><td>○</td><td>○</td><td>○</td><td>○</td><td>○</td><td>○</td><td></td><td>○</td><td rowspan="2">60分</td><td rowspan="2">4500円</td></tr>
<tr><td colspan="10">《対象漢字数》
2136字（準2級までの対象漢字1951字＋2級配当漢字185字）
※高等学校で習う読みを含む</td></tr>
<tr><td rowspan="2">準2</td><td rowspan="2">高校在学程度</td><td>○</td><td>○</td><td>○</td><td>○</td><td>○</td><td>○</td><td>○</td><td>○</td><td></td><td>○</td><td rowspan="2">60分</td><td rowspan="2">3500円</td></tr>
<tr><td colspan="10">《対象漢字数》
1951字（3級までの対象漢字1623字＋準2級配当漢字328字）
※高等学校で習う読みを含む</td></tr>
<tr><td rowspan="2">3</td><td rowspan="2">中学校卒業程度</td><td>○</td><td>○</td><td>○</td><td>○</td><td>○</td><td>○</td><td>○</td><td>○</td><td></td><td>○</td><td rowspan="2">60分</td><td rowspan="2">3500円</td></tr>
<tr><td colspan="10">《対象漢字数》
1623字（4級までの対象漢字1339字＋3級配当漢字284字）
※中学校で習う読みを含む
※高等学校で習う読みは含まない</td></tr>
<tr><td rowspan="2">4</td><td rowspan="2">中学校在学程度</td><td>○</td><td>○</td><td>○</td><td>○</td><td>○</td><td>○</td><td>○</td><td>○</td><td></td><td>○</td><td rowspan="2">60分</td><td rowspan="2">3500円</td></tr>
<tr><td colspan="10">《対象漢字数》
1339字（5級までの対象漢字1026字＋4級配当漢字313字）
※中学校で習う読みを含む
※高等学校で習う読みは含まない</td></tr>
<tr><td rowspan="2">5</td><td rowspan="2">小学校
6年生
修了程度</td><td>○</td><td>○</td><td>○</td><td>○</td><td>○</td><td>○</td><td>○</td><td>○</td><td>○</td><td>○</td><td rowspan="2">60分</td><td rowspan="2">3000円</td></tr>
<tr><td colspan="10">《対象漢字数》
1026字（6級までの対象漢字835字＋5級配当漢字191字）
※中学校で習う読みは含まない</td></tr>
</table>

※内容は変更されることがありますので、日本漢字能力検定協会のホームページをご確認ください。

特長1 「でる順」×「分野別」で効果的に学習

合格に必要な実力養成のために、過去の検定試験で実際に出題された漢字を約18年分、独自に分析し、ABCの三段階での「でる順」に分け、さらにその中を分野別で構成しました。同じ配当漢字でも、出題用例ごとに頻度を分析しましたので、効果的な学習が可能です。

特長2 実践的な漢字資料付き――別冊付録

「準2級配当漢字表」「おもな特別な読み、熟字訓・当て字」「高校で習う読み」「部首一覧」を、見やすい形で別冊に収録しています。また配当漢字表では、その漢字がどの分野でねらわれやすいのか、ひと目でわかるように、アイコンを付けてあります。

学習の基礎資料としてはもちろん、別冊に収録しているので持ち運びもしやすく、検定会場での直前チェックにも使えます。

特長3 本番対策にもしっかり対応

予想問題（3回分）

検定試験の対策として、本番形式の予想問題を3回分収録しています。

ダウンロード特典

模擬試験2回分（解答付き）と原寸大解答用紙を無料でダウンロードできます。

［ダウンロード特典のご利用方法］

以下のURLまたはQRコードからアクセスし、「漢検」カテゴリの該当級をダウンロードしてください。

URL：https://www.obunsha.co.jp/support/tokuten/

※サービスは予告なく終了する場合があります。

でる順 A
読み ①

次の——線の漢字の読みをひらがなで記せ。

1 晩秋の公園は**閑散**としている。
2 現行の制度を**全廃**する。
3 就職もせずに**安逸**に日々を過ごす。
4 新聞は二紙を**併読**している。
5 文章の**巧拙**より内容が問題である。
6 ハエやカが伝染病を**媒介**する。
7 **寡少**な予算のせいで節約が必要だ。
8 大地震でも倒れない**頑丈**な建物。
9 **窮迫**する財政の再建策を講じる。
10 **献身**的な看護により病気は治った。
11 うなぎの輸入は**自粛**の傾向にある。
12 言葉たくみに**空疎**な弁舌をふるう。
13 ますます御**壮健**のことと存じます。
14 名人の座を**奪還**する。
15 実際の方法を**逐次**説明する。
16 知人宅で地元の**銘菓**をいただく。
17 ここに至って警察も**捜索**を始めた。
18 常日ごろから**懇意**にしている先生。

10分で解こう！

30点以上とれれば合格！

得点 1回目 /42 2回目 /42

解答

1 かんさん
2 ぜんぱい
3 あんいつ
4 へいどく
5 こうせつ
6 ばいかい
7 かしょう
8 がんじょう
9 きゅうはく
10 けんしん
11 じしゅく
12 くうそ
13 そうけん
14 だっかん
15 ちくじ
16 めいか
17 そうさく
18 こんい

他例 1［閑静］ 意味 12［空疎＝かたちばかりで内容のないこと］ 26

出題分野別のでる順

検定試験で出題される出題分野別に、A・B・Cランクのでる順で構成しています。

目標解答時間の表示

検定試験を時間内に終えるには、時間配分も重要になります。本書では、各見開きに目標解答時間を掲載してあります。

合格目標点・得点欄

自己採点用の得点欄です。各問題の上にあるチェックボックスと併用して、解けない問題を減らしましょう。目標得点は全体の7割です。

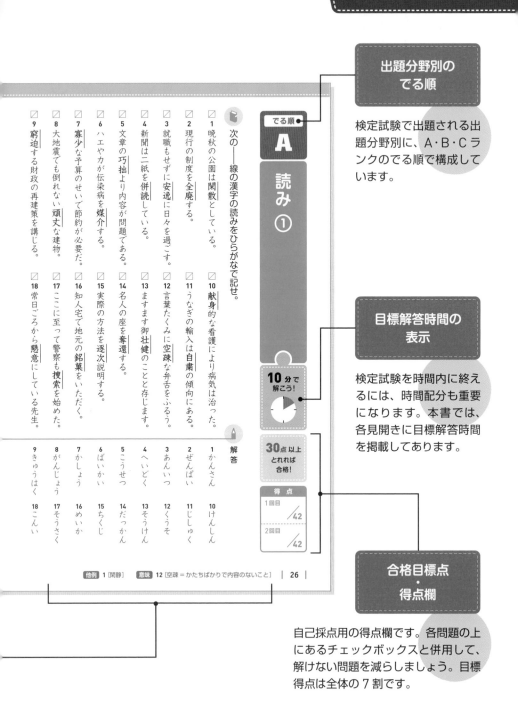

Aランク…… 検定試験で必ずといっていいほど出題される最重要問題
Bランク…… 検定試験でよくねらわれる合否を左右する重要問題
Cランク…… 出題される頻度は低いものの実力に差をつける問題

読み ①

部首 / 同音・同訓異字 / 熟語の構成 / 対義語・類義語 / 送り仮名 / 四字熟語 / 誤字訂正 / 書き取り

- 19 考えられるすべてを網羅した事典。
- 20 叙景に優れた小説が評判だ。
- 21 裏方に徹して舞台を成功させる。
- 22 台風のために野菜の価格が騰貴する。
- 23 雑菌を取り除くことは難しい。
- 24 オリンピックで期待の俊足ランナー。
- 25 これは弊社が開発した新商品です。
- 26 ついに天下の覇者となった武将。
- 27 番組を一部割愛し緊急報道を続ける。
- 28 顔だけでなく性格も酷似した人物。
- 29 事のよしあしを吟味する。
- 30 祖父は剛直な人物だ。
- 31 非難の矢面に立たされる。
- 32 滑らかな肌合いの下着。
- 33 病院に行くことを毛嫌いする母。
- 34 渋い色の背広を着た男。
- 35 有利な時にこそ手綱を締める。
- 36 けんかを遠巻きにして人垣ができる。
- 37 その一言で性根が据わった。
- 38 夕日に映える海をながめる。
- 39 野球部員二十人分の食事を賄う。
- 40 駅前をビジネスマンが行き交う。
- 41 襟を正して聞きなさい。
- 42 忙しくて借りた本の戻しが遅れる。

19 もうら　20 じょけい　21 てっ　22 とうき　23 ざっきん　24 しゅんそく　25 へいしゃ　26 はしゃ　27 かつあい　28 こくじ　29 ぎんみ　30 ごうちょく
31 やおもて　32 はだあ　33 けぎら　34 しぶ　35 たづな　36 ひとがき　37 す　38 は　39 まかな　40 か　41 えり　42 もど

27　意味 22 [騰貴＝物価・相場があがること]

赤色シートで消える解答

解答は赤い字で書かれており、付属の赤色シートでかくすことができます。このシートを使えば、同じページの中にある解答を気にすることなく学習できます。

充実した解説

学習の手助けになるように解説を充実させました。解答欄はもとより、ページの欄外にも解説を入れてあり、わざわざ辞書を使わなくてもポイントを押さえた学習が可能です。確実な実力を養成するためにも、しっかり確認しておきましょう。

漢字検定を受検する方法は、大きく分けて3つあります。公開会場で受ける「個人受検」と、コンピューターを使って受検する「漢検CBT」、学校や企業・塾などで一定人数以上がまとまって受ける「団体受検」です。それぞれの主な流れを見てみましょう。

公開会場

検定日　原則として毎年、6月・10月・翌年2月の日曜日の年3回。申し込み期間は、検定日の約3か月前から約1か月前。

検定会場　全国主要都市および海外主要都市。

インターネットで申し込み

日本漢字能力検定協会（以下漢検協会）のホームページ（https://www.kanken.or.jp/）の申し込みフォームにアクセスし、必要事項を入力。

コンビニで申し込み

指定のコンビニに設置された端末機で申し込み。

取り扱い書店で申し込み

取り扱い書店で願書を手に入れ、書店で検定料を支払って書店払込証書を入手。

団体受検

（準会場受検）

設置条件を満たしている学校や団体が、自ら団体受検用の会場と責任者を設け実施する受検方法です。2級～10級の準会場での志願者が合計10人以上ならば申し込みが可能で、協会が指定する日程（年間で17日程度）の中から検定日を選択することができます。

※申し込み方法に関する詳しい情報は、日本漢字能力検定協会のホームページをご確認下さい。

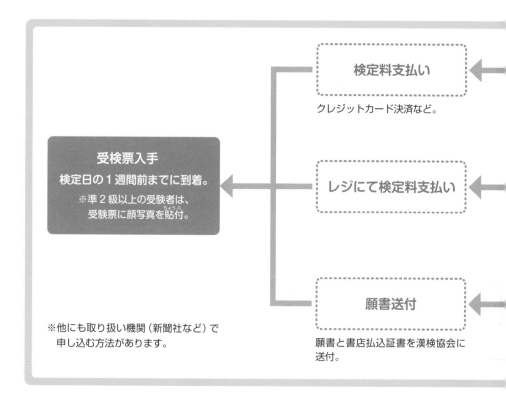

検定料支払い

クレジットカード決済など。

受検票入手

検定日の１週間前までに到着。

※準２級以上の受験者は、
受験票に顔写真を貼付《ちょうふ》。

レジにて検定料支払い

願書送付

※他にも取り扱い機関（新聞社など）で
申し込む方法があります。

願書と書店払込証書を漢検協会に
送付。

漢検 CBT （コンピューター・ベースド・テスティング）

漢検 CBT は、コンピューターを使って受検するシステムのことです。合格すると従来の検定試験と同じ資格を取得することができます。漢検 CBT で受検できるのは２～７級で、検定料は従来の検定試験と同じ、申し込みはインターネットからのみです。通常の（紙での）検定試験とのちがいは、実施回数です。検定試験が年３回であるのに対し、漢検 CBT は、試験会場によっては日曜祝日も実施しており、都合のよい日程で受検できます。試験会場は 47 都道府県、150 箇所以上に設置されています。また、合否の結果が約 10 日でわかるので非常にスピーディといえます。

自分の学習レベルと審査基準を照らし合わせて、受検級を決めましょう。受検日を決めたら、『でる順×分野別　漢検問題集』で勉強を始めましょう！

まずは最低限！

合格に最低限必要とされるAランクの問題を確実に解けるようにしよう！

受検票をゲット！

一週間前までに受検票が送られてくる。受検会場・検定時間をしっかり確認しておこう！

三か月前　一か月前　一週間前

確かな合格力を！

Aランクが一通り終わったら、Bランク・Cランクにステップアップ！

申し込みを忘れずに！

申し込み期間は三か月前から一か月前。忘れないように、早めに申し込んでおこう！

直前で実力チェック！

巻末の予想問題で自分の弱点を確認！　全3回収録されているので、定期的に解いてみよう！
模擬試験（2回分）も無料でダウンロードできるので活用しよう！

前日　試験当日　一か月後

試験本番は落ち着いて！

別冊を使って最後の確認を。試験本番では今までがんばった自分を信じて、あわてずしっかりと問題を解こう！
とめ・はねなどははっきりと！ 時間が余ったら、見直すことも忘れずに。

忘れ物は厳禁！

試験当日には、
①受検票　②消しゴム　③筆記用具（HB・B・2Bのえんぴつ、またはシャープペンシル）
を必ず持っていこう！
万年筆やボールペンは不可で、腕時計・ルーペは持ち込み可となっている。

合格の通知！

検定日の約30日後から漢検ホームページで合否結果を確認できる。また、約40日後に、合格者には合格証書・合格証明書と検定結果通知が、不合格者には検定結果通知が郵送される。

次の級へチャレンジ！

合格したら、次の級の受検を考えよう！
今回と同じ方法で勉強すれば、きっと大丈夫!!
まずは巻末の２級チャレンジテストで力だめし！

合格の目安は7割

漢字検定準2級は、200点満点中の70%（140点）程度で合格とされます。

「読み」と「書き取り」を確実におさえる

【資料1】でわかるように、「読み」と「書き取り」の問題の配点が全体の40%を占めており、この2ジャンルをしっかりとおさえることが合格の必須条件です。

その他のジャンルもまんべんなく7割以上の得点を目標として、苦手な分野は集中して学習しましょう。

【資料1】 各ジャンルの配点

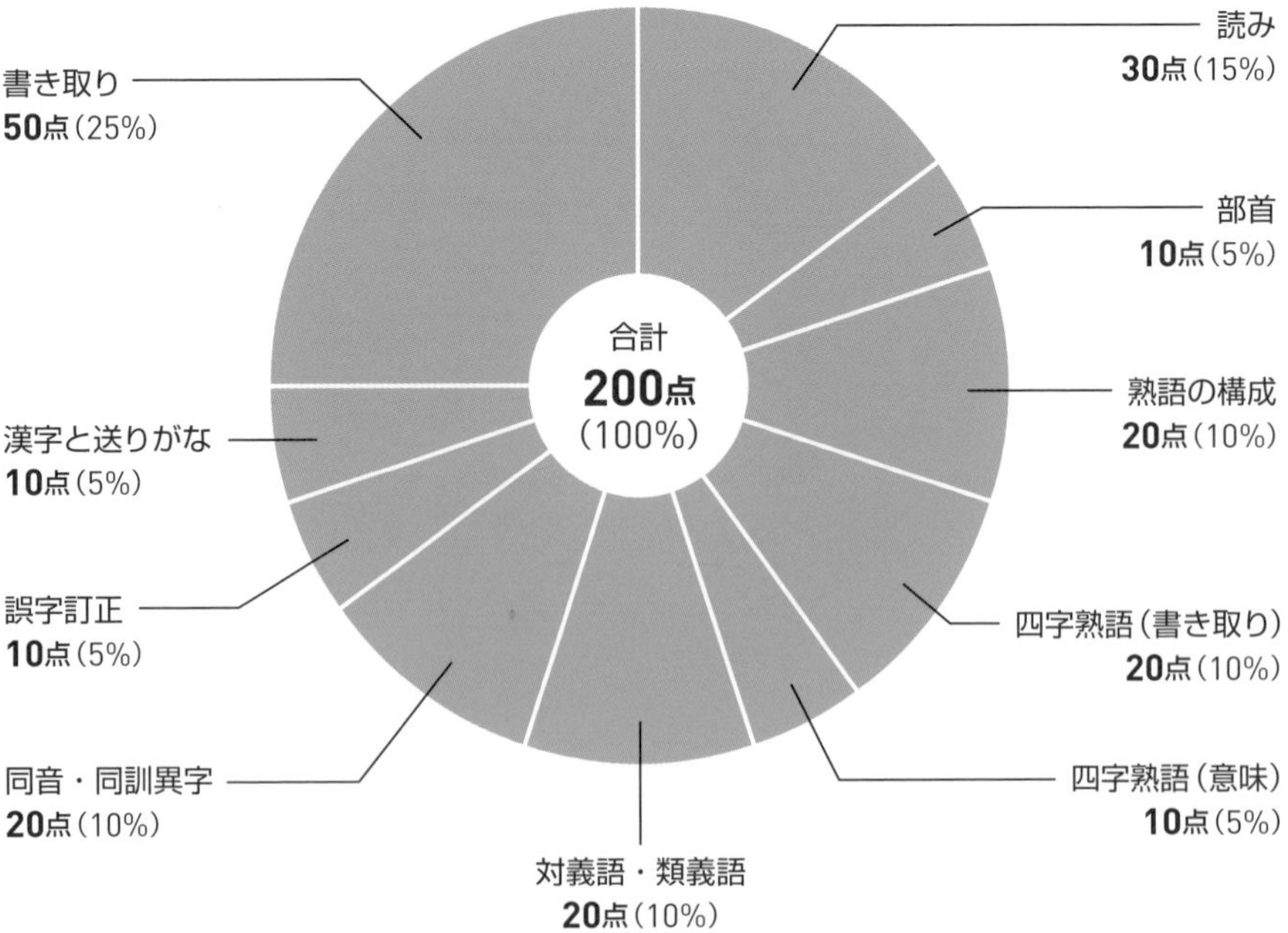

（資料1・2…公益財団法人　日本漢字能力検定協会の2016～2020年刊行資料をもとに作成）

各ジャンルの正答率

【資料２】は合格者と受検者全体の正答率の平均ですが、合格者の平均はおおよそ７割を超えているのに対して、受検者全体の平均では「四字熟語（書き取り）」「対義語・類義語」「誤字訂正」などが大きく落ち込んでおり、合否を分ける大きなポイントとなりそうです。各分野の正答率を参考に、今後の対策をしっかり立てましょう。

時間配分を意識する

全部で１２０問あるので、時間配分を意識することも大切です。一つの設問に時間をかけすぎないように注意し、わからない設問を飛ばして進める場合は、マークシートの記入欄のズレに注意しましょう。見直しの時間を５～10分程度確保することも忘れずに。

【資料 2】 各ジャンルの正答率

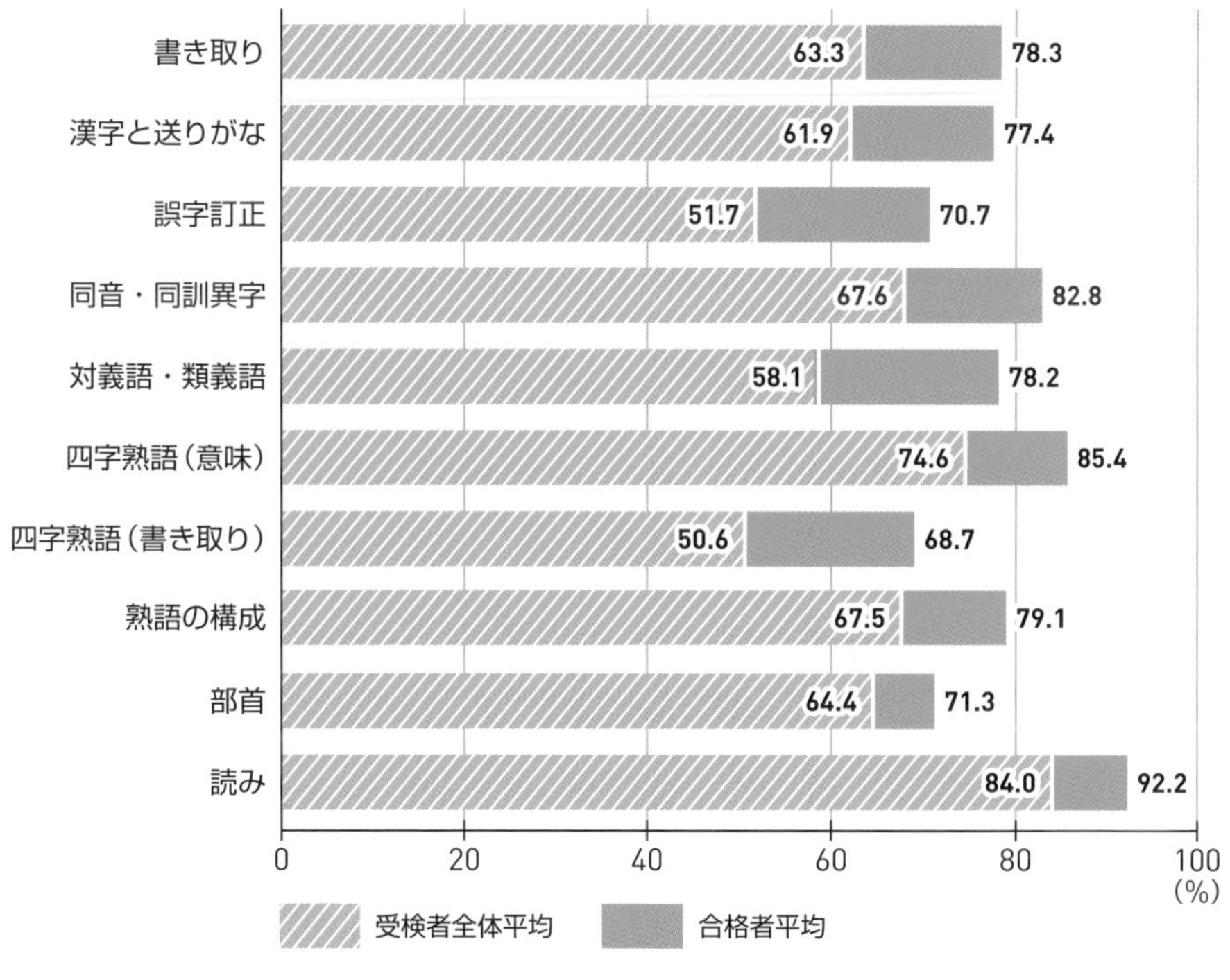

出題形式についての注意

この「傾向と学習のポイント」は、過去10年分の出題頻度データと、２０１２年に公益財団法人日本漢字能力検定協会（以下、漢検協会）による審査基準改訂後に実施された、最新試験データをもとに作成しました。ただし漢検協会では「適宜、出題形式や問題数を変更することがあります」と公表していますので、あくまでもめやすとしてください。基本的には準2級の出題範囲の漢字についての知識が問われる、と考えるべきでしょう。

また、本書では過去18年分の出題頻度データをもとに、頻出の漢字問題を抽出しているため、現在の試験での出題分野や出題形式ではない問題も含まれています。ただ、ねらわれやすい重要な漢字であることや、漢検協会によって、出題分野や出題形式がさらに変更される可能性もあることから、あえてそのままで収録しています。漢字の知識を習得する意味でも、これらの問題を上手に学習に役立ててください。

許容の範囲

印刷物は一般的に明朝活字と呼ばれる字体のものが多く、楷書体とは活字デザイン上若干の違いがあります。検定試験では、画数の変わってしまう書き方は不正解ですが、「とめる・はねる」「つける・はなす」など、解答として許容されるものがあります。

以下、明朝体と楷書体の差異に関する例の一部を抜粋します。検定試験ではどちらで書いても正解となります。

①長短に関する例
無→無＝無

②方向に関する例
主→主＝主

③つけるか、はなすかに関する例
月→月＝月

④はらうか、とめるかに関する例
骨→骨＝骨

⑤はねるか、とめるかに関する例
糸→糸＝糸

⑥その他
令→令＝令

読み

配点　1点×30問

出題傾向

短文中の漢字の読みを答える問題。3級以下の配当漢字では、高校で習う読みも出題されるので要注意。最近の出題では、音読み（主に二字熟語）が約20問、訓読み（主に一字訓）が約10問出題されるパターンが多いです。

※本書では、問題番号1～30を音読み、31～42を訓読みで構成しています。

攻略のポイント

●高校で習う読みのチェック

3級以下の配当漢字といえども、高校で習う読みには、意外に難しくて容易に読めないものがたくさんあります。

例　身上《しんしょう》→（「ショウ」が高校で習う読み）

●特別な読み、熟字訓・当て字

特別な読みや熟字訓・当て字は、数こそ多くはありませんが、よくねらわれる要注意問題です。

例　芝生（しばふ）　草履（ぞうり）　若人（わこうど）

●現代仮名遣いのルールを守る

仮名遣いは内閣告示「現代仮名遣い」によります。「じ」と「ぢ」、「ず」と「づ」の使い分けなど、意外に間違って覚えている場合もあります。

●複数の読み方がある熟語は文脈を理解する

複数の読み方を持つ熟語の場合、読み方を変えると意味まで変わるものもあります。文脈を理解して、それに合う読み方をしましょう。

例　気骨
- （きこつ）……強い気性
- （きぼね）……気苦労

部首

配点 1点×10問

出題傾向

問題となる漢字の部首を書く問題。準2級配当漢字を中心に出題されるが、その他の常用漢字で勘違いしやすいものが出題されます。「さんずい」「てへん」などの一般的な部首の漢字よりは、「相」（部首は「目」）、「窓」（部首は「穴」）などのように判別の難しい漢字がねらわれます。

攻略のポイント

●部首は『漢検要覧　2～10級対応』に準拠

部首の分類は漢和辞典によって異なる場合があります。漢字検定では、部首の分類は『漢検要覧　2～10級対応』（公益財団法人日本漢字能力検定協会）収録の「部首一覧表と部首別の常用漢字」に従わなければなりません（本書は、この一覧に準拠しています）。

●間違いやすい部首の例

①部首が複数考えられる漢字

例　憲→宀？　心？（心が部首）

②部首の見当がつかない漢字

例　九→乙　背→肉　舎→舌

③漢字自体が部首の漢字

例　骨→骨　鼻→鼻　飛→飛

●該当漢字が少ない漢字は覚えておこう

出題範囲内の漢字では、ある部首に該当する漢字が1つや数個しかない場合があります。これらの漢字はしっかり覚えておきましょう。出題された場合の得点源とすることができます。

同音・同訓異字

配点　2点×10問

出題傾向

短文中にある同じ読みで異なる漢字を、それぞれ答える問題。3級以下の漢字では、高校で習う読みがよくねらわれます。最近の出題では、同音異字が8問（4組）、同訓異字が2問（1組）出題されています。

※本書では、問題番号1～32を同音異字、33～40を同訓異字で構成しています。

攻略のポイント

●漢字を使い分ける力が必要

漢字を使い分けるためには漢字の意味を知ることが近道です。同じ読みの漢字は複数あるので、日頃から同じ読みの漢字には注目して、意味も確認しましょう。問題の短文をしっかり読み、その文脈にあった熟語を選ぶことが必要です。

※最近の試験では漢字をきちんと書けるかどうかも問われるようになっています。漢字を使い分ける力に加え、しっかりと書ける力も身に付けておきましょう。

熟語の構成

配点　2点×10問

出題傾向

二字熟語を構成する上下の漢字が、次にあげる5つのうち、どの関係で結びついているのかを問う問題です。**ア**～**オ**の5つの分類が出題されます。

ア　同じような意味の漢字を重ねたもの
イ　反対または対応の意味を表す字を重ねたもの
ウ　上の字が下の字を修飾しているもの
エ　下の字が上の字の目的語・補語になっているもの
オ　上の字が下の字の意味を打ち消しているもの

攻略のポイント

●熟語の構成の見分け方

漢字の意味や熟語の意味をふまえて、簡単な言葉に言い換えるのがポイントです。

▼**ア**と**イ**↓2つの漢字がそれぞれ並列の関係になっているので、それぞれの漢字の意味がわかれば簡単に解けます。

例　**ア**　暗黒…暗い・黒い
　　イ　開閉…開く・閉じる

▼**ウ**↓2種類の組み合わせがありますが、文章の形にすればわかります。

①下の字が名詞の場合
例　幼児…幼い子供　荒地…荒れた土地
②下の字が動詞の場合
例　精読…くわしく読む　激動…激しく動く

▼**エ**↓下の字に「を」「に」を付けて文章を作ってみるとよいでしょう。

例　洗顔…顔「を」洗う　従軍…軍「に」従う

▼**オ**↓打ち消しを意味する漢字「未・不・無・非」が上に付くので、すぐにわかります。

対義語・類義語

配点　2点×10問

対義語は、2つの語が正反対の関係にあるもの（輸入と輸出）と、正反対ではなくても対の関係にあるもの（青年と老人）をいいます。類義語は、2つの語の意味する範囲が同じもの（永遠と永久）と、意味する範囲が一部重なったり近い関係にあったりするもの（先生と教師）をいいます。

出題傾向

問題の熟語に対して、対義語・類義語となる語（ひらがな）を選択肢から選んで漢字に直す問題。

攻略のポイント

●対義語の構成を理解する

①上の字がそれぞれ同じもの

例 最高↕最低　歓迎↕歓送　屋内↕屋外

②下の字がそれぞれ同じもの

例 帰路↕往路　空腹↕満腹　雑然↕整然

③上下の字がそれぞれ対応しているもの

例 邪悪↕善良　上昇↕下降　分離↕統合

④上下の字がどちらも対応していないもの

例 受理↕却下　栄転↕左遷　原則↕例外

●類義語の構成を理解する

①上の字がそれぞれ同じもの

例 改良＝改善　風習＝風俗　発展＝発達

②下の字がそれぞれ同じもの

例 体験＝経験　武器＝兵器　運命＝宿命

③上の字か下の字が同じもの

例 企画＝画策　解説＝説明　先祖＝祖先

④同じ字がないもの

例 非凡＝抜群　介入＝干渉　警戒＝用心

送り仮名

配点　2点×5問

出題傾向

問題文中のカタカナを、漢字1字と送り仮名に直して書く問題。3級以下の漢字の「高校で習う読み」にも注意。

攻略のポイント

●送り仮名の主な原則

送り仮名の付け方は、内閣告示「送り仮名の付け方」によります。主な原則を頭に入れておきましょう。

①活用のある語は、活用語尾を送る

例　従う→従わない　従います　従えば　従え

〔例外〕

▼語幹が「し」で終わる形容詞は、「し」から送ります。

例　厳しい　激しい　難しい

▼活用語尾の前に「か」「やか」「らか」を含む形容動詞は、その音節から送ります。

例　暖かだ　健やかだ　明らかだ

②副詞・連体詞・接続詞は、最後の音節を送る

例　必ず　少し　再び　全く　最も

●字数の多い語はねらわれやすい

字数の多い語や先述した高校で習う読みは、特にねらわれやすいのでチェックしておきましょう。

例　忍ばせる　恭しい　免れる　脅かす
芳しい　甚だしい　煩わしい　陥れる
唆す　承る

四字熟語

配点　2点×15問

出題傾向

四字熟語を構成する漢字のうち1字が空欄となっており、選択肢の中から適切な語（ひらがな）を選んで漢字に直し、四字熟語を完成させる問題（10問）と、意味を問う問題（5問）の2つが出題されます。四字熟語は典拠のあるものを中心に、「閑話休題」のような一般用語も出題されます。

攻略のポイント

●四字熟語の構成を理解する

①数字が使われているもの

例　一刻千金　四苦八苦

②上の2字と下の2字が似た意味で対応しているもの

例　明朗快活…明朗（明るい）＝快活（元気）

③上の2字と下の2字が反対の意味で対応しているもの

例　質疑応答…質疑（問う）↕応答（答える）

④上の2字も下の2字もそれぞれの漢字が反対語で、さらに上の2字と下の2字が対になっているもの

例　利害得失…「利↕害」―「得↕失」

⑤上の2字と下の2字が主語と述語の関係のもの

例　本末転倒…本末「が」転倒「する」

⑥上の2字と下の2字が修飾・被修飾の関係、または連続しているもの

例　我田引水…我が田へ水を引く

⑦4つの字が対等なもの

例　花鳥風月…花＝鳥＝風＝月

●四字熟語の意味を覚えておく

四字熟語の中には、普段使わないものや、聞き慣れないものもあります。出題された時にあわてないように、ただ語句を覚えるのではなく、意味もセットで覚えるようにしましょう。

誤字訂正

配点　2点×5問

出題傾向

問題文中の漢字のうち、間違って使われている漢字1字を正しい漢字に書き直す問題。

攻略のポイント

●誤字の見つけ方

誤字を見つけるためには、文章を1字ずつ、じっくり読むことが大切です。あやしいと思う漢字が見つかったときは、漢字の意味と文脈を照らし合わせて考えるようにしましょう。誤字の種類としては次のパターンがあります。

①形が似ている漢字

例 卒・率　噴・墳・憤

②形も意味も違うが読みが同じ漢字

例 汁・渋・重・充

書き取り

配点　2点×25問

出題傾向

問題文中のカタカナを漢字で書く問題。音読み、訓読み、熟字訓・当て字、特別な読みなど、すべての読みに対応して出題されます。最近の出題では、音読み（主に二字熟語）が約15問、訓読み（主に一字訓）が約10問出題されます。

※本書では、問題番号1～22を音読み、23～42を訓読みで構成しています。

攻略のポイント

●正しく明確に書く

「とめる・はねる」「突き出す・突き出さない」「つける・はなす」「画の長短」など、正しい筆画で明確に書くことが求められます。くずした字や乱雑に書かれた字は採点の対象外です。

●高校で習う読みは要注意

3級以下の配当漢字でも、高校で習う読みが入っている漢字はよくねらわれます。別冊で確認しておきましょう。

例 荘厳《そうごん》→（「ゴン」が高校で習う読み）

でる順 A ランク

検定試験で必ずといっていいほど
出題される最重要問題

でる順 A

読み ①

10分で解こう!

30点以上とれれば合格!

得点
1回目 /42
2回目 /42

次の――線の漢字の読みをひらがなで記せ。

1 晩秋の公園は閑散としている。
2 現行の制度を全廃する。
3 就職もせずに安逸に日々を過ごす。
4 新聞は二紙を併読している。
5 文章の巧拙より内容が問題である。
6 ハエや力が伝染病を媒介する。
7 寡少な予算のせいで節約が必要だ。
8 大地震でも倒れない頑丈な建物。
9 窮迫する財政の再建策を講じる。
10 献身的な看護により病気は治った。
11 うなぎの輸入は自粛の傾向にある。
12 言葉たくみに空疎な弁舌をふるう。
13 ますます御壮健のことと存じます。
14 名人の座を奪還する。
15 実際の方法を逐次説明する。
16 知人宅で地元の銘菓をいただく。
17 ここに至って警察も捜索を始めた。
18 常日ごろから懇意にしている先生。

解答

1 かんさん
2 ぜんぱい
3 あんいつ
4 へいどく
5 こうせつ
6 ばいかい
7 かしょう
8 がんじょう
9 きゅうはく
10 けんしん
11 じしゅく
12 くうそ
13 そうけん
14 だっかん
15 ちくじ
16 めいか
17 そうさく
18 こんい

他例 1［閑静］　意味 12［空疎＝かたちばかりで内容のないこと］

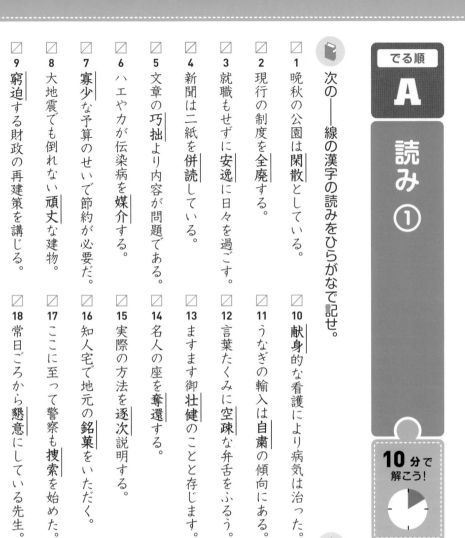

☐ 19 考えられるすべてを網羅した事典。
☐ 20 叙景に優れた小説が評判だ。
☐ 21 裏方に徹して舞台を成功させる。
☐ 22 台風のために野菜の価格が騰貴する。
☐ 23 雑菌を取り除くことは難しい。
☐ 24 オリンピックで期待の俊足ランナー。
☐ 25 これは弊社が開発した新商品です。
☐ 26 ついに天下の覇者となった武将。
☐ 27 番組を一部割愛し緊急報道を続ける。
☐ 28 顔だけでなく性格も酷似した人物。
☐ 29 事のよしあしを吟味する。
☐ 30 祖父は剛直な人物だ。

☐ 31 非難の矢面に立たされる。
☐ 32 滑らかな肌合いの下着。
☐ 33 病院に行くことを毛嫌いする母。
☐ 34 渋い色の背広を着た男。
☐ 35 有利な時にこそ手綱を締める。
☐ 36 けんかを遠巻きにして人垣ができる。
☐ 37 その一言で性根が据わった。
☐ 38 夕日に映える海をながめる。
☐ 39 野球部員二十人分の食事を賄う。
☐ 40 駅前をビジネスマンが行き交う。
☐ 41 襟を正して聞きなさい。
☐ 42 忙しくて借りた本の戻しが遅れる。

19 もうら
20 じょけい
21 てっ
22 とうき
23 ざっきん
24 しゅんそく
25 へいしゃ
26 はしゃ
27 かつあい
28 こくじ
29 ぎんみ
30 ごうちょく

31 やおもて
32 はだあ
33 けぎら
34 しぶ
35 たづな
36 ひとがき
37 す
38 は
39 まかな
40 か
41 えり
42 もど

意味 22［騰貴＝物価・相場があがること］

でる順 A

読み ②

10分で解こう!

30点以上とれれば合格!

得点
1回目 /42
2回目 /42

次の――線の漢字の読みをひらがなで記せ。

1 デフレの傾向が顕著に見られる。

2 身体が持っている治癒力を高める。

3 需要を満たすべく設備を拡充する。

4 清涼な水が流れる川。

5 休日は惰眠をむさぼる。

6 俊傑ぞろいの門下生たちが集う。

7 友との別れに憂愁の念を強くする。

8 被害届を管轄の警察署に出した。

9 読む気がしない駄文。

10 十分な融資を受けることができた。

11 その一手で敗色が濃厚になった。

12 救急患者の胃を洗浄する。

13 うわさの真偽を確かめる。

14 三日間の討議内容を概括する。

15 診療時間外の急患に対処する。

16 機械の減価償却に五年かかる。

17 将来に大きな禍根を残す。

18 式典に国賓として招かれる。

解答

1 けんちょ
2 ちゆ
3 かくじゅう
4 せいりょう
5 だみん
6 しゅんけつ
7 ゆうしゅう
8 かんかつ
9 だぶん
10 ゆうし
11 のうこう
12 せんじょう
13 しんぎ
14 がいかつ
15 しんりょう
16 しょうきゃく
17 かこん
18 こくひん

他例 1［露顕］　意味 7［憂愁＝うれい悲しむこと］

読み
2 部首
同音・同訓異字
熟語の構成
対義語・類義語
送り仮名
四字熟語
誤字訂正
書き取り

□ 19 素直で質朴な性格が人に好かれる。
□ 20 伝統芸能の系譜をたどる。
□ 21 不祥事を起こして懲戒免職になる。
□ 22 新刊本を謹呈いたします。
□ 23 互いに不満足ながら折衷案をのむ。
□ 24 接戦の末、九回に均衡が破れた。
□ 25 それは首肯しがたい提案だ。
□ 26 騒ぎの間彼一人が泰然としていた。
□ 27 今の事態を大雑把にのみ込む。
□ 28 遺跡を訪れて悠久の歴史を感じる。
□ 29 広漠とした砂丘が延々と続く。
□ 30 情状を酌量して刑を軽減する。
□ 31 店の忙しい時だけ助太刀に行く。
□ 32 山頂から棚田を見下ろす。
□ 33 原稿用紙の升目を埋める。
□ 34 陶器を焼く窯に火を入れる。
□ 35 かかとにできた靴擦れが痛い。
□ 36 勝利の瞬間、場内は一斉に沸いた。
□ 37 ヤギのチーズは臭いので嫌いです。
□ 38 漆塗りの重箱に赤飯を詰める。
□ 39 ライバル会社に情報が筒抜けだった。
□ 40 最初からまた繰り返すのは煩わしい。
□ 41 杉並木の続く道を車で走る。
□ 42 旅行の安全を祈願して塚を築く。

---

19 しつぼく
20 けいふ
21 ちょうかい
22 きんてい
23 せっちゅう
24 きんこう
25 しゅこう
26 たいぜん
27 おおざっぱ
28 ゆうきゅう
29 こうばく
30 しゃくりょう
31 すけだち
32 たなだ
33 ますめ
34 かま
35 くつずれ
36 わ
37 くさ
38 うるしぬ
39 つつぬ
40 わずら
41 すぎなみき
42 つか

意味 22［謹呈＝謹んで差し上げること］

でる順 A

読み ③

10分で解こう!

30点以上とれれば合格!

得点
1回目 /42
2回目 /42

次の——線の漢字の読みをひらがなで記せ。

1 事件の全体像が漸次明らかになる。
2 機体は右に旋回した。
3 猟銃でイノシシを撃った。
4 踏切で行く手を遮断された。
5 失敗した者を軽侮してはならない。
6 便利な都心で賃貸住宅を探す。
7 座禅を組んで精神統一をする。
8 野暮なことは言うな。
9 後日のために備忘録をつける。
10 諸国を遍歴して見聞を広めてくる。
11 なかなか茶渋が取れない。
12 戦陣での勲功をたたえる。
13 カメに乗って竜宮城へ。
14 未払いの税金を督促される。
15 人情の機微を描いた珠玉の短編。
16 ビスマルクは鉄血宰相と言われた。
17 人類の文化の変遷をたどる旅。
18 このワインは発泡している。

解答

1 ぜんじ
2 せんかい
3 りょうじゅう
4 しゃだん
5 けいぶ
6 ちんたい
7 ざぜん
8 やぼ
9 びぼうろく
10 へんれき
11 ちゃしぶ
12 くんこう
13 りゅうぐう
14 とくそく
15 しゅぎょく
16 さいしょう
17 へんせん
18 はっぽう

意味 15 [珠玉＝美しいものなどのたとえ]

☐ 19 悠長に構えている場合ではない。

☐ 20 震災の犠牲者に哀悼の意を表する。

☐ 21 資本家の利益を剰余価値という。

☐ 22 台風で船は岩礁に乗り上げた。

☐ 23 枢要な地位を占める存在となる。

☐ 24 凡庸でも努力すれば天才に近づく。

☐ 25 道路の陥没箇所を修復する。

☐ 26 硬軟織り交ぜてニュースを伝える。

☐ 27 部下に対して冷徹な評価を下す。

☐ 28 彼の生き方は享楽主義そのものだ。

☐ 29 すっかり症状は治まった。

☐ 30 機械の部品が摩滅する。

☐ 31 その言い方は甚だ不愉快だ。

☐ 32 天地神明に誓ってうそ偽りはない。

☐ 33 船が渦潮に巻き込まれそうになる。

☐ 34 夕食に出たみそ汁は絶品だった。

☐ 35 見るに堪えない下品な映画だ。

☐ 36 確かにその件は承りました。

☐ 37 慣れた手つきで機械を操る。

☐ 38 太い縄を荷造りに使う。

☐ 39 過疎化が進んで街が廃れる。

☐ 40 会議で合併計画の大枠が決まる。

☐ 41 昨日買った本にしおりを挟む。

☐ 42 目の前の扉が音もなく開く。

---

19 ゆうちょう
20 あいとう
21 じょうよ
22 がんしょう
23 すうよう
24 ぼんよう
25 かんぼつ
26 こうなん
27 れいてつ
28 きょうらく
29 しょうじょう
30 まめつ

31 はなは
32 いつわ
33 うずしお
34 しる
35 た
36 うけたまわ
37 あやつ
38 なわ
39 すた
40 おおわく
41 はさ
42 とびら

注意 36［承る＝「受ける」「承知する」「聞く」の謙譲語］

でる順 A

読み ④

10分で解こう!

30点以上とれれば合格!

得点 1回目 /42 2回目 /42

次の——線の漢字の読みをひらがなで記せ。

1 推薦されて選挙に立候補した。
2 昔の記念品の頒価を調べる。
3 不動産の仲介をして利益を得る。
4 彼の胸中を一抹の不安がよぎる。
5 昨晩、著名な画家が急逝した。
6 祖父は謹厳そのものです。
7 強国に盲従してはいけない。
8 寛大な処置は今回限りだ。
9 試験に頻出する英単語を覚える。
10 公衆の面前で醜態をさらす。
11 シチューが沸々と煮えたぎる。
12 会社によって慶弔の規則は異なる。
13 あの先生は偏屈で有名だ。
14 何度も驚かされて免疫ができる。
15 火事で思い出の写真を焼失した。
16 密告者としての嫌疑をかけられる。
17 争いをうまく収拾した。
18 ようやく捜査のメスが入る。

解答

1 すいせん
2 はんか
3 ちゅうかい
4 いちまつ
5 きゅうせい
6 きんげん
7 もうじゅう
8 かんだい
9 ひんしゅつ
10 しゅうたい
11 ふつふつ
12 けいちょう
13 へんくつ
14 めんえき
15 しょうしつ
16 けんぎ
17 しゅうしゅう
18 そうさ

意味 2 [頒価＝品物などを広く配るときの価格]

19 法律では無罪でも倫理上は問題だ。
20 何度も選手宣誓の練習をする。
21 議論が紛糾して結論が出ない。
22 贈賄の罪に問われて検挙される。
23 地殻の変動が認められた。
24 社団法人の定款を書面に記す。
25 読書に無上の愉悦を覚えた。
26 父は自由奔放な人生を歩んだ。
27 今までの俗説を堂々と喝破した。
28 父は音楽の教諭をしています。
29 白と黒の碁石を交互に並べる。
30 愚痴ばかりこぼす姉にはうんざりだ。

31 狭い土地で家の建坪も小さい。
32 父の喪が明けました。
33 忍びの者は戦国時代に活躍した。
34 機転を利かせた冗談で座が和む。
35 一生をかけて罪の償いをする。
36 スコアが上がらずゴルフに懲りた。
37 問題解決には慎重且つ早さが必要だ。
38 新しい事業を興して大きく稼ぐ。
39 島では狩猟で飢えをしのぐ。
40 祖父の家には大きな蔵がある。
41 岩を少しずつ砕いて運ぶ。
42 よく叔母にかわいがってもらった。

---

19 りんり
20 せんせい
21 ふんきゅう
22 ぞうわい
23 ちかく
24 ていかん
25 ゆえつ
26 ほんぽう
27 かっぱ
28 きょうゆ
29 ごいし
30 ぐち

31 たてつぼ
32 も
33 しの
34 なご
35 つぐな
36 こ
37 か
38 かせ
39 う
40 くら
41 くだ
42 おば

意味 37 [且つ＝その上。さらに]

でる順 A

読み⑤

10分で解こう!

30点以上とれれば合格!

得点 1回目 /42 2回目 /42

次の——線の漢字の読みをひらがなで記せ。

1 投稿した川柳が新聞に掲載される。
2 年金の支給額は将来逓減してゆく。
3 長年の功績に対し爵位を授ける。
4 用意した食事を漆器の盆にのせる。
5 どの派閥にも属さない議員。
6 繊細なタッチで描かれた絵画。
7 病人に滋養のある物を食べさせる。
8 集めたデータを分析してもらった。
9 王朝時代の宮廷料理を再現する。
10 世話をすべき係累が多くて大変だ。
11 十日ぶりの慈雨が田畑を潤す。
12 富裕層との格差が甚だしい。
13 大手予備校の模擬試験を受ける。
14 懸命に前のランナーを追走する。
15 わがままな振る舞いに憤慨する。
16 優先事項を迅速に処理する。
17 若者の豪胆な振る舞いに驚く。
18 この絵は色の使い方が秀逸だ。

解答

1 せんりゅう
2 ていげん
3 しゃくい
4 しっき
5 はばつ
6 せんさい
7 じよう
8 ぶんせき
9 きゅうてい
10 けいるい
11 じう
12 ふゆう
13 もぎ
14 けんめい
15 ふんがい
16 じんそく
17 ごうたん
18 しゅういつ

意味 2［逓減＝次第に減ること］ 11［慈雨＝恵みの雨］

19 隊は安全な場所を選んで駐屯する。
20 長年の悪事が露顕する。
21 手術による治療は外科の領域だ。
22 変死体の解剖結果が出る。
23 煩忙のあまり神経がいら立つ。
24 地球環境を守る条約を批准する。
25 港に艦艇が集結した。
26 日本の周りには深い海溝がある。
27 十七歳にしては克己心が強い。
28 強力な爆薬で岩盤を粉砕する。
29 渓谷で滝から流れる水を飲む。
30 小ホールで管弦の集いが催される。

31 その学生を家庭教師として薦める。
32 猫舌なので熱いお茶は飲めない。
33 渇いたのどをお茶で潤す。
34 幼い子供は優しく褒めるに限る。
35 梅雨時は傘が手放せない。
36 開店の準備は全て調った。
37 浦を吹く風に旅愁を誘われた。
38 食べ物の好みが肉に偏る。
39 四番打者がスランプに陥った。
40 必要なのは専ら技術を磨くことだ。
41 決死の覚悟で試合に挑む。
42 弔いの席でのあくびは不作法だ。

---

19 ちゅうとん
20 ろけん
21 げか
22 かいぼう
23 はんぼう
24 ひじゅん
25 かんてい
26 かいこう
27 こっきしん
28 ふんさい
29 けいこく
30 かんげん

31 すす
32 ねこじた
33 かわ
34 ほ
35 かさ
36 ととの
37 うら
38 かたよ
39 おちい
40 もっぱ
41 いど
42 とむら

読み ⑤ 部首 同音・同訓異字 熟語の構成 対義語・類義語 送り仮名 四字熟語 誤字訂正 書き取り

意味 27［克己心＝自分の欲望や衝動にうちかつ心］

でる順 A

読み ⑥

10分で解こう!

30点以上とれれば合格!

得点 1回目 /42 2回目 /42

次の――線の漢字の読みをひらがなで記せ。

1 ひな壇の最上段に内裏びなを飾る。
2 彼女は洞察力に優れている。
3 彼女の趣味は我々には高尚すぎる。
4 丁寧なごあいさつ、恐れ入ります。
5 鉄が触媒となり化学反応が起きる。
6 犬猿の仲で口も利かない。
7 出席者全員で国歌を斉唱する。
8 空港で搭乗の手続きを待つ。
9 高価な吟醸酒を飲ませてもらう。
10 週末は家族そろって別邸で過ごす。
11 柔道には下肢の安定が重要だ。
12 実証することで事件の核心に迫る。
13 市役所で戸籍の抄本を請求する。
14 下弦の月が西の空に沈んでいく。
15 崇高な理想を抱いて奉職する。
16 我慢しても睡魔には勝てない。
17 出身校を訪ね懐古の情に浸る。
18 期日までに入寮の手続きを済ます。

解答

1 だいり
2 どうさつ
3 こうしょう
4 ていねい
5 しょくばい
6 けんえん
7 せいしょう
8 とうじょう
9 ぎんじょう
10 べってい
11 かし
12 かくしん
13 しょうほん
14 かげん
15 すうこう
16 すいま
17 かいこ
18 にゅうりょう

意味 14［下弦の月＝陰暦22、23日ごろの月。弦を下向きにした弓の形で沈む］

- 19 彼女は独特の雰囲気の持ち主だ。
- 20 今回の不祥事は誠に遺憾です。
- 21 新たな事態には適宜対応します。
- 22 手術の前に全身に麻酔をかける。
- 23 役人の堕落で政治の腐敗が始まる。
- 24 私淑する学者の論文を読む。
- 25 金魚の水槽を掃除する。
- 26 厄介な事件が持ち上がる。
- 27 専門家が推奨する器具を使用する。
- 28 荒廃した農地を再生させる。
- 29 友達と一緒の大学を受験する。
- 30 眼鏡のレンズを研磨する。
- 31 車輪が溝に挟まって動かなくなる。
- 32 秋の宵に神社の祭りに出かける。
- 33 屋上に出て眼下の街を眺める。
- 34 酢を使った料理は体によいらしい。
- 35 新聞社からの取材を拒む。
- 36 鈴虫が鳴くと秋を感じる。
- 37 相手の話を途中で遮る。
- 38 土が軟らかいので作物が豊作だ。
- 39 カイコの繭から糸を紡ぐ。
- 40 彼が犯した罪は彼が償うべきだ。
- 41 野鳥も熟れた実から食べ始める。
- 42 二つの小包を併せて配送する。

- 19 ふんいき
- 20 いかん
- 21 てきぎ
- 22 ますい
- 23 だらく
- 24 ししゅく
- 25 すいそう
- 26 やっかい
- 27 すいしょう
- 28 こうはい
- 29 いっしょ
- 30 けんま
- 31 みぞ
- 32 よい
- 33 なが
- 34 す
- 35 こば
- 36 すずむし
- 37 さえぎ
- 38 やわ
- 39 まゆ
- 40 おか
- 41 う
- 42 あわ

他例 30 [錬磨]

でる順 A

部首 ①

10分で解こう!

34点以上とれれば合格!

得点

1回目 /48

2回目 /48

次の漢字の部首を記せ。

1 嗣
2 戻
3 栽
4 賓
5 且
6 爵
7 瓶
8 充
9 升
10 昆
11 薫
12 虞
13 褒
14 韻
15 丙
16 喪
17 奔
18 弔
19 摩
20 甚

解答

1 口 くち　例 唇 呈 哀
2 戸 とだれ とかんむり　例 扉 房 扇
3 木 き　例 架 棄 桑
4 貝 かい こがい　例 貢 貞 貫
5 一 いち　例 丘 与 並
6 爫 つめかんむり つめがしら　例 出題範囲では爵のみ
7 瓦 かわら　例 出題範囲では瓶のみ
8 儿 ひとあし にんにょう　例 克 免 党
9 十 じゅう　例 卓 卑 協
10 日 ひ　例 暫 昇 晶
11 艹 くさかんむり　例 菌 茎 荘
12 虍 とらがしら とらかんむり　例 虜 虐 虚
13 衣 ころも　例 衷 衰 袋
14 音 おと　例 響 音
15 一 いち　例 不 世 丁
16 口 くち　例 吉 啓 哲
17 大 だい　例 奨 契 奪
18 弓 ゆみ　例 弓 弱 弟
19 手 て　例 掌 撃 挙
20 甘 かん あまい　例 出題範囲では甚と甘のみ

注意　2［戻の部首は「大」ではない］　8［充の部首は「亠」ではない］

21 畝
22 窃
23 寧
24 弊
25 彰
26 泰
27 累

28 羅
29 衡
30 麻
31 亜
32 凹
33 劾
34 呉

35 尉
36 崇
37 恭
38 斉
39 殻
40 献
41 磨

42 竜
43 亭
44 缶
45 麗
46 臭
47 薦
48 翁

---

21 田 た 例 甲 畜 畳
22 穴 あなかんむり 例 窮 窯 室
23 宀 うかんむり 例 寡 寛 宜
24 廾 こまぬき にじゅうあし 出題範囲では弊と弁のみ
25 彡 さんづくり 例 彫 影 彩
26 氺 したみず 出題範囲では泰のみ
27 糸 いと 例 繭 索 緊

28 罒 あみがしら あみめ よこめ 例 罷 罰 署
29 行 ぎょうがまえ ゆきがまえ 例 衝 衛 術
30 麻 あさ 出題範囲では麻のみ
31 二 に 例 互 井 五
32 凵 うけばこ 例 凸 凶 出
33 力 ちから 例 勲 勅 勘
34 口 くち 例 吏 含 召

35 寸 すん 例 寿 封 尋
36 山 やま 例 岳 崩 岸
37 ⺗ したごころ 出題範囲では恭と慕のみ
38 斉 せい 出題範囲では斉と斎のみ
39 殳 るまた ほこづくり 例 殴 殿 段
40 犬 いぬ 例 獣 状 犬
41 石 いし 例 碁 石

42 竜 りゅう 出題範囲では竜のみ
43 亠 なべぶた けいさんかんむり 例 享 亡 京
44 缶 ほとぎ 出題範囲では缶のみ
45 鹿 しか 出題範囲では麗と鹿のみ
46 自 みずから 出題範囲では臭と自のみ
47 艹 くさかんむり 例 藻 華 菊
48 羽 はね 例 翻 翼 翌

注意 29［衡の部首は「彳」ではない］

でる順 A

部首 ②

10分で解こう!

34点以上とれれば合格!

得点 1回目 /48 2回目 /48

次の漢字の部首を記せ。

1 街
2 頒
3 帥
4 款
5 煩
6 矯
7 窯
8 索
9 虜
10 耗
11 蛍
12 衷
13 辛
14 辱
15 勅
16 叙
17 妄
18 尼
19 殉
20 癒

解答

1 行 ぎょうがまえ ゆきがまえ 例 衡 衛 術
2 頁 おおがい 例 頑 顕 頻
3 巾 はば 例 帝 幕 師
4 欠 あくび かける 例 欧 欺 歓
5 火 ひへん 例 炊 炉 煙
6 矢 やへん 例 短 知
7 穴 あなかんむり 例 窮 窃 窒
8 糸 いと 例 繭 累 緊
9 虍 とらがしら とらかんむり 例 虞 虐 虚
10 耒 すきへん らいすき 例 出題範囲では耗と耕のみ
11 虫 むし 例 融 蛮 蚕
12 衣 ころも 例 褒 袋 裂
13 辛 からい 例 出題範囲では辛と辞のみ
14 辰 しんのたつ 例 出題範囲では辱と農のみ
15 力 ちから 例 劾 勲 勘
16 又 また 例 双 又 及
17 女 おんな 例 婆 威 姿
18 尸 かばね しかばね 例 尿 屈 尽
19 歹 かばねへん いちたへん がつへん 例 殊 殖 残
20 疒 やまいだれ 例 疫 症 痴

注意 14［辱の部首は「寸」ではない］

☐ 21 靴
☐ 22 准
☐ 23 刃
☐ 24 虐
☐ 25 呈
☐ 26 囚
☐ 27 扇

☐ 28 妥
☐ 29 履
☐ 30 幣
☐ 31 庸
☐ 32 徹
☐ 33 旋
☐ 34 音

☐ 35 翻
☐ 36 衝
☐ 37 衰
☐ 38 軟
☐ 39 邸
☐ 40 丹
☐ 41 克

☐ 42 再
☐ 43 募
☐ 44 叔
☐ 45 唇
☐ 46 迭
☐ 47 宜
☐ 48 誉

---

21 革 かわへん 例 出題範囲では靴のみ
22 冫 にすい 例 凝 凍 冷
23 刀 かたな 例 券 初 切
24 虍 とらがしら とらかんむり 例 虞 虜 虚
25 口 くち 例 呉 嗣 哀
26 囗 くにがまえ 例 圏 困 因
27 戸 とだれ とかんむり 例 扉 戻 房

28 女 おんな 例 妻 委 女
29 尸 かばね しかばね 例 尾 尺 層
30 巾 はば 例 常 布 希
31 广 まだれ 例 庶 廃 廉
32 彳 ぎょうにんべん 例 循 徐 御
33 方 ほうへん かたへん 例 施 旗 族
34 音 おと 例 韻 響

35 羽 はね 例 翁 翼 翌
36 行 ぎょうがまえ ゆきがまえ 例 衡 衛 術
37 衣 ころも 例 褒 製 表
38 車 くるまへん 例 轄 軌 軸
39 阝 おおざと 例 郭 郊 邪
40 丶 てん 例 主 丸
41 儿 ひとあし にんにょう 例 免 党 児

42 冂 どうがまえ けいがまえ まきがまえ 例 冊 円
43 力 ちから 例 励 勧 劣
44 又 また 例 収 取 受
45 口 くち 例 吉 啓 哲
46 辶 しんにょう しんにゅう 例 還 遮 逐
47 宀 うかんむり 例 寡 寛 寧
48 言 げん 例 誓 謄 警

注意 43［募の部首は「艹」ではない］

でる順 A

部首 ③

10分で解こう!

34点以上とれれば合格!

得点	
1回目	/48
2回目	/48

次の漢字の部首を記せ。

1 玄	2 致	3 豪	4 酌	5 雇
6 頻	7 魔	8 罷	9 凸	10 隷
11 卵	12 吏	13 舟	14 奨	15 宰
16 塑	17 尿	18 術	19 欧	20 殿

解答

1 玄 げん 出題範囲では玄と率のみ

2 至 いたる 出題範囲では致と至のみ

3 豕 ぶた いのこ 例 豚 象

4 酉 とりへん 例 酷 酢 酬

5 隹 ふるとり 例 隻 雅 雌

6 頁 おおがい 例 顕 須 顧

7 鬼 おに 例 魂 鬼

8 罒 あみがしら あみめ よこめ 例 羅 罰 署

9 凵 うけばこ 例 凹 凶 出

10 隶 れいづくり 出題範囲では隷のみ

11 卩 わりふ ふしづくり 例 卸 却 即

12 口 くち 例 呉 嗣 唇

13 舟 ふね 出題範囲では舟のみ

14 大 だい 例 奏 夫 央

15 宀 うかんむり 例 寡 寛 宜

16 土 つち 例 塗 墨 堅

17 尸 かばね しかばね 例 尼 履 屈

18 行 ぎょうがまえ ゆきがまえ 例 衡 衝 衛

19 欠 あくび かける 例 款 欺 歓

20 殳 るまた ほこづくり 例 殻 殴 段

☐ 21 甘	☐ 22 宵	☐ 23 遵	☐ 24 甲	☐ 25 疑	☐ 26 碁	☐ 27 礁
☐ 28 秀	☐ 29 虚	☐ 30 閥	☐ 31 頑	☐ 32 武	☐ 33 享	☐ 34 唯
☐ 35 朴	☐ 36 夢	☐ 37 赤	☐ 38 淑	☐ 39 漸	☐ 40 戯	☐ 41 扉
☐ 42 掌	☐ 43 舞	☐ 44 更	☐ 45 準	☐ 46 窮	☐ 47 膨	☐ 48 藻

---

21 甘 かん あまい 例 出題範囲では甘と甚のみ

22 宀 うかんむり 例 寧 寮 宴

23 辶 しんにょう しんにゅう 例 迅 遍 遷

24 田 た 例 畝 畜 畳

25 疋 ひき 例 出題範囲では疑のみ

26 石 いし 例 磨 石

27 石 いしへん 例 砕 硝 硫

28 禾 のぎ 例 出題範囲では秀のみ

29 虍 とらがしら とらかんむり 例 虞 虜 虐

30 門 もんがまえ 例 閑 閲 闘

31 頁 おおがい 例 項 頼 頂

32 止 とめる 例 歴 歩 正

33 亠 なべぶた けいさんかんむり 例 亭 亡 京

34 口 くちへん 例 嚇 喝 吟

35 木 きへん 例 核 槽 棚

36 夕 た ゆうべ 例 外 多 夜

37 赤 あか 例 出題範囲では赤と赦のみ

38 氵 さんずい 例 浦 渦 涯

39 氵 さんずい 例 涯 渇 渓

40 戈 ほこづくり ほこがまえ 例 戒 我 成

41 戸 とだれ とかんむり 例 戻 房 扇

42 手 て 例 摩 撃 承

43 舛 まいあし 例 出題範囲では舞のみ

44 曰 ひらび いわく 例 曹 替 冒

45 氵 さんずい 例 潟 渇 渓

46 穴 あなかんむり 例 窃 窯 窒

47 月 にくづき 例 肢 肌 肝

48 艹 くさかんむり 例 菌 薫 茎

注意 45 [準の部首は「十」ではない]

でる順 A

同音・同訓異字 ①

15分で解こう!

28点以上とれれば合格!

得点 1回目 /40 2回目 /40

次の――線のカタカナを漢字に直せ。

1 均コウのとれた発展を遂げる町。
2 コウ涼とした風景が広がる。
3 自分なりにコウ献してきた。
4 対戦相手の主将をコウ略する。

5 キョウ竜が生きた時代の地層。
6 あまりの速度に絶キョウする。
7 コンサートで聴衆が熱キョウする。
8 キョウ愁を誘うメロディー。

9 ユウ長なことは言っていられない。
10 民族のユウ和をはかる。
11 一刻のユウ予もない。
12 建国の英ユウとして名を残す。

13 汚職事件の内テイを続ける。
14 記念品を贈テイする。
15 無冠のテイ王がついに優勝した。
16 先生と呼ばれるのはテイ抗がある。

解答

1 衡
2 荒
3 貢
4 攻
5 恐
6 叫
7 狂
8 郷
9 悠
10 融
11 猶
12 雄
13 偵
14 呈
15 帝
16 抵

意味 15［無冠の帝王＝特定の分野で十分な実力を有しながら、大きなタイトルを獲得できない人］

17 街は目まぐるしく変センする。
18 一大セン風を巻き起こした名曲。
19 理論よりも実センが大事だ。
20 試合前に代表選手がセン誓する。

21 万引のケン疑をかけられる。
22 どんな批判もケン虚に受け止める。
23 数十年にわたる功績はケン著だ。
24 真ケンなまなざしで話を聞く。

25 優勝した仲間と祝ハイをあげる。
26 歴史上の人物を崇ハイする。
27 燃焼ガスをパイプからハイ気する。
28 優れた選手をハイ出したチーム。

29 カン静な住宅地にあるレストラン。
30 カン大な処分を求める声が高まる。
31 能力を遺カンなく発揮する。
32 体内を血液が循カンする。

33 腰をスえて話し合う。
34 転んでひざをスりむいてしまった。
35 耳をスまして話を聴く。
36 包装紙の内側がスけて見える。

37 デザインも良くハきやすい靴。
38 白い肌にハえる色の服を着る。
39 庭の落ち葉をハく。
40 魚が水面で勢いよくハねる。

17 遷
18 旋
19 践
20 宣

21 嫌
22 謙
23 顕
24 剣

25 杯
26 拝
27 排
28 輩

29 閑
30 寛
31 憾
32 環

33 据
34 擦
35 澄
36 透

37 履
38 映
39 掃
40 跳

意味 23［顕著＝きわだって目につくさま］

でる順 A

同音・同訓異字 ②

15分で解こう!

28点以上とれれば合格!

得点
1回目 /40
2回目 /40

次の――線のカタカナを漢字に直せ。

1 新機能を搭サイした家電を買う。
2 壁に色サイ豊かな絵画を飾る。
3 生地をサイ断して服を自作する。
4 企業が巨額の負サイをかかえる。
5 労働に見合ったホウ給が欲しい。
6 全てが水ホウに帰した。
7 再会を喜んでホウ擁する。
8 西洋建築を模ホウした建物。
9 あいまいな判定にフン慨しきりだ。
10 和やかなフン囲気で話が進む。
11 会談はフン糾して決裂した。
12 公園の中央にはフン水がある。
13 鉄道発ショウの場所として有名だ。
14 不ショウの弟子として破門される。
15 親しい友人を愛ショウで呼ぶ。
16 管理の甘さが不正の温ショウだ。

解答

1 載
2 彩
3 裁
4 債
5 俸
6 泡
7 抱
8 倣
9 憤
10 雰
11 紛
12 噴
13 祥
14 肖
15 称
16 床

意味 14［不肖＝父親や師に似ず、愚かで劣っていること］

17 失言した大臣がヒ免された。
18 映画を見て現実から逃ヒする。
19 ヒ近な一例を挙げて説明する。
20 農作物が台風のヒ害を受ける。

21 厳しいチョウ罰を科す。
22 一級建築士の試験にチョウ戦する。
23 多数のチョウ問客が訪れる。
24 当時の社会を象チョウする出来事。

25 地カクの変動で地震が起こる。
26 捜査はいよいよカク心に迫った。
27 犬が威カクするようにほえる。
28 公共施設のカク充を図る。

29 誘カイされた少年は無事に戻った。
30 台風が接近し警カイを強める。
31 団カイの世代は人口が多い。
32 厄カイな問題に巻き込まれる。

33 庭の木がカれて葉が落ちる。
34 不安にカられて眠れない。
35 寒いので毛布をカける。
36 春先にヒツジの毛をカる。

37 わざわざ時間をサいて会う。
38 瓶に花をサして玄関に飾る。
39 指にとげがサさる。
40 暑さをサけて高原に滞在する。

---

17 罷　18 避　19 卑　20 被

21 懲　22 挑　23 弔　24 徴

25 殻　26 核　27 嚇　28 拡

29 拐　30 戒　31 塊　32 介

33 枯　34 駆　35 掛　36 刈

37 割　38 挿　39 刺　40 避

意味 19［卑近＝身近でわかりやすいこと］　注意 37［×裂いて］

でる順 A

同音・同訓異字 ③

15分で解こう!

28点以上とれれば合格!

得点
1回目 /40
2回目 /40

次の――線のカタカナを漢字に直せ。

1 ニンタイ強く交渉を続ける。
2 賃タイマンションに一人で住む。
3 企業が海外市場から撤タイする。
4 窃盗の容疑で男がタイ捕された。
5 ソウ健な体を自慢する。
6 知られざるソウ話を聞く。
7 ソウ重な音楽が聞こえる。
8 物ソウな事件が続いている。
9 新型エンジンがトウ載された車。
10 戦没者の追トウ式に参列する。
11 物価が高トウする。
12 総合病院で胃のトウ視検査をする。
13 あらゆるヘイ害を乗り越える。
14 強国が穀倉地帯をヘイ合した。
15 新しい紙ヘイを発行する。
16 高いヘイに囲まれた建物。

解答

1 耐
2 貸
3 退
4 逮
5 壮
6 挿
7 荘
8 騒
9 搭
10 悼
11 騰
12 透
13 弊
14 併
15 幣
16 塀

意味 14 [併合=複数のものを一つにまとめること。統合]

読み
部首
同音・同訓異字 3
熟語の構成
対義語・類義語
送り仮名
四字熟語
誤字訂正
書き取り

17 母はボウ績工場に勤めていた。
18 カエルの解ボウの実験をする。
19 敵のボウ略を見破る。
20 刑事事件の裁判をボウ聴する。
21 食中毒菌の増ショクを防ぐ。
22 面接で良い感ショクを得る。
23 火災で消防士が殉ショクする。
24 派手な装ショク品を身につける。
25 彼女は模ハン的な学生だ。
26 小冊子をハン布する。
27 湖ハンのホテルを予約する。
28 通用口から荷物をハン入する。

29 夕暮れの街に哀シュウが漂う。
30 激しい攻撃の応シュウが続く。
31 シュウ態を見られてしまった。
32 地位や名誉にシュウ着しない。
33 失敗にコりずに再び挑戦する。
34 ワインの初出荷を待ちコがれる。
35 肩がコっている。
36 彼は美食家で舌がコえている。
37 ごはんにツけ物を添えて出す。
38 父と二人でツりに出かける。
39 やっと仕事にツくことができた。
40 卒業後は家業をツぐ予定だ。

17 紡
18 剖
19 謀
20 傍
21 殖
22 触
23 職
24 飾
25 範
26 頒
27 畔
28 搬

29 愁
30 酬
31 醜
32 執
33 懲
34 焦
35 凝
36 肥
37 漬
38 釣
39 就
40 継

意味 26［頒布＝広く配り、行き渡らせること］

熟語の構成 ①

15分で解こう!

26点以上とれれば合格!

得点
1回目 /36
2回目 /36

◎熟語の構成のしかたには次のようなものがある。

ア 同じような意味の漢字を重ねたもの……（岩石）
イ 反対または対応の意味を表す字を重ねたもの……（高低）
ウ 上の字が下の字を修飾しているもの……（洋画）
エ 下の字が上の字の目的語・補語になっているもの……（着席）
オ 上の字が下の字の意味を打ち消しているもの……（非常）

次の熟語は右の**ア**～**オ**のどれにあたるか、一つ選び、記号を記せ。

☐ 1 往還
☐ 2 禍福
☐ 3 不肖
☐ 4 寛厳
☐ 5 巧拙
☐ 6 慶弔

解答

1 イ 往還《おうかん》 「行き」↔「帰り」と解釈。
2 イ 禍福《かふく》 「わざわい」↔「さいわい」と解釈。
3 オ 不肖《ふしょう》 「似ていない」と解釈。
4 イ 寛厳《かんげん》 「寛大」↔「厳格」と解釈。
5 イ 巧拙《こうせつ》 「うまい」↔「へた」と解釈。
6 イ 慶弔《けいちょう》 「祝う」↔「弔う」と解釈。
7 イ 去就《きょしゅう》 「去る」↔「就く」と解釈。
8 エ 徹夜《てつや》 「とおす」←「夜を」と解釈。
9 イ 疎密《そみつ》 「まばら」↔「ぎっしり」と解釈。
10 エ 争覇《そうは》 「争う」←「優勝を」と解釈。
11 イ 多寡《たか》 「多い」↔「すくない」と解釈。
12 イ 存廃《そんぱい》 「存続」↔「廃止」と解釈。
13 イ 繁閑《はんかん》 「多忙」↔「ひま」と解釈。
14 エ 遷都《せんと》 「うつす」←「首都を」と解釈。
15 ウ 奔流《ほんりゅう》 「はげしい」→「流れ」と解釈。
16 イ 抑揚《よくよう》 「さげる」↔「あげる」と解釈。

7 去就
8 徹夜
9 疎密
10 争覇
11 多寡
12 存廃
13 繁閑
14 遷都
15 奔流
16 抑揚

17 挑戦
18 未遂
19 枢要
20 検疫
21 珠玉
22 経緯
23 酪農
24 剛柔
25 急逝
26 扶助

27 撤兵
28 点滅
29 無粋
30 罷業
31 美醜
32 虚実
33 硝煙
34 造幣
35 俊敏
36 不偏

---

17 エ 挑戦《ちょうせん》 「挑む←戦いを」と解釈。
18 オ 未遂《みすい》 「まだとげていない」と解釈。
19 ア 枢要《すうよう》 どちらも「かなめ」の意。
20 エ 検疫《けんえき》 「検査する←疫病を」と解釈。
21 ア 珠玉《しゅぎょく》 どちらも「ほうせき」の意。
22 イ 経緯《けいい》 「たて」↔「よこ」と解釈。
23 ウ 酪農《らくのう》 「牛などを飼い乳製品を作る→農業」と解釈。
24 イ 剛柔《ごうじゅう》 「かたい」↔「柔らかい」と解釈。
25 ウ 急逝《きゅうせい》 「急に→死ぬ」と解釈。
26 ア 扶助《ふじょ》 どちらも「たすける」の意。
27 エ 撤兵《てっぺい》 「ひきあげる←兵を」と解釈。
28 イ 点滅《てんめつ》 「ともす」↔「消す」と解釈。
29 オ 無粋《ぶすい》 「風流でない」と解釈。
30 エ 罷業《ひぎょう》 「やめる←業務を」と解釈。
31 イ 美醜《びしゅう》 「美しい」↔「醜い」と解釈。
32 イ 虚実《きょじつ》 「うそ」↔「まこと」と解釈。
33 ウ 硝煙《しょうえん》 「火薬の→煙」と解釈。
34 エ 造幣《ぞうへい》 「造る←貨幣を」と解釈。
35 ア 俊敏《しゅんびん》 どちらも「才知がすぐれる」の意。
36 オ 不偏《ふへん》 「偏りがない」と解釈。

でる順 **A**

熟語の構成 ②

15分で解こう!

26点以上とれれば合格!

得点	
1回目	/36
2回目	/36

◎ 熟語の構成のしかたには次のようなものがある。

- **ア** 同じような意味の漢字を重ねたもの……（岩石）
- **イ** 反対または対応の意味を表す字を重ねたもの……（高低）
- **ウ** 上の字が下の字を修飾しているもの……（洋画）
- **エ** 下の字が上の字の目的語・補語になっているもの……（着席）
- **オ** 上の字が下の字の意味を打ち消しているもの……（非常）

次の熟語は右の**ア**～**オ**のどれにあたるか、一つ選び、記号を記せ。

☐ 1 衆寡
☐ 2 親疎
☐ 3 克己
☐ 4 媒介
☐ 5 安寧
☐ 6 庶務

解答

1 イ 衆寡《しゅうか》 「多数」↔「少数」と解釈。
2 イ 親疎《しんそ》 「親密」↔「疎遠」と解釈。
3 エ 克己《こっき》 「かつ←おのれに」と解釈。
4 ア 媒介《ばいかい》 どちらも「なかだち」の意。
5 ア 安寧《あんねい》 どちらも「やすらか」の意。
6 ウ 庶務《しょむ》 「いろいろの→事務」と解釈。
7 エ 廃刊《はいかん》 「やめる←刊行を」と解釈。
8 エ 迎賓《げいひん》 「迎える←客を」と解釈。
9 エ 殉職《じゅんしょく》 「命を投げ出す←職務で」と解釈。
10 エ 遭難《そうなん》 「遭遇する←困難に」と解釈。
11 ウ 独酌《どくしゃく》 「独りで→酒をつぐ」と解釈。
12 ウ 環礁《かんしょう》 「輪の形をした→サンゴ礁」と解釈。
13 ウ 頒価《はんか》 「わけあたえる→価格」と解釈。
14 ア 虜囚《りょしゅう》 どちらも「とりこ」の意。
15 エ 贈賄《ぞうわい》 「贈る←わいろを」と解釈。
16 エ 遮光《しゃこう》 「遮る←光を」と解釈。

☑ 7 廃刊
☑ 8 迎賓
☑ 9 殉職
☑ 10 遭難
☑ 11 独酌
☑ 12 環礁
☑ 13 頒価
☑ 14 虜囚
☑ 15 贈賄
☑ 16 遮光

☑ 17 還元
☑ 18 酷似
☑ 19 頻発
☑ 20 上棟
☑ 21 不穏
☑ 22 享受
☑ 23 出没
☑ 24 懇請
☑ 25 懲悪
☑ 26 分析

☑ 27 弊風
☑ 28 搭乗
☑ 29 添削
☑ 30 渉外
☑ 31 災禍
☑ 32 禍根
☑ 33 献呈
☑ 34 盗塁
☑ 35 解剖
☑ 36 硬軟

---

17 エ 還元《かんげん》 「もどる↑もとに」と解釈。
18 ウ 酷似《こくじ》 「すごく↓似ている」と解釈。
19 ウ 頻発《ひんぱつ》 「しきりに↓起きる」と解釈。
20 エ 上棟《じょうとう》 「上げる↑棟木を」と解釈。
21 オ 不穏《ふおん》 「穏やかでない」と解釈。
22 ア 享受《きょうじゅ》 どちらも「うけとる」の意。
23 イ 出没《しゅつぼつ》 「出る」↕「隠れる」と解釈。
24 ウ 懇請《こんせい》 「心を込めて↓頼む」と解釈。
25 エ 懲悪《ちょうあく》 「懲らしめる↑悪を」と解釈。
26 ア 分析《ぶんせき》 どちらも「わける」の意。
27 ウ 弊風《へいふう》 「悪い↓風習」と解釈。
28 ア 搭乗《とうじょう》 どちらも「のる」の意。
29 イ 添削《てんさく》 「添える」↕「削る」と解釈。
30 エ 渉外《しょうがい》 「交渉する↑外部と」と解釈。
31 ア 災禍《さいか》 どちらも「わざわい」の意。
32 ウ 禍根《かこん》 「わざわいの↓もと」と解釈。
33 ア 献呈《けんてい》 どちらも「さしあげる」の意。
34 エ 盗塁《とうるい》 「盗む↑塁を」と解釈。
35 ア 解剖《かいぼう》 どちらも「きりわける」の意。
36 イ 硬軟《こうなん》 「かたい」↕「やわらかい」と解釈。

でる順 A

熟語の構成 ③

15分で解こう!

26点以上とれれば合格!

得点
1回目 /36
2回目 /36

◎熟語の構成のしかたには次のようなものがある。

ア 同じような意味の漢字を重ねたもの……(岩石)
イ 反対または対応の意味を表す字を重ねたもの……(高低)
ウ 上の字が下の字を修飾しているもの……(洋画)
エ 下の字が上の字の目的語・補語になっているもの……(着席)
オ 上の字が下の字の意味を打ち消しているもの……(非常)

次の熟語は右の**ア**～**オ**のどれにあたるか、一つ選び、記号を記せ。

☑ 1 興廃
☑ 2 懐郷
☑ 3 擬似
☑ 4 安泰
☑ 5 免疫
☑ 6 殉教

解答

1 イ 興廃《こうはい》 「盛んになる」↔「廃れる」と解釈。
2 エ 懐郷《かいきょう》 「懐かしむ←故郷を」と解釈。
3 ア 擬似《ぎじ》 どちらも「にせる」の意。
4 ア 安泰《あんたい》 どちらも「やすらか」の意。
5 エ 免疫《めんえき》 「まぬかれる←病気を」と解釈。
6 エ 殉教《じゅんきょう》 「命を投げ出す←宗教に」と解釈。
7 ア 謹慎《きんしん》 どちらも「つつしむ」の意。
8 ウ 逸話《いつわ》 「世に知られていない→話」と解釈。
9 オ 不遇《ふぐう》 「ふさわしい境遇でない」と解釈。
10 イ 雅俗《がぞく》 「上品」↔「下品」と解釈。
11 ア 飢餓《きが》 どちらも「うえる」の意。
12 オ 不詳《ふしょう》 「あきらかでない」と解釈。
13 ウ 公僕《こうぼく》 「おおやけの→しもべ」と解釈。
14 イ 出納《すいとう》 「支出」↔「収入」と解釈。
15 ア 勧奨《かんしょう》 どちらも「すすめる」の意。
16 エ 叙勲《じょくん》 「さずける←勲章を」と解釈。

☐ 7 謹慎
☐ 8 逸話
☐ 9 不遇
☐ 10 雅俗
☐ 11 飢餓
☐ 12 不詳
☐ 13 公僕
☐ 14 出納
☐ 15 勧奨
☐ 16 叙勲

☐ 17 墨汁
☐ 18 威嚇
☐ 19 尚早
☐ 20 崇仏
☐ 21 殉難
☐ 22 愉悦
☐ 23 憂愁
☐ 24 懐古
☐ 25 長幼
☐ 26 旋回

☐ 27 未了
☐ 28 淑女
☐ 29 漸進
☐ 30 鎮魂
☐ 31 独吟
☐ 32 未踏
☐ 33 腐臭
☐ 34 研磨
☐ 35 貴賓
☐ 36 赴任

---

17 ウ 墨汁《ぼくじゅう》 「墨色の↓液」と解釈。
18 ア 威嚇《いかく》 どちらも「おどす」の意。
19 ウ 尚早《しょうそう》 「まだ↓早い」と解釈。
20 エ 崇仏《すうぶつ》 「とうとぶ↑仏を」と解釈。
21 エ 殉難《じゅんなん》 「殉じる↑困難に」と解釈。
22 ア 愉悦《ゆえつ》 どちらも「よろこぶ」の意。
23 ア 憂愁《ゆうしゅう》 どちらも「かなしむ」の意。
24 エ 懐古《かいこ》 「なつかしむ↑昔を」と解釈。
25 イ 長幼《ちょうよう》 「年長」↕「幼年」と解釈。
26 ア 旋回《せんかい》 どちらも「まわる」の意。
27 オ 未了《みりょう》 「まだ完了していない」と解釈。
28 ウ 淑女《しゅくじょ》 「しとやかな↓女性」と解釈。
29 ウ 漸進《ぜんしん》 「だんだんと↓進む」と解釈。
30 エ 鎮魂《ちんこん》 「鎮める↑魂を」と解釈。
31 ウ 独吟《どくぎん》 「ひとりで↓うたう」と解釈。
32 オ 未踏《みとう》 「まだ踏み入れていない」と解釈。
33 ウ 腐臭《ふしゅう》 「腐った↓におい」と解釈。
34 ア 研磨《けんま》 どちらも「みがく」の意。
35 ウ 貴賓《きひん》 「とうとい↓客人」と解釈。
36 エ 赴任《ふにん》 「赴く↑任地に」と解釈。

でる順 A

熟語の構成 ④

15分で解こう!

26点以上とれれば合格!

得点	
1回目	/36
2回目	/36

◎ 熟語の構成のしかたには次のようなものがある。

ア 同じような意味の漢字を重ねたもの……（岩石）
イ 反対または対応の意味を表す字を重ねたもの……（高低）
ウ 上の字が下の字を修飾しているもの……（洋画）
エ 下の字が上の字の目的語・補語になっているもの……（着席）
オ 上の字が下の字の意味を打ち消しているもの……（非常）

次の熟語は右のア～オのどれにあたるか、一つ選び、記号を記せ。

1 任免
2 無為
3 叙景
4 無謀
5 起伏
6 醜態

解答

1 イ 任免《にんめん》 「任す」↔「やめさせる」と解釈。
2 オ 無為《むい》 「なにもしない」と解釈。
3 エ 叙景《じょけい》 「詩文に表す←景色を」と解釈。
4 オ 無謀《むぼう》 「深い考えがない」と解釈。
5 イ 起伏《きふく》 「高くなる」↔「低くなる」と解釈。
6 ウ 醜態《しゅうたい》 「みにくい→すがた」と解釈。
7 エ 防疫《ぼうえき》 「防ぐ←疫病を」と解釈。
8 ア 陥没《かんぼつ》 どちらも「おちこむ、しずむ」の意。
9 オ 不浄《ふじょう》 「清浄ではない」と解釈。
10 ア 土壌《どじょう》 どちらも「つち」の意。
11 ウ 偏在《へんざい》 「偏って→存在している」と解釈。
12 オ 不振《ふしん》 「振るわない」と解釈。
13 ウ 抹茶《まっちゃ》 「粉の→お茶」と解釈。
14 ア 剰余《じょうよ》 どちらも「あまり」の意。
15 ウ 勅使《ちょくし》 「天皇の→使者」と解釈。
16 オ 未婚《みこん》 「まだ結婚していない」と解釈。

7 防疫
8 陥没
9 不浄
10 土壌
11 偏在
12 不振
13 抹茶
14 剰余
15 勅使
16 未婚

17 脚韻
18 収賄
19 孤塁
20 奨学
21 媒体
22 寡少
23 屈伸
24 座礁
25 把握
26 抗菌

27 邪推
28 早晩
29 未来
30 出廷
31 漆黒
32 濫造
33 直轄
34 精粗
35 紛糾
36 紡績

---

17 ウ 脚韻《きゃくいん》 「下の→韻」と解釈。
18 エ 収賄《しゅうわい》 「受け取る←わいろを」と解釈。
19 ウ 孤塁《こるい》 「孤立した→とりで」と解釈。
20 エ 奨学《しょうがく》 「助けはげます←学びを」と解釈。
21 ウ 媒体《ばいたい》 「媒介する→物体」と解釈。
22 ア 寡少《かしょう》 どちらも「すくない」の意。
23 イ 屈伸《くっしん》 「まげる」↔「のばす」と解釈。
24 エ 座礁《ざしょう》 「乗り上げる←暗礁に」と解釈。
25 ア 把握《はあく》 どちらも「つかむ」の意。
26 エ 抗菌《こうきん》 「防ぐ←菌を」と解釈。
27 ウ 邪推《じゃすい》 「わるく→推量する」と解釈。
28 イ 早晩《そうばん》 「はやい」↔「おそい」と解釈。
29 オ 未来《みらい》 「まだ来ていない」と解釈。
30 エ 出廷《しゅってい》 「出る←法廷に」と解釈。
31 ウ 漆黒《しっこく》 「漆のような→黒」と解釈。
32 ウ 濫造《らんぞう》 「みだりに→つくる」と解釈。
33 ウ 直轄《ちょっかつ》 「直接→管理する」と解釈。
34 イ 精粗《せいそ》 「こまかい」↔「あらい」と解釈。
35 ア 紛糾《ふんきゅう》 どちらも「もつれる」の意。
36 ア 紡績《ぼうせき》 どちらも「糸をつむぐ」の意。

でる順 A

熟語の構成⑤

15分で解こう!

26点以上とれれば合格!

得点
1回目 /36
2回目 /36

熟語の構成のしかたには次のようなものがある。

ア 同じような意味の漢字を重ねたもの……（岩石）
イ 反対または対応の意味を表す字を重ねたもの……（高低）
ウ 上の字が下の字を修飾しているもの……（洋画）
エ 下の字が上の字の目的語・補語になっているもの……（着席）
オ 上の字が下の字の意味を打ち消しているもの……（非常）

次の熟語は右のア～オのどれにあたるか、一つ選び、記号を記せ。

1 充満
2 俊秀
3 随意
4 繊毛
5 誓詞
6 賠償

解答

1 ア 充満《じゅうまん》 どちらも「みちる」の意。
2 ア 俊秀《しゅんしゅう》 どちらも「すぐれる」の意。
3 エ 随意《ずいい》 「したがう↑意思に」と解釈。
4 ウ 繊毛《せんもう》 「非常に細い↓毛」と解釈。
5 ウ 誓詞《せいし》 「誓いの↓ことば」と解釈。
6 ア 賠償《ばいしょう》 どちらも「つぐなう」の意。
7 イ 贈答《ぞうとう》 「おくる」↕「かえす」と解釈。
8 ウ 雪渓《せっけい》 「雪の↓渓谷」と解釈。
9 ウ 逓減《ていげん》 「しだいに↓減る」と解釈。
10 イ 尊卑《そんぴ》 「尊い」↕「卑しい」と解釈。
11 エ 遵法《じゅんぽう》 「したがう↑法に」と解釈。
12 ウ 酷使《こくし》 「ひどく↓使う」と解釈。
13 オ 不朽《ふきゅう》 「朽ちない」と解釈。
14 エ 閲兵《えっぺい》 「しらべる↑兵を」と解釈。
15 オ 未詳《みしょう》 「まだあきらかでない」と解釈。
16 イ 隠顕《いんけん》 「隠れる」↕「あらわれる」と解釈。

☐ 7 贈答
☐ 8 雪渓
☐ 9 逓減
☐ 10 尊卑
☐ 11 遵法
☐ 12 酷使
☐ 13 不朽
☐ 14 閲兵
☐ 15 未詳
☐ 16 隠顕

☐ 17 離礁
☐ 18 頻出
☐ 19 不惑
☐ 20 不滅
☐ 21 旋風
☐ 22 偏見
☐ 23 公邸
☐ 24 即位
☐ 25 厄年
☐ 26 厚遇

☐ 27 叙情
☐ 28 合掌
☐ 29 吉凶
☐ 30 塑像
☐ 31 妄信
☐ 32 哀悼
☐ 33 嫌煙
☐ 34 宣誓
☐ 35 学閥
☐ 36 帰還

---

17 エ 離礁《りしょう》「離れる↑暗礁を」と解釈。

18 ウ 頻出《ひんしゅつ》「しきりに↓出る」と解釈。

19 オ 不惑《ふわく》「惑わない」と解釈。

20 オ 不滅《ふめつ》「滅びることがない」と解釈。

21 ウ 旋風《せんぷう》「めぐる↓風」と解釈。

22 ウ 偏見《へんけん》「偏った↓見解」と解釈。

23 ウ 公邸《こうてい》「公務用の↓邸宅」と解釈。

24 エ 即位《そくい》「つく↑位に」と解釈。

25 ウ 厄年《やくどし》「わざわいの↓年」と解釈。

26 ウ 厚遇《こうぐう》「手厚い↓もてなし」と解釈。

27 エ 叙情《じょじょう》「述べる↑感情を」と解釈。

28 エ 合掌《がっしょう》「合わせる↑手のひらを」と解釈。

29 イ 吉凶《きっきょう》「よいこと」↕「悪いこと」と解釈。

30 ウ 塑像《そぞう》「土でつくった↓像」と解釈。

31 ウ 妄信《もう(ぼう)しん》「みだりに↓信じる」と解釈。

32 ア 哀悼《あいとう》どちらも「かなしむ」の意。

33 エ 嫌煙《けんえん》「嫌う↑タバコの煙を」と解釈。

34 エ 宣誓《せんせい》「述べる↑誓いを」と解釈。

35 ウ 学閥《がくばつ》「出身学校による↓派閥」と解釈。

36 ア 帰還《きかん》どちらも「かえる」の意。

注意 [未・不・無・非が一字目にきたら、意味の打ち消し]

でる順 A

対義語・類義語 ①

20分で解こう!

34点以上とれれば合格!

得点	
1回目	/48
2回目	/48

次の□の中の語を一度だけ使って漢字に直し、対義語・類義語を記せ。

対義語

1 軽侮
2 傑物
3 希釈
4 中枢
5 浄化
6 暫時
7 高尚
8 衰微
9 喪失
10 煩雑

おせん・かくとく・かんりゃく・こうきゅう・すうはい・ていぞく・のうしゅく・はんえい・ぼんじん・まったん

類義語

11 忍耐
12 屈指
13 肯定
14 伯仲
15 酌量
16 逝去
17 干渉
18 勲功
19 回顧
20 懲戒

えいみん・かいにゅう・がまん・こうりょ・ごかく・しょばつ・ぜにん・ついおく・てがら・ばつぐん

解答

1 軽侮《けいぶ》—崇拝《すうはい》
2 傑物《けつぶつ》—凡人《ぼんじん》
3 希釈《きしゃく》—濃縮《のうしゅく》
4 中枢《ちゅうすう》—末端《まったん》
5 浄化《じょうか》—汚染《おせん》
6 暫時《ざんじ》—恒久《こうきゅう》
7 高尚《こうしょう》—低俗《ていぞく》
8 衰微《すいび》—繁栄《はんえい》
9 喪失《そうしつ》—獲得《かくとく》
10 煩雑《はんざつ》—簡略《かんりゃく》
11 忍耐《にんたい》—我慢《がまん》
12 屈指《くっし》—抜群《ばつぐん》
13 肯定《こうてい》—是認《ぜにん》
14 伯仲《はくちゅう》—互角《ごかく》
15 酌量《しゃくりょう》—考慮《こうりょ》
16 逝去《せいきょ》—永眠《えいみん》
17 干渉《かんしょう》—介入《かいにゅう》
18 勲功《くんこう》—手柄《てがら》
19 回顧《かいこ》—追憶《ついおく》
20 懲戒《ちょうかい》—処罰《しょばつ》

他例 16［逝去ー他界］　意味 3［希釈＝濃度を薄めること］

対義語

21 削除
22 召還
23 堕落
24 服従
25 干渉
26 懐柔
27 擁護
28 悲哀
29 醜悪
30 秘匿
31 裕福
32 怠惰
33 閑暇
34 記憶

いあつ・かんき・きんべん・こうせい・しんがい・たぼう・ていこう・てんか・ばくろ・はけん・びれい・ひんこん・ぼうきゃく・ほうにん

類義語

35 遺憾
36 将来
37 輸送
38 泰然
39 紛糾
40 貢献
41 幽閉
42 奔走
43 変遷
44 動転
45 理由
46 懇意
47 憤慨
48 猶予

うんぱん・えんき・かんきん・きよ・ぎょうてん・げきど・こんきょ・こんらん・ざんねん・しんみつ・じんりょく・すいい・ぜんと・ちんちゃく

21 削除《さくじょ》—添加《てんか》
22 召還《しょうかん》—派遣《はけん》
23 堕落《だらく》—更生《こうせい》
24 服従《ふくじゅう》—抵抗《ていこう》
25 干渉《かんしょう》—放任《ほうにん》
26 懐柔《かいじゅう》—威圧《いあつ》
27 擁護《ようご》—侵害《しんがい》
28 悲哀《ひあい》—歓喜《かんき》
29 醜悪《しゅうあく》—美麗《びれい》
30 秘匿《ひとく》—暴露《ばくろ》
31 裕福《ゆうふく》—貧困《ひんこん》
32 怠惰《たいだ》—勤勉《きんべん》
33 閑暇《かんか》—多忙《たぼう》
34 記憶《きおく》—忘却《ぼうきゃく》

35 遺憾《いかん》—残念《ざんねん》
36 将来《しょうらい》—前途《ぜんと》
37 輸送《ゆそう》—運搬《うんぱん》
38 泰然《たいぜん》—沈着《ちんちゃく》
39 紛糾《ふんきゅう》—混乱《こんらん》
40 貢献《こうけん》—寄与《きよ》
41 幽閉《ゆうへい》—監禁《かんきん》
42 奔走《ほんそう》—尽力《じんりょく》
43 変遷《へんせん》—推移《すいい》
44 動転《どうてん》—仰天《ぎょうてん》
45 理由《りゆう》—根拠《こんきょ》
46 懇意《こんい》—親密《しんみつ》
47 憤慨《ふんがい》—激怒《げきど》
48 猶予《ゆうよ》—延期《えんき》

他例 24［服従－反抗］　意味 38［泰然＝落ち着いていて動じないようす］

でる順 A

対義語・類義語 ②

20分で解こう!

34点以上とれれば合格!

得点	
1回目	/48
2回目	/48

次の□の中の語を一度だけ使って漢字に直し、対義語・類義語を記せ。

対義語

1 謙虚
2 拘束
3 清浄
4 概略
5 凡庸
6 鈍重
7 秩序
8 左遷
9 受諾
10 寛容

いだい・えいてん・おだく・きびん・きょひ・げんかく・こうまん・こんらん・しゃくほう・しょうさい

類義語

11 顕著
12 道端
13 丁寧
14 屋敷
15 熟睡
16 調停
17 看過
18 了解
19 盲点
20 庶民

あんみん・しかく・たいしゅう・たんねん・ちゅうさい・ていたく・なっとく・もくにん・れきぜん・ろぼう

解答

1 謙虚《けんきょ》—高慢《こうまん》
2 拘束《こうそく》—釈放《しゃくほう》
3 清浄《せいじょう》—汚濁《おだく》
4 概略《がいりゃく》—詳細《しょうさい》
5 凡庸《ぼんよう》—偉大《いだい》
6 鈍重《どんじゅう》—機敏《きびん》
7 秩序《ちつじょ》—混乱《こんらん》
8 左遷《させん》—栄転《えいてん》
9 受諾《じゅだく》—拒否《きょひ》
10 寛容《かんよう》—厳格《げんかく》
11 顕著《けんちょ》—歴然《れきぜん》
12 道端《みちばた》—路傍《ろぼう》
13 丁寧《ていねい》—丹念《たんねん》
14 屋敷《やしき》—邸宅《ていたく》
15 熟睡《じゅくすい》—安眠《あんみん》
16 調停《ちょうてい》—仲裁《ちゅうさい》
17 看過《かんか》—黙認《もくにん》
18 了解《りょうかい》—納得《なっとく》
19 盲点《もうてん》—死角《しかく》
20 庶民《しょみん》—大衆《たいしゅう》

意味 5［凡庸＝すぐれたところがないこと］

対義語

21 隆起
22 尊敬
23 疎遠
24 享楽
25 哀悼
26 末端
27 消耗
28 威圧
29 湿潤
30 騰貴
31 漆黒
32 簡略
33 諮問
34 醜聞

かいじゅう・かんそう・きんよく・けいぶ・げらく・しゅくが・じゅんぱく・しんみつ・ちくせき・ちゅうすう・ちんこう・とうしん・はんざつ・びだん

類義語

35 同等
36 炎熱
37 辛苦
38 秀逸
39 確保
40 激励
41 抹消
42 妥当
43 偽作
44 薄情
45 普通
46 措置
47 不意
48 時流

けんじ・こぶ・じょきょ・しょり・じんじょう・てきせつ・とうとつ・なんぎ・ばつぐん・ひってき・ふうちょう・もうしょ・もぞう・れいたん

---

21 隆起《りゅうき》—沈降《ちんこう》
22 尊敬《そんけい》—軽侮《けいぶ》
23 疎遠《そえん》—親密《しんみつ》
24 享楽《きょうらく》—禁欲《きんよく》
25 哀悼《あいとう》—祝賀《しゅくが》
26 末端《まったん》—中枢《ちゅうすう》
27 消耗《しょうもう》—蓄積《ちくせき》
28 威圧《いあつ》—懐柔《かいじゅう》
29 湿潤《しつじゅん》—乾燥《かんそう》
30 騰貴《とうき》—下落《げらく》
31 漆黒《しっこく》—純白《じゅんぱく》
32 簡略《かんりゃく》—煩雑《はんざつ》 繁雑
33 諮問《しもん》—答申《とうしん》
34 醜聞《しゅうぶん》—美談《びだん》

35 同等《どうとう》—匹敵《ひってき》
36 炎熱《えんねつ》—猛暑《もうしょ》
37 辛苦《しんく》—難儀《なんぎ》
38 秀逸《しゅういつ》—抜群《ばつぐん》
39 確保《かくほ》—堅持《けんじ》
40 激励《げきれい》—鼓舞《こぶ》
41 抹消《まっしょう》—除去《じょきょ》
42 妥当《だとう》—適切《てきせつ》
43 偽作《ぎさく》—模造《もぞう》
44 薄情《はくじょう》—冷淡《れいたん》
45 普通《ふつう》—尋常《じんじょう》
46 措置《そち》—処理《しょり》
47 不意《ふい》—唐突《とうとつ》
48 時流《じりゅう》—風潮《ふうちょう》

他例 34 [醜聞－名声]　意味 45 [尋常＝ふつう。あたりまえ]

でる順 A

対義語・類義語 ③

20分で解こう!

34点以上とれれば合格!

得点	
1回目	/48
2回目	/48

次の［　］の中の語を一度だけ使って漢字に直し、対義語・類義語を記せ。

対義語

1 購入
2 淡泊
3 逸材
4 厳格
5 混乱
6 緩慢
7 純白
8 冗長
9 拒否
10 罷免

［かんけつ・かんよう・しっこく・じゅだく・ちつじょ・にんめい・のうこう・ばいきゃく・びんそく・ぼんさい］

類義語

11 奇抜
12 長者
13 技量
14 火急
15 頑丈
16 手本
17 駆逐
18 無窮
19 看護
20 左遷

［えいえん・かいほう・けんご・こうかく・しゅわん・せっぱく・ついほう・とっぴ・ふごう・もはん］

解答

1 購入《こうにゅう》—売却《ばいきゃく》
2 淡泊《たんぱく》—濃厚《のうこう》
3 逸材《いつざい》—凡才《ぼんさい》
4 厳格《げんかく》—寛容《かんよう》
5 混乱《こんらん》—秩序《ちつじょ》
6 緩慢《かんまん》—敏速《びんそく》
7 純白《じゅんぱく》—漆黒《しっこく》
8 冗長《じょうちょう》—簡潔《かんけつ》
9 拒否《きょひ》—受諾《じゅだく》
10 罷免《ひめん》—任命《にんめい》
11 奇抜《きばつ》—突飛《とっぴ》
12 長者《ちょうじゃ》—富豪《ふごう》
13 技量《ぎりょう》—手腕《しゅわん》
14 火急《かきゅう》—切迫《せっぱく》
15 頑丈《がんじょう》—堅固《けんご》
16 手本《てほん》—模範《もはん》
17 駆逐《くちく》—追放《ついほう》
18 無窮《むきゅう》—永遠《えいえん》
19 看護《かんご》—介抱《かいほう》
20 左遷《させん》—降格《こうかく》

他例 10［罷免－採用］　注意 2［淡泊は淡白とも書く］

対義語

21 漠然
22 撤去
23 個別
24 軽率
25 粗雑
26 偏屈
27 絶滅
28 恭順
29 頒布
30 解雇
31 厳寒
32 冷静
33 剛健
34 微細

いっせい・かいしゅう・きょだい・さいよう・しんちょう・すなお・せっち・せんめい・にゅうじゃく・ねつれつ・はんこう・はんしょく・めんみつ・もうしょ

類義語

35 激怒
36 栄光
37 不粋
38 邸宅
39 哀訴
40 普遍
41 発祥
42 披露
43 快癒
44 殊勲
45 倫理
46 符合
47 憶測
48 美風

いっぱん・がっち・きげん・こうひょう・すいりょう・ぜんち・たんがん・てがら・どうとく・ふんがい・めいよ・やしき・やぼ・りょうぞく

---

21 漠然《ばくぜん》—鮮明《せんめい》
22 撤去《てっきょ》—設置《せっち》
23 個別《こべつ》—一斉《いっせい》
24 軽率《けいそつ》—慎重《しんちょう》
25 粗雑《そざつ》—綿密《めんみつ》
26 偏屈《へんくつ》—素直《すなお》
27 絶滅《ぜつめつ》—繁殖《はんしょく》
28 恭順《きょうじゅん》—反抗《はんこう》
29 頒布《はんぷ》—回収《かいしゅう》
30 解雇《かいこ》—採用《さいよう》
31 厳寒《げんかん》—猛暑《もうしょ》
32 冷静《れいせい》—熱烈《ねつれつ》
33 剛健《ごうけん》—柔弱《にゅう(じゅう)じゃく》
34 微細《びさい》—巨大《きょだい》
35 激怒《げきど》—憤慨《ふんがい》
36 栄光《えいこう》—名誉《めいよ》
37 不粋《ぶすい》—野暮《やぼ》
38 邸宅《ていたく》—屋敷《やしき》
39 哀訴《あいそ》—嘆願《たんがん》
40 普遍《ふへん》—一般《いっぱん》
41 発祥《はっしょう》—起源《きげん》
42 披露《ひろう》—公表《こうひょう》
43 快癒《かいゆ》—全治《ぜんち》
44 殊勲《しゅくん》—手柄《てがら》
45 倫理《りんり》—道徳《どうとく》
46 符合《ふごう》—合致《がっち》
47 憶測《おくそく》—推量《すいりょう》
48 美風《びふう》—良俗《りょうぞく》

注意 37［不粋は無粋とも書く］ 41［起源は起原とも書く］

でる順 A

送り仮名

15分で解こう!

30点以上とれれば合格!

得点 1回目 /42 2回目 /42

次の――線のカタカナを漢字一字と送り仮名（ひらがな）に直せ。

1 その一言で緊張感がウスライだ。
2 カガヤカシイ実績の持ち主です。
3 布地を染料にヒタス。
4 キタナイ手を使ってのし上がる。
5 スマシた顔で大胆な発言をする。
6 母の健康が気がかりでナヤマシイ。
7 しっかり者でタノモシイ。
8 世間にハジルことはしていない。
9 乱開発は環境に影響をオヨボス。
10 一時間もすれば日がカタムク。
11 鉢植えの花をカラシてしまった。
12 家出した子犬をツカマエル。
13 彼はオソラク間に合わないだろう。
14 武器を持って領主にセマル。
15 テレビの音がサワガシイ。
16 警察の捜査の手をノガレル。
17 参加者の大半を女性がシメル。
18 明日、お宅にウカガイます。

解答

1 薄らい
2 輝かしい
3 浸す
4 汚い
5 澄まし
6 悩ましい
7 頼もしい
8 恥じる
9 及ぼす
10 傾く
11 枯らし
12 捕まえる
13 恐らく
14 迫る
15 騒がしい
16 逃れる
17 占める
18 伺い

注意 2［×輝やかしい］

☐ 19 擦れ違う時に肩がフレル。
☐ 20 友人の誘いにマドワサれた。
☐ 21 コワレた腕時計を修理に出す。
☐ 22 彼をフクメルと全員で十人だ。
☐ 23 油断は禁物と自分をイマシメル。
☐ 24 アマヤカサれた犬をしつけ直す。
☐ 25 樹齢を重ねた巨木がクチル。
☐ 26 身の潔白をウッタエル。
☐ 27 友人から受けた恩にムクイル。
☐ 28 政治家を陰でアヤツル人物。
☐ 29 他社に勝るともオトラない機能。
☐ 30 自分のカクレた才能を見いだす。

☐ 31 アザヤカナシュートを決める。
☐ 32 肌がスケル素材の服を着る。
☐ 33 精神的なダメージをコウムッた。
☐ 34 買い物をして荷物をカカエル。
☐ 35 その件は確かにウケタマワリます。
☐ 36 笑顔があふれるナゴヤカナ雰囲気。
☐ 37 慣れた手つきで機械をアツカウ。
☐ 38 最近は反応がニブクなってきた。
☐ 39 食べ物がクサッて異臭がする。
☐ 40 山頂で日の出をムカエル。
☐ 41 見かけによらず肝がスワッた人だ。
☐ 42 靴が大きすぎて歩くとヌゲル。

---

19 触れる
20 惑わさ
21 壊れ
22 含める
23 戒める
24 甘やかさ
25 朽ちる
26 訴える
27 報いる
28 操る
29 劣ら
30 隠れ

31 鮮やかな
32 透ける
33 被っ
34 抱える
35 承り
36 和やかな
37 扱う
38 鈍く
39 腐っ
40 迎える
41 据わっ
42 脱げる

意味 23［戒める＝悪いことをしないように諭す］ 注意 23［×戒しめる］

でる順 A

四字熟語 ①

15分で解こう!

17点以上とれれば合格!

得点 1回目 /24 2回目 /24

次の（　）に漢字一字を入れて、四字熟語を完成せよ。

□ 1 物情（　）《ソウ》然

□ 2 一（　）《モウ》打尽

□ 3 （　）《キョウ》天動地

□ 4 雲散（　）《ム》消

□ 5 （　）《イン》忍自重

□ 6 才色（　）《ケン》備

□ 7 （　）《チン》思黙考

□ 8 当意（　）《ソク》妙

□ 9 呉（　）《エツ》同舟

□ 10 （　）《コ》舞激励

解答 ※意味も問われる可能性があるので、きちんと覚えておこう!

1 物情騒然《ぶつじょうそうぜん》 世の中が少しも落ち着かず騒がしいさま。

2 一網打尽《いちもうだじん》 一度に一味の者全員を捕まえること。

3 驚天動地《きょうてんどうち》 世間をひどく驚かせること。

4 雲散霧消《うんさんむしょう》 跡形もなく消えうせるさま。

5 隠忍自重《いんにんじちょう》 我慢して軽はずみな行動をしないこと。

6 才色兼備《さいしょく(しき・そく)けんび》 女性が才能と容姿との両方にすぐれていること。

7 沈思黙考《ちんしもっこう》 黙って深く考えること。

8 当意即妙《とういそくみょう》 その場にふさわしい機転をきかせること。

9 呉越同舟《ごえつどうしゅう》 仲の悪い者同士がたまたま同じ場所にいること。

10 鼓舞激励《こぶげきれい》 人を奮い立たせ励ますこと。

他例 8［当意即妙は「妙」を書かせる場合もある］　注意 5［×いんにんじじゅう］

☐ 11 （　キ　）面仏心

☐ 12 青息（　ト　）息

☐ 13 竜頭蛇（　ビ　）

☐ 14 無（　イ　）自然

☐ 15 温（　コウ　）篤実

☐ 16 比（　ヨク　）連理

☐ 17 朝三（　ボ　）四

☐ 18 （　フ　）遍妥当

☐ 19 孤立無（　エン　）

☐ 20 外（　ジュウ　）内剛

☐ 21 南（　セン　）北馬

☐ 22 美辞（　レイ　）句

☐ 23 栄（　コ　）盛衰

☐ 24 新進気（　エイ　）

---

11 鬼面仏心《きめんぶっしん》 一見、怖くてもやさしい心を持っていること。

12 青息吐息《あおいきといき》 困った時や弱った時につくため息のこと。

13 竜頭蛇尾《りゅう(りょう)とうだび》 最初は勢いがあるが最後はふるわないこと。

14 無為自然《むいしぜん》 人為的なものがなく自然のままであること。

15 温厚篤実《おんこうとくじつ》 性格が穏やかで情に厚く誠実なさま。

16 比翼連理《ひよくれんり》 男女が固く結ばれていること。

17 朝三暮四《ちょうさんぼし》 目先にこだわり、同じだと気がつかないこと。

18 普遍妥当《ふへんだとう》 どんな場合にも真理として認められること。

19 孤立無援《こりつむえん》 一人ぼっちで助けがないこと。

20 外柔内剛《がいじゅうないごう》 表面は柔和そうだが意志は強いこと。

21 南船北馬《なんせんほくば》 全国を忙しく旅行すること。

22 美辞麗句《びじれいく》 巧みに飾って表現した言葉や語句。

23 栄枯盛衰《えいこせいすい》 栄えたり衰えたりすること。

24 新進気鋭《しんしんきえい》 新人で、意気込みや活躍がめざましいこと。

注意 20［内剛外柔（ない ごう がい じゅう）ともいう］

でる順

A

四字熟語 ②

15分で解こう!

17点以上とれれば合格!

得点	
1回目	/24
2回目	/24

次の（　）に漢字一字を入れて、四字熟語を完成せよ。

1 厚顔無（チ）

2 色即（ゼ）空

3 歌（ブ）音曲

4 愛別（リ）苦

5 （イ）風堂堂

6 夏炉冬（セン）

7 同（ショウ）異夢

8 吉（キョウ）禍福

9 信賞必（バツ）

10 五里（ム）中

解答

※意味も問われる可能性があるので、きちんと覚えておこう!

1 厚顔無恥《こうがんむち》 恥知らずでずうずうしいこと。

2 色即是空《しきそくぜくう》 この世のすべては、実体がないということ。

3 歌舞音曲《かぶおんぎょく》 歌い踊り、音楽を演奏したりすること。

4 愛別離苦《あいべつりく》 愛する人と別れなければならない苦しみ。

5 威風堂堂《いふうどうどう》 威厳があっておごそかなさま。

6 夏炉冬扇《かろとうせん》 役に立たない物事のたとえ。

7 同床異夢《どうしょういむ》 同じことをしていても、考えが違うこと。

8 吉凶禍福《きっきょうかふく》 よいことと悪いこと。

9 信賞必罰《しんしょうひつばつ》 賞罰を厳正にすること。

10 五里霧中《ごりむちゅう》 方針や見込みが立てられない状態のこと。

注意 6 [冬扇夏炉（とう せん か ろ）ともいう]

□ 11 一朝一（セキ）

□ 12 一念（ホッ）起

□ 13 （ミョウ）計奇策

□ 14 群雄（カッ）拠

□ 15 表（リ）一体

□ 16 縦横無（ジン）

□ 17 神出（キ）没

□ 18 破顔一（ショウ）

□ 19 率先垂（ハン）

□ 20 気炎万（ジョウ）

□ 21 旧態（イ）然

□ 22 意気消（チン）

□ 23 心頭滅（キャク）

□ 24 山（シ）水明

---

11 一《いっ》朝《ちょう》一《いっ》夕《せき》　一日か二日かの短い日時、わずかな時間のこと。

12 一《いち》念《ねん》発《ほっ》起《き》　思いたって一大決心をすること。

13 妙《みょう》計《けい》奇《き》策《さく》　人の意表をつくような優れたはかりごと。

14 群《ぐん》雄《ゆう》割《かっ》拠《きょ》　多くの実力者がそれぞれ対立すること。

15 表《ひょう》裏《り》一《いっ》体《たい》　二つの関係が親密で切り離せないこと。

16 縦《じゅう》横《おう》無《む》尽《じん》　自由自在に思う存分振る舞うさま。

17 神《しん》出《しゅつ》鬼《き》没《ぼつ》　行動が自由自在で所在がつかめないこと。

18 破《は》顔《がん》一《いっ》笑《しょう》　顔をほころばせてにっこり笑うこと。

19 率《そっ》先《せん》垂《すい》範《はん》　自分が進んで手本を示すこと。

20 気《き》炎《えん》万《ばん》丈《じょう》　大いに気炎を上げること。意気盛んなこと。

21 旧《きゅう》態《たい》依《い》然《ぜん》　体制が古いままで少しも進歩がないさま。

22 意《い》気《き》消《しょう》沈《ちん》　落ち込んだ気持ちになること。

23 心《しん》頭《とう》滅《めっ》却《きゃく》　困難も心の持ち方で克服できるということ。

24 山《さん》紫《し》水《すい》明《めい》　自然の風景が清らかで美しいこと。

注意　22［類義語は「意気阻喪（い き そ そう）」］

でる順 **A**

四字熟語 ③

15分で解こう!

17点以上とれれば合格!

得点	
1回目	/24
2回目	/24

次の（　）に漢字一字を入れて、四字熟語を完成せよ。

☑ 1 一罰百（カイ）

☑ 2 少壮気（エイ）

☑ 3 （ジン）常一様

☑ 4 好機（トウ）来

☑ 5 （カン）善懲悪

☑ 6 優勝（レッ）敗

☑ 7 人面（ジュウ）心

☑ 8 （ガン）固一徹

☑ 9 七転八（トウ）

☑ 10 難（コウ）不落

解答

※意味も問われる可能性があるので、きちんと覚えておこう!

1 一《いち》罰《ばつ》百《ひゃっ》戒《かい》　一人を罰することで他の戒めとすること。

2 少《しょう》壮《そう》気《き》鋭《えい》　年が若く元気で意気盛んなこと。

3 尋《じん》常《じょう》一《いち》様《よう》　普通となんら変わらないこと。

4 好《こう》機《き》到《とう》来《らい》　物事をするのによい機会が来たということ。

5 勧《かん》善《ぜん》懲《ちょう》悪《あく》　善行を勧め悪行を懲らしめること。

6 優《ゆう》勝《しょう》劣《れっ》敗《ぱい》　強者、適格者が栄えていくこと。

7 人《じん》面《めん》獣《じゅう》心《しん》　人の顔をしながら心は獣のような者のこと。

8 頑《がん》固《こ》一《いっ》徹《てつ》　考えを変えず、あくまで意地を張るさま。

9 七《しち(しっ)》転《てん》八《ばっ(はっ)》倒《とう》　あまりの苦痛にころげまわるさま。

10 難《なん》攻《こう》不《ふ》落《らく》　攻めにくく容易に落とせないこと。

他例　1［一罰百戒は「罰」を書かせる場合もある］

☐ 11 暗雲低（メイ）
☐ 12 容姿（タン）麗
☐ 13 一日千（シュウ）
☐ 14 酔生（ム）死
☐ 15 （ショ）行無常
☐ 16 論（シ）明快
☐ 17 （コ）大妄想

☐ 18 言行一（チ）
☐ 19 粗（イ）粗食
☐ 20 疾風迅（ライ）
☐ 21 金（ジョウ）湯池
☐ 22 深謀遠（リョ）
☐ 23 （ド）髪衝天
☐ 24 徹頭徹（ビ）

---

11 暗雲低迷《あんうんていめい》 良くないことが起こりそうな状態が続くこと。

12 容姿端麗《ようしたんれい》 姿や形が整っていて美しいさま。

13 一日千秋《いちじつせんしゅう》 非常に待ち遠しいことのたとえ。

14 酔生夢死《すいせいむ(ぼう)し》 何もせず無駄に一生を過ごすこと。

15 諸行無常《しょぎょうむじょう》 万物は常に変化し、とどまらないこと。

16 論旨明快《ろんしめいかい》 議論や論文の要旨がわかりやすいこと。

17 誇大妄想《こだいもうそう》 大げさに考えて事実と思いこむこと。

18 言行一致《げんこういっち》 言うことと行うことが一致していること。

19 粗衣粗食《そいそしょく》 衣服と食事が粗末なこと。

20 疾風迅雷《しっぷうじんらい》 勢いや行動が素早く激しいこと。

21 金城湯池《きんじょうとうち》 非常に守りの堅いたとえ。

22 深謀遠慮《しんぼうえんりょ》 将来の事までよく考え計画を立てること。

23 怒髪衝天《どはっしょうてん》 ものすごい表情をして怒るさま。

24 徹頭徹尾《てっとうてつび》 最初から最後。一つの考えや行動を貫くさま。

注意 22［深慮遠謀（しん りょ えん ぼう）ともいう］

でる順 A

四字熟語 ④

15分で解こう!

17点以上とれれば合格!

得点	
1回目	/24
2回目	/24

次の（　）に漢字一字を入れて、四字熟語を完成せよ。

1 抱（　）《フク》絶倒

2 巧（　）《チ》拙速

3 孤軍奮（　）《トウ》

4 天下（　）《ゴ》免

5 和洋（　）《セッ》衷

6 危機一（　）《パツ》

7 千（　）《シ》万紅

8 （　）《キョウ》喜乱舞

9 勢力伯（　）《チュウ》

10 前（　）《ト》洋洋

解答

※意味も問われる可能性があるので、きちんと覚えておこう!

1 抱腹絶倒《ほうふくぜっとう》　腹を抱えて転げ回るほど大笑いすること。

2 巧遅拙速《こうちせっそく》　上手でも遅いより下手でも速い方がよいこと。

3 孤軍奮闘《こぐんふんとう》　味方がなく一人で懸命に闘うさま。

4 天下御免《てんかごめん》　だれにも妨げられず公然と許されること。

5 和洋折衷《わようせっちゅう》　和風と洋風との適当なとり合わせのこと。

6 危機一髪《ききいっぱつ》　非常に危ないせとぎわのこと。

7 千紫万紅《せんしばんこう》　多彩な花が咲き乱れているさま。

8 狂喜乱舞《きょうきらんぶ》　我を忘れて喜ぶさま。

9 勢力伯仲《せいりょくはくちゅう》　二つの勢力に優劣の差がないこと。

10 前途洋洋《ぜんとようよう》　将来が希望に満ち満ちていること。

他例 8［狂喜乱舞は「舞」を書かせる場合もある］

☐ 11 冠（コン）葬祭

☐ 12 円転滑（ダツ）

☐ 13 公序良（ゾク）

☐ 14 附和（ライ）同

☐ 15 （アン）中模索

☐ 16 （アク）逆無道

☐ 17 森羅（バン）象

☐ 18 不（ソク）不離

☐ 19 首（ビ）一貫

☐ 20 面目（ヤク）如

☐ 21 複雑怪（キ）

☐ 22 衆口一（チ）

☐ 23 鯨飲（バ）食

☐ 24 英俊（ゴウ）傑

---

11 冠《かん》婚《こん》葬《そう》祭《さい》　元服・婚礼・葬儀などの慶弔の儀式のこと。

12 円《えん》転《てん》滑《かつ》脱《だつ》　物事がすらすらと進むさま。

13 公《こう》序《じょ》良《りょう》俗《ぞく》　一般社会の秩序と善良な習慣のこと。

14 附《ふ》和《わ》雷《らい》同《どう》　他人の言動にすぐ同調すること。

15 暗《あん》中《ちゅう》模《も》索《さく》　手掛かりなくあてもなく探り求めること。

16 悪逆無道《あくぎゃくむどう（ぶどう・ふどう）》　道理に外れたひどい悪事を行うこと。

17 森《しん》羅《ら》万《ばん》象《しょう》　あらゆる事物・現象のこと。

18 不《ふ》即《そく》不《ふ》離《り》　二つのものが、つかず離れず共存する関係。

19 首《しゅ》尾《び》一《いっ》貫《かん》　方針などが最後まで貫かれていること。

20 面目躍如《めんもく（ぼく）やくじょ》　地位にふさわしい活躍をすること。

21 複《ふく》雑《ざつ》怪《かい》奇《き》　物事が複雑にこみいっていて不可解なこと。

22 衆《しゅう》口《こう》一《いっ》致《ち》　多くの人の意見や評判が一致していること。

23 鯨《げい》飲《いん》馬《ば》食《しょく》　大酒を飲み、大食いをすること。

24 英《えい》俊《しゅん》豪《ごう》傑《けつ》　才知や武勇が特にすぐれていること。

注意 23 [類義語は「牛飲馬食（ぎゅう いん ば しょく）」]

でる順 A

四字熟語 ⑤

15分で解こう!

17点以上とれれば合格!

得点	
1回目	/24
2回目	/24

次の（　）に漢字一字を入れて、四字熟語を完成せよ。

☐ 1 良風美（　）《ゾク》

☐ 2 （　）《ショウ》止千万

☐ 3 眺（　）《ボウ》絶佳

☐ 4 百（　）《キ》夜行

☐ 5 熟（　）《リョ》断行

☐ 6 孤城（　）《ラク》日

☐ 7 朝令（　）《ボ》改

☐ 8 時節（　）《トウ》来

☐ 9 昼夜（　）《ケン》行

☐ 10 支（　）《リ》滅裂

解答

※意味も問われる可能性があるので、きちんと覚えておこう!

1 良風美俗《りょうふうびぞく》 よい習慣や風俗のこと。

2 笑止千万《しょうしせんばん》 ひどくこっけいでおかしいさま。

3 眺望絶佳《ちょうぼうぜっか》 素晴らしく美しいながめのこと。

4 百鬼夜行《ひゃっきやこう(ぎょう)》 多くの人が奇怪な行動や悪さなどをすること。

5 熟慮断行《じゅくりょだんこう》 十分に考えたうえで思い切ってやること。

6 孤城落日《こじょうらくじつ》 勢いが衰えて助けもなく心細いさま。

7 朝令暮改《ちょうれいぼかい》 命令がたびたび変わり、あてにならないこと。

8 時節到来《じせつとうらい》 よい機会が訪れること。

9 昼夜兼行《ちゅうやけんこう》 物事を昼と夜の区別なく行うこと。

10 支離滅裂《しりめつれつ》 物事がばらばらでまとまりのないこと。

☑ 11 （ガ）田引水

☑ 12 意志（ハク）弱

☑ 13 流言（ヒ）語

☑ 14 悪戦苦（トウ）

☑ 15 悠悠自（テキ）

☑ 16 安寧秩（ジョ）

☑ 17 （フン）励努力

☑ 18 喜（ド）哀楽

☑ 19 （キ）用貧乏

☑ 20 前（ト）多難

☑ 21 人（セキ）未踏

☑ 22 堅忍不（バツ）

☑ 23 傍（ジャク）無人

☑ 24 主（カク）転倒

---

11 我田引水《がでんいんすい》 自分の都合にあわせて強引に取り計らうこと。

12 意志薄弱《いしはくじゃく》 自分独自の決断を下しえないさま。

13 流言飛語《りゅうげんひご》 口づてに伝わる、根拠のない情報。

14 悪戦苦闘《あくせんくとう》 苦しい戦いの中で必死になっているさま。

15 悠悠自適《ゆうゆうじてき》 俗世間と関係なくのんびりと過ごすこと。

16 安寧秩序《あんねいちつじょ》 安全で不安がなく、秩序が保たれた状態。

17 奮励努力《ふんれいどりょく》 気力を奮いたたせて物事に励むこと。

18 喜怒哀楽《きどあいらく》 人間の様々な感情のこと。

19 器用貧乏《きようびんぼう》 器用だがどれも中途半端で大成しないこと。

20 前途多難《ぜんとたなん》 行く先々に多くの困難などがあること。

21 人跡未踏《じんせきみとう》 まだだれも足を踏み入れたことがないこと。

22 堅忍不抜《けんにんふばつ》 堅く耐え忍んで心を変えないこと。

23 傍若無人《ぼうじゃくぶじん》 人目をはばからず勝手気ままに行動すること。

24 主客転倒《しゅかく(きゃく)てんとう》 立場や順序などが逆転すること。

注意 23 [傍若無人＝「傍（かたわ）らに人無きが若（ごと）し」から]

でる順 A

四字熟語 ⑥

15分で解こう！

17点以上とれれば合格！

得点	
1回目	/24
2回目	/24

次の（　）に漢字一字を入れて、四字熟語を完成せよ。

☐ 1 思（　）《リョ》分別

☐ 2 力戦奮（　）《トウ》

☐ 3 疑心暗（　）《キ》

☐ 4 喜色（　）《マン》面

☐ 5 要害（　）《ケン》固

☐ 6 （　）《リン》機応変

☐ 7 （　）《キャッ》下照顧

☐ 8 金科玉（　）《ジョウ》

☐ 9 禍（　）《フク》得喪

☐ 10 用意周（　）《トウ》

解答 ※意味も問われる可能性があるので、きちんと覚えておこう！

1 思慮分別《しりょふんべつ》 注意深く考えて常識的に判断すること。

2 力戦奮闘《りき(りょく)せんふんとう》 力を出し尽くして努力すること。

3 疑心暗鬼《ぎしんあんき》 何事も不安に思い、信じられなくなること。

4 喜色満面《きしょくまんめん》 喜びを顔全体に表すこと。

5 要害堅固《ようがいけんご》 地勢が険しくて攻め落とすのが難しいこと。

6 臨機応変《りんきおうへん》 時々の変化に応じ適切な手段をとること。

7 脚下照顧《きゃっかしょうこ》 自分の足元を見直して反省すること。

8 金科玉条《きんかぎょくじょう》 非常に重要な法律や規則のこと。

9 禍福得喪《かふくとくそう》 幸福や不幸、得ることや失うこと。

10 用意周到《よういしゅうとう》 用意が抜かりなく行き届いているさま。

他例 4［喜色満面は「喜」を書かせる場合もある］

11 泰然自（ジャク）

12 東奔西（ソウ）

13 本末転（トウ）

14 有（イ）転変

15 金城鉄（ペキ）

16 （ゼ）非曲直

17 （キ）想天外

18 天下泰（ヘイ）

19 勇（モウ）果敢

20 前（ト）有望

21 初（シ）貫徹

22 先憂後（ラク）

23 優（ジュウ）不断

24 公平無（シ）

---

11 泰然自若《たいぜんじじゃく》　落ち着きはらって物事に全く動じないさま。

12 東奔西走《とうほんせいそう》　四方八方を忙しく走り回っているさま。

13 本末転倒《ほんまつてんとう》　大事なことを忘れ、細かいことにこだわること。

14 有為転変《ういてんぺん（べん）》　すべてのものが変化し、無常であること。

15 金城鉄壁《きんじょうてっぺき》　他から攻めこまれない堅固な備え。

16 是非曲直《ぜひきょくちょく》　物事のよしあしのこと。

17 奇想天外《きそうてんがい》　普通では思いもよらないようなこと。

18 天下泰平《てんかたいへい》　国や世の中が治まり、おだやかなさま。

19 勇猛果敢《ゆうもうかかん》　勇気があって強く決断力に富んでいること。

20 前途有望《ぜんとゆうぼう》　将来大いに望みや見込みのあること。

21 初志貫徹《しょしかんてつ》　はじめの願望や志を最後まで貫き通すこと。

22 先憂後楽《せんゆうこうらく》　憂えることを先にし、その後に楽しむこと。

23 優柔不断《ゆうじゅうふだん》　ぐずぐずして決断力に乏しいさま。

24 公平無私《こうへいむし》　一方に偏らず平等で、私心をもたないさま。

注意　15［類義語は「金城湯池（きん じょう とう ち）」］

でる順
A
誤字訂正 ①

15分で解こう!

20点以上とれれば合格!

得点	
1回目	/28
2回目	/28

次の各文にまちがって使われている同じ読みの漢字が一字ある。その誤字と正しい漢字を記せ。

1 健康を委持するには適度な運動と調和の取れた食事が必要である。

2 開発を進めてきた新製品が完成し、記者会見の場で初めて披漏された。

3 うなぎは稚魚で生け捕って育てて出荷しているので繁嘱は難しい。

4 期待される話題作の撮映のため、巨額の資金集めに東奔西走した。

5 家庭菜園でトマトの採培を始めてから、肥料の種類にも詳しくなった。

6 大規模開発のためにこの地域では自然還境の保護が叫ばれている。

7 弁護士は法廷で検察が示した証固に一つ一つ反論を加えていった。

8 工具を用いて扉や窓の錠などを破塊して侵入する手口が増加している。

9 数か国語を苦使できたとしても世界中の人と会話できるとは限らない。

10 複数の半導体を搭採したコンピューターの演算スピードは世界最速となった。

11 今回の未盗掘とされる王墓の遺籍調査は古代史にとって重要である。

12 国内で成功し、その名をはせた彼は、世界にも進出して大活役をした。

解答

1 委→維(維持)
2 漏→露(披露)
3 嘱→殖(繁殖)
4 映→影(撮影)
5 採→栽(栽培)
6 還→環(環境)
7 固→拠(証拠)
8 塊→壊(破壊)
9 苦→駆(駆使)
10 採→載(搭載)
11 籍→跡(遺跡)
12 役→躍(活躍)

意味 9 [駆使=自由自在に使いこなすこと]

☐ 13 自由と平等を確得するために昔から多くの血が流され続けてきた。

☐ 14 論文にざっと目を通しただけで教授は極めて重視すべき問題点を指的した。

☐ 15 歩行者の通行を妨げていた駅前の放置自転車が一斉に撤拠される。

☐ 16 取水量の増大により生じた地盤沈下の披害が深刻化している。

☐ 17 当時の世相を風詞する劇画が昨今の学生たちの間で注目を浴びている。

☐ 18 病気の時は焦らずに治了に専念し、快癒してから再起すべきだろう。

☐ 19 委員が熟慮し導き出した呈言は、承認されてから議会を通過した。

☐ 20 役員会に出された案件は速日社長の決裁がおりた。

☐ 21 念入りに設計されたその収録部屋は、音況が抜群によい。

☐ 22 国外からの物心両面にわたる支縁の輪が拡大との報道が聞こえる。

☐ 23 彼女は赤い靴を贈られて以降、華令な舞踏会への出席を夢見ていた。

☐ 24 大会開催地の誘置は、毎回激しい競争の末に委員の投票で結論が出る。

☐ 25 観光客の減少を受けて、旅行の需要を歓起する政策が取られる。

☐ 26 記録の向新が期待される選手たちは緊張した表情で出場を待っている。

☐ 27 金融情勢の悪化した現在、慌てずに時節の踏来を待つべきだ。

☐ 28 長年、独身を通していた叔父は幼友達の女性と勢大な結婚式を挙げた。

---

13 確→獲（獲得）
14 的→摘（指摘）
15 拠→去（撤去）
16 披→被（被害）
17 詞→刺（風刺）
18 了→療（治療）
19 呈→提（提言）
20 速→即（即日）
21 況→響（音響）
22 縁→援（支援）
23 令→麗（華麗）
24 置→致（誘致）
25 歓→喚（喚起）
26 向→更（更新）
27 踏→到（到来）
28 勢→盛（盛大）

意味 17［風刺＝それとなく皮肉ること］

でる順 A

誤字訂正 ②

15分で解こう!

20点以上とれれば合格!

得点

1回目 /28

2回目 /28

次の各文にまちがって使われている同じ読みの漢字が一字ある。その誤字と正しい漢字を記せ。

1 飛行機事故が頻般に起きるので、原因の徹底的な究明が望まれる。

2 町内では災害を契機として非常袋を供える家庭が急増している。

3 冷蔵庫などの待久消費財は、新機能で勝負する段階に入った。

4 突然発表された建設計画に、近隣住民と協力し攻議の声をあげた。

5 害虫の駆徐を専門業者に依頼し、予防方法について指導を受ける。

6 診察に来られない患者のために医師が週に一度、町を循回している。

7 専制政治から解放されて、さまざまな掲向の思想が一斉に開花した。

8 腹部の余分な脂房を取り除くために体操教室に通って汗を流している。

9 新型車には追突の際の衝激を吸収し緩和する装置がついている。

10 海藻や芋類など、食物繊衣が多く含まれる食材を積極的に使う。

11 いざという時のため、市長は批難訓練をすることを決定した。

12 消費者は保存料などの人工点加物が入っていない自然食品を歓迎する。

解答

1 般→繁(頻繁)

2 供→備(備える)

3 待→耐(耐久)

4 攻→抗(抗議)

5 徐→除(駆除)

6 循→巡(巡回)

7 掲→傾(傾向)

8 房→肪(脂肪)

9 激→撃(衝撃)

10 衣→維(繊維)

11 批→避(避難)

12 点→添(添加)

13 画家として大成した彼は、幼いころから卓悦した才能を発揮していた。

14 地中海沿岸は日差しが強く湿度も高くないので洗濯物がすぐに渇く。

15 五月の強い視外線を浴びて、皮膚が赤く炎症を起こした。

16 開発途上だったこの国でも医学知識の布及により感染症が激減した。

17 病気中の証人を臨症尋問するため、裁判官が入院先まで赴いた。

18 県大会に優勝した我が校の生徒たちを祝して記念品の造呈を決定した。

19 老休化が進んだ雑居ビルは倒壊する危険性があると報告された。

20 超高零社会の課題に対する国の政策に民衆は不満をもらす。

21 景気の後退による受要の減少は、在庫・施設・人員の過剰を生んだ。

22 来店客数の低命を打開するために大規模な改装工事を早急に進める。

23 若い官督を起用した結果、チームは刷新され各選手が著しく成長した。

24 昨年他界した作曲家を追倒して、演奏会が開催された。

25 商店街の伸興を目的に本通りを舗装し集客力の改善に直結させたい。

26 台風の接近に伴う大雨に対して地元の住民たちは警怪を強めている。

27 今月は家計の支出の中で交際費が締める割合が突出して高い。

28 五年間の討病生活を終えた父は無事退院しその体験を手記にまとめた。

---

13 悦→越（卓越）
14 渇→乾（乾く）
15 視→紫（紫外線）
16 布→普（普及）
17 症→床（臨床）
18 造→贈（贈呈）
19 休→朽（老朽化）
20 零→齢（高齢）
21 受→需（需要）
22 命→迷（低迷）
23 官→監（監督）
24 倒→悼（追悼）
25 伸→振（振興）
26 怪→戒（警戒）
27 締→占（占める）
28 討→闘（闘病）

意味 25［振興＝産業などが盛んになること］

でる順 A

誤字訂正 ③

15分で解こう!

20点以上とれれば合格!

得点
1回目 /28
2回目 /28

次の各文にまちがって使われている同じ読みの漢字が一字ある。その誤字と正しい漢字を記せ。

1 この資料は貴調な文献の中から必要な部分だけ抜粋して作成した。

2 違法な産業廃棄物の処理により大気は汚泉され続けている。

3 少人数で始まったその暴動は、またたく間に全国に波求した。

4 その場の全員が過去の恐ろしい事件に振れることを拒絶した。

5 音楽や美術などは子供の情想には、必要な科目になっている。

6 増税の前に不要な財政支出の抑勢が先決との声が党内から噴出する。

7 祖母が淡精して栽培している野菜は評価が高くすぐに売り切れる。

8 新聞の報道が発端となって、一流企業による巨額の脱税が的発された。

9 採算の合わない事業から徹退し、経営計画を抜本的に見直す。

10 想像を超えた自然の猛偉を目の当たりにし、言葉を失った。

11 野生の中で生きてきた動物の嗣育には細心の注意と知識が必要だ。

12 短距離走者と水泳選手との筋力や肺活量を比格すると興味深い結果が出た。

解答

1 調→重（貴重）
2 泉→染（汚染）
3 求→及（波及）
4 振→触（触れる）
5 想→操（情操）
6 勢→制（抑制）
7 淡→丹（丹精）
8 的→摘（摘発）
9 徹→撤（撤退）
10 偉→威（猛威）
11 嗣→飼（飼育）
12 格→較（比較）

13 痛ましいひき逃げ事件が激増しているとマスコミが啓鐘を鳴らしている。

14 新人歌手の登竜門と言われる大会で優勝した少女は一躍客光を浴びた。

15 提案を拒否された少数政党にも配虜しないと、問題の解決は困難だ。

16 日常のゴミを分別することで私たちも地球の環境改善に寄預している。

17 過度な森林伐栽によって山の保水機能が弱まり、水害が発生しやすくなる。

18 毎日産地直送の生洗食品を販売する店の売れ行きが伸びている。

19 美しい彩りの綿布で装色を施された巨大な人形が入場者を出迎える。

20 複数の職員による金銭の着服が発覚し、全員が懲改処分を受けた。

21 先祖から伝わる古い磁器が価値のある物かどうか専門家が看定した。

22 彼女は幼少時からの夢を実現させ、世界的に著名な舞謡家となった。

23 剛華な家具や調度品が置かれた派手な印象がある部屋に宿泊した。

24 異常気象の一つとして、これまでと基模の違う大型の竜巻が発生している。

25 勢力の強大な台風の就来により村内各所でがけ崩れが多発した。

26 海外に対する輸入禁止の影響で、国産品の出果が急増した。

27 金の埋蔵が言い伝えられた王墓だったが、既に賊に討掘されていた。

28 この交差点は見通しが悪く、歩行者を巻き込んだ交通事故が賓発している。

---

13 啓→警（警鐘）
14 客→脚（脚光）
15 虜→慮（配慮）
16 預→与（寄与）
17 栽→採（伐採）
18 洗→鮮（生鮮）
19 色→飾（装飾）
20 改→戒（懲戒）
21 看→鑑（鑑定）
22 謡→踊（舞踊家）
23 剛→豪（豪華）
24 基→規（規模）
25 就→襲（襲来）
26 果→荷（出荷）
27 討→盗（盗掘）
28 賓→頻（頻発）

意味 28［頻発＝事件・事故などがたびたび発生すること］

でる順 A

誤字訂正 ④

15分で解こう！

20点以上とれれば合格！

得点 1回目 /28 2回目 /28

次の各文にまちがって使われている同じ読みの漢字が一字ある。その誤字と正しい漢字を記せ。

1 水質汚染の慎刻な被害が判明し、住民たちは不安な毎日を過ごしている。

2 畑を荒らす野生動物を捕確するために、巧妙なわなを仕掛ける。

3 社員からの提案は作業効率の面からも十分に検到に値するものだ。

4 適度な運動と睡眠を心がけ、食生活を改善して免益力の向上に努める。

5 二国間の新たな協定で、途航手続きが緩和された。

6 予算が下りたので、金塊を求める海底探佐にようやく着手できる。

7 世界最高峰を征伏することは一流の登山家にとっての夢である。

8 最近の健康ブームが、この商品の売り上げに薄車をかけた格好だ。

9 発展途上国が強引に外資働入を図ると、市場価格の高騰を招くことがある。

10 この辺りは波が穏やかで水質がよく、カキの養植に適した環境が整っている。

11 南海の小さな国から、観光客獲得のための親然大使が来日した。

12 品質を更上させて価格以外の輸出競争力をつける戦略で勝負する。

解答

1 慎→深（深刻）
2 確→獲（捕獲）
3 到→討（検討）
4 益→疫（免疫）
5 途→渡（渡航）
6 佐→査（探査）
7 伏→服（征服）
8 薄→拍（拍車）
9 働→導（導入）
10 植→殖（養殖）
11 然→善（親善）
12 更→向（向上）

☐ 13 全国各地の名湯の入浴材で我が家に居ながらにして温泉気分に浸れる。

☐ 14 先生の発見は基礎数理学の世界に依大な功績を残したと言える。

☐ 15 森の中では、富葉土が樹木の栄養となり、成長を助けます。

☐ 16 古い校舎の場合は速やかに耐震補強の対作を講じる必要がある。

☐ 17 新たに店頭に並んだ月刊誌では読者からの投構を常時募集している。

☐ 18 総選挙では半数を超える付動票の行方が当落を決めると言われる。

☐ 19 新しい舞台で発表された希抜な衣装は観客から賛否両論だった。

☐ 20 その満性的な症状は、習慣を変えて根気よく治療をしなければならない。

☐ 21 肉眼で見えない備生物は、技術の進歩によって観察できるようになった。

☐ 22 取引先から、有名な指揮者が出る演創会に招待された。

☐ 23 開発業者と地域住民との話し合いの場ではこれまでの不満が憤出した。

☐ 24 その職人の神業に響嘆し弟子になることを志願した。

☐ 25 社長交代を発表するはずが、一転して新製品を披朗する場へと変わった。

☐ 26 新しい役員は苦渋の決断で、工場の閉差を発表した。

☐ 27 業績の悪化を理由に不当に回雇された派遣社員が抗議行動を起こす。

☐ 28 新幹線の駅が開業して人の往来が増え、商店街は活境を呈している。

---

13 材→剤 (入浴剤)
14 依→偉 (偉大)
15 富→腐 (腐葉土)
16 作→策 (対策)
17 構→稿 (投稿)
18 付→浮 (浮動票)
19 希→奇 (奇抜)
20 満→慢 (慢性的)
21 備→微 (微生物)
22 創→奏 (演奏会)
23 憤→噴 (噴出)
24 響→驚 (驚嘆)
25 朗→露 (披露)
26 差→鎖 (閉鎖)
27 回→解 (解雇)
28 境→況 (活況)

意味 15 [腐葉土＝落ち葉が腐ってできた土]

でる順 **A**

誤字訂正 ⑤

15分で解こう!

20点以上とれれば合格!

得点	
1回目	/28
2回目	/28

次の各文にまちがって使われている同じ読みの漢字が一字ある。その誤字と正しい漢字を記せ。

□ 1 災害時における医療チームの派献要請が世界各国から届き始めている。

□ 2 会長の経営方針が末端の社員にまで浸到し顧客満足度は業界一高い。

□ 3 救急病院に重傷の看者が運び込まれ、優先して治療が施された。

□ 4 夜道で危険を感じ、悟身のため空手を習い出した。

□ 5 業務上横領の罪で起措された元社員に、懲役二年の判決が下された。

□ 6 その政治家の演説は世の中の動きを確実にとらえて聴集をとりこにする。

□ 7 埋造金の伝説は多数あるが、現実に見つけるのは非常に厄介だ。

□ 8 熱中症予防には室内の温度を下げて汗の浄発を促進する必要がある。

□ 9 角の洋服屋は店保改装のため大売り出しを行って利益を上げた。

□ 10 大型商業施設を建てて不況の地元経済の振向を図る。

□ 11 空中での連続回転は多くの経験を積んだ操縦者でも仕難のわざだ。

□ 12 隣のおじいさんは悩卒中で倒れたが、その後リハビリで完治した。

解答

1 献→遣（派遣）
2 到→透（浸透）
3 看→患（患者）
4 悟→護（護身）
5 措→訴（起訴）
6 集→衆（聴衆）
7 造→蔵（埋蔵）
8 浄→蒸（蒸発）
9 保→舗（店舗）
10 向→興（振興）
11 仕→至（至難）
12 悩→脳（脳卒中）

13 観光地が場面に折り込まれた見所満載のドラマに母は見入っている。

14 動物愛護の観点から、学校での戒剖実習の廃止を求める声が上がる。

15 時間がかかったのは、関単に思えた仕事が予想外に手間取ったからだ。

16 歴史の流れを変える活期的な技術も、すぐには認められないものが多い。

17 複数の商店で折盗の被害があり、防犯カメラを設置して警備を強化した。

18 各地方自治体では被災家屋の認定には充軟に対応する旨を約束した。

19 乾燥してくると実が急に割れて、中から多くの種子が飛産する。

20 海底を屈削する技術の進歩に伴い石油の生産量は三倍に増大した。

21 あまりにゴミで乱雑な部屋なので、収集がつかない。

22 地球上の多くの植物は、太陽の光の恩啓を受けて生存し続けている。

23 硬星を周回する軌道を計算し、地球外生物の存在する可能性を探る。

24 合唱の伴奏でピアノを引くことになって緊張している。

25 一致団結して問題の解決に当たったが、以然として事態は好転しない。

26 郷土では荒廃した農業基盤の整備に迅力した政治家として有名である。

27 チームの危機的状況を解避するため、外国の有力選手を補強した。

28 ようやく長い不調から脱客し今シーズンは八勝無敗の好成績で終えた。

13 折→織（織り）
14 戒→解（解剖）
15 関→簡（簡単）
16 活→画（画期的）
17 折→窃（窃盗）
18 充→柔（柔軟）
19 産→散（飛散）
20 屈→掘（掘削）
21 集→拾（収拾）
22 啓→恵（恩恵）
23 硬→恒（恒星）
24 引→弾（弾く）
25 以→依（依然）
26 迅→尽（尽力）
27 解→回（回避）
28 客→却（脱却）

意味 22［恩恵＝幸福や利益と結びつくめぐみ］

でる順 A

書き取り ①

15分で解こう!

30点以上とれれば合格!

得点	
1回目	/42
2回目	/42

次の――線のカタカナを漢字に直せ。

1 市民ランナーがケンキャクを競う。
2 日本クッシの透明度を誇る湖。
3 さらなるヒヤクのために精進する。
4 アンモクの同意を与える。
5 犯人がここにいたケイセキはない。
6 ハイリョに欠ける行為は慎む。
7 門を破って内部にトツニュウする。
8 その言葉にビンカンに反応した。
9 急なケイシャの坂だ。
10 ビリョクながら頑張ります。
11 コンキョに基づいて判断する。
12 水をオセンしない政策が必要だ。
13 病人を治すのがイリョウです。
14 ツウレツな打球を次々と放つ。
15 計算が合わず数字とカクトウする。
16 つらい過去をボウキャクしたい。
17 鉱山で高価な石をサイクツした。
18 売り上げが目標にトウタツする。

解答

1 健脚
2 屈指
3 飛躍
4 暗黙
5 形跡
6 配慮
7 突入
8 敏感
9 傾斜
10 微力
11 根拠
12 汚染
13 医療
14 痛烈
15 格闘
16 忘却
17 採掘
18 到達

意味 5［形跡＝何かが行われたあと］

19 目的地までのキョリを計算する。
20 事のホッタンは彼の発言だった。
21 部外者のカイニュウは許さない。
22 欄外にチュウシャクを付ける。
23 カタガきがものをいう。
24 庭の枯れ葉がイクエにもなる。
25 リンゴをハコヅめにして送る。
26 商店のノキシタで雨宿りをする。
27 事をアラ立てず穏便に済ませる。
28 ミチハバの拡張工事が始まる。
29 イモ料理は体に良いらしい。
30 現存する武家ヤシキをめぐる旅。

31 新しい服を作るためにタケを測る。
32 母の手伝いで庭の草をカる。
33 景気はアシブみ状態が続いている。
34 深夜の電話にムナサワぎがした。
35 アミを仕掛けて魚を捕る。
36 ヨワタり上手で要領がいい友人。
37 風通しの良い場所でカゲボしする。
38 ピアノのウデマエを披露する。
39 いくら寝てもなぜかネムい。
40 シチューがニえてきた。
41 森のスんだ空気が心地よい。
42 やわらかいモノゴシで接する。

---

19 距離
20 発端
21 介入
22 注釈
23 肩書
24 幾重
25 箱詰
26 軒下
27 荒
28 道幅
29 芋
30 屋敷

31 丈
32 刈
33 足踏
34 胸騒
35 網
36 世渡
37 陰干
38 腕前
39 眠
40 煮
41 澄
42 物腰

意味 42［物腰＝人に接する時の言葉つきや態度］

でる順 A

書き取り ②

15分で解こう!

30点以上とれれば合格!

得点
1回目 /42
2回目 /42

次の――線のカタカナを漢字に直せ。

1 事実をコチョウして伝える。
2 現場に残されたシモンを採取する。
3 ビンワンな刑事が事件を解決した。
4 悲劇に思わずトイキが漏れる。
5 人間関係にはソウゴ理解が必要だ。
6 戦時下にクウシュウ警報が鳴る。
7 彼の意見はキョクタンだと思う。
8 全員で勝利のシュクハイをあげる。
9 イセイがいいのは口だけだ。
10 多くの逸材をハイシュツする。
11 バッソクを設けて取り締まる。
12 今度のボンは久しぶりに帰省する。
13 キュウカをのんびりと過ごす。
14 政界のフハイを明らかにする。
15 購入代金をブンカツして支払う。
16 商談がシュビよくまとまる。
17 幕府のシカクに命をねらわれる。
18 ボンジンのまま生涯を終える。

解答

1 誇張
2 指紋
3 敏腕
4 吐息
5 相互
6 空襲
7 極端
8 祝杯
9 威勢
10 輩出
11 罰則
12 盆
13 休暇
14 腐敗
15 分割
16 首尾
17 刺客
18 凡人

意味 4［吐息＝がっかりしたり、ほっとしたりしたときに吐く息］

19 グルメ情報マンサイの雑誌を読む。

20 留学生をエンゴする組織で働く。

21 シキサイ豊かな風景を写生する。

22 公園のフンスイで暑さをしのぐ。

23 遠くの方でイナズマが光る。

24 コンサートでタクトをフる。

25 湯気で眼鏡がクモる。

26 ヤマオクの温泉に出かけた。

27 開演日に向けシバイの練習に励む。

28 プロに勝るともオトらない歌声。

29 公園にメバナだけ咲く木がある。

30 開場時間を一時間クり上げる。

31 ケモノが出てきそうな森を歩く。

32 公園の草木がヨツユにぬれる。

33 セマい部屋に二人で住んでいる。

34 弟には亡き父のオモカゲがある。

35 お気にメしましたでしょうか。

36 やはりタタミの部屋は落ち着く。

37 とげをヌいて消毒する。

38 人生の様々な岐路に思いマドう。

39 林の中にウスい木漏れ日が差す。

40 猛攻に対戦チームはウき足立った。

41 残った白飯をチャヅけにする。

42 冬は乾燥してハダが荒れやすい。

---

19 満載
20 援護
21 色彩
22 噴水
23 稲妻
24 振
25 曇
26 山奥
27 芝居
28 劣
29 雌花
30 繰

31 獣
32 夜露
33 狭
34 面影
35 召
36 畳
37 抜
38 惑
39 薄
40 浮
41 茶漬
42 肌

意味 34 [面影＝あることを思い出させる顔つき]

でる順 A

書き取り ③

15分で解こう!

30点以上とれれば合格!

得点
1回目 /42
2回目 /42

次の——線のカタカナを漢字に直せ。

1 男女がコウゴに席に座る。
2 話を大げさにキャクショクする。
3 試験のケイコウを探る。
4 トウメイなビニール袋に入れる。
5 公民館でカヨウ大会が開かれた。
6 研究者と技師の思いがガッチする。
7 決定的なシュンカンを写す。
8 苦しい胸のうちをトロした。
9 キンリンの諸国と平和条約を結ぶ。
10 この製品はヨウトが広い。
11 恩師を車でソウゲイした。
12 冬山でタイカン訓練をする。
13 雑誌の懸賞で賞品をカクトクする。
14 ネッキョウ的なファンが押し寄せる。
15 フキョウで失業率が高まった。
16 あいまいな態度がギワクを呼ぶ。
17 何とか紛争をカイヒしたい。
18 高級食材をゴウカイに買った。

解答

1 交互
2 脚色
3 傾向
4 透明
5 歌謡
6 合致
7 瞬間
8 吐露
9 近隣
10 用途
11 送迎
12 耐寒
13 獲得
14 熱狂
15 不況
16 疑惑
17 回避
18 豪快

意味 6［合致＝一致すること。ぴったり合うこと］

19 友人にタイコウ意識を燃やす。

20 ソウゾウしい客を注意した。

21 一日も早い退院をキネンする。

22 議場はドゴウとやじに包まれた。

23 全額をすぐにハラうことは難しい。

24 少年と少女はアワい恋を経験した。

25 クちた廃屋で雨降りをしのぐ。

26 トウゲを越えると町はすぐだ。

27 大雨でツツミが崩れそうだ。

28 クサリのはずれた犬が逃げた。

29 午後になれば少しはヒマができる。

30 長年磨き上げた腕前をホコる。

31 無駄なカネヅカいを注意される。

32 コメツブに細かい字を書く。

33 冬の朝にシモバシラを踏んで歩く。

34 本塁打を打たれ思わず天をアオぐ。

35 彼女は夫をタヨりにしている。

36 今夜のネドコを探す。

37 問題点はタナアげされたままだ。

38 攻撃のホコサキを転じる。

39 山を下ると美しいサワがあった。

40 冬でもウスギのまま過ごす。

41 コヨミの上では春だが雪が降った。

42 クワしい事は会ってお話しします。

19 対抗
20 騒々(騒)
21 祈念
22 怒号
23 払
24 淡
25 朽
26 峠
27 堤
28 鎖
29 暇
30 誇

31 金遣
32 米粒
33 霜柱
34 仰
35 頼
36 寝床
37 棚上
38 矛先
39 沢
40 薄着
41 暦
42 詳

意味 22［怒号＝怒ってどなること］ 27［堤＝土手。堤防］

でる順 A

書き取り ④

15分で解こう!

30点以上とれれば合格!

得点 1回目 /42 2回目 /42

次の——線のカタカナを漢字に直せ。

1 機械をセイギョするプログラム。
2 海上をジュンシする船。
3 兵士が故郷へキカンする。
4 その飛行機はビヨクに問題がある。
5 事件についてチンモクを守り通した。
6 展覧会に出す絵をハンニュウする。
7 害虫のクジョを業者に頼む。
8 田舎では自動車はヒツジュ品です。
9 町中で暴動のレンサが起きている。
10 エイイ努力して改善に臨む。
11 古墳から王の宝がトウクツされた。
12 山から突如、フンエンが上がった。
13 シンミョウな顔つきで座っている。
14 ダムはケッカイ寸前の状態にある。
15 文房具は筆や紙のソウショウです。
16 正体不明のエンバンが空に現れた。
17 上陸した台風がモウイをふるう。
18 映画を見てカンルイにむせぶ。

解答

1 制御
2 巡視
3 帰還
4 尾翼
5 沈黙
6 搬入
7 駆除
8 必需
9 連鎖
10 鋭意
11 盗掘
12 噴煙
13 神妙
14 決壊
15 総称
16 円盤
17 猛威
18 感涙

意味 18 [感涙＝感激して流す涙]

☑ 19 ニュウワな笑顔で人に接する。

☑ 20 騒乱に備えてケイカイする。

☑ 21 子孫のハンエイを願う。

☑ 22 患者のミャクハクをはかる。

☑ 23 オウギであおいでも汗がひかない。

☑ 24 子供に悪影響をオヨぼす番組。

☑ 25 秘密の計画が彼にはツツヌけだ。

☑ 26 夕方になり暑さがヤワらぐ。

☑ 27 戦争がなくなることをイノる。

☑ 28 実物はテレビで見るよりコガラだ。

☑ 29 受賞の知らせに全身がフルえる。

☑ 30 オソザきの歌手が日の目を見る。

☑ 31 黒い服の人がカラスにオソわれた。

☑ 32 旅行先の花畑でヒナゲシをツむ。

☑ 33 経費がイクらかかるか試算する。

☑ 34 割れ物のアツカいで発送する。

☑ 35 日本の選手が上位をシめた。

☑ 36 思い出すままにピアノをヒく。

☑ 37 ユカにごろんと寝転がる。

☑ 38 サビしい夜道を歩くのは危険だ。

☑ 39 ゆっくりと息をハいて目を閉じる。

☑ 40 もらったあめはとてもアマかった。

☑ 41 モモは熟れたものがうまい。

☑ 42 寝ぼけマナコで布団から出る。

---

19 柔和
20 警戒
21 繁栄
22 脈拍
23 扇
24 及
25 筒抜
26 和
27 祈
28 小柄
29 震
30 遅咲

31 襲
32 摘
33 幾
34 扱
35 占
36 弾
37 床
38 寂
39 吐
40 甘
41 桃
42 眼

意味 25［筒抜け＝秘密の内容などがそっくり他に漏れてしまうこと］

でる順 A

書き取り⑤

15分で解こう！

30点以上とれれば合格！

得点
1回目 /42
2回目 /42

次の――線のカタカナを漢字に直せ。

1 戦場のサンジョウを世界に伝える。
2 二か月に一度はサンパツに行く。
3 知人の不幸にコウデンを包む。
4 マンガのトウコウ規定を確認する。
5 世界がキョウタンした良識ある行動。
6 王はあのキュウデンに住んでいた。
7 コンレイの引出物を選ぶ。
8 会社役員と工場長をケンムする。
9 ロボウの石をけって歩く。
10 西の空にライウンが発生する。
11 契約時にはインカンが必要です。
12 シハンの薬で風邪を治す。
13 世話になった人へのセイボを選ぶ。
14 医学の発展にソクセキを残す。
15 反対勢力のテイコウが激しい。
16 厳しい言論のダンアツを受ける。
17 カンデンチがなく、ライトがつかない。
18 提出の期日がセッパクしている。

解答

1 惨状
2 散髪
3 香典
4 投稿
5 驚嘆
6 宮殿
7 婚礼
8 兼務
9 路傍
10 雷雲
11 印鑑
12 市販
13 歳暮
14 足跡
15 抵抗
16 弾圧
17 乾電池
18 切迫

意味 9［路傍＝みちばた。路辺］

読み
部首
同音・同訓異字
熟語の構成
対義語・類義語
送り仮名
四字熟語
誤字訂正
書き取り 5

19 センザイで食器の汚れを落とす。
20 二国を色々な角度からヒカクする。
21 あの作家はシッピツに時間がかかる。
22 話がトウトツで理解できない。
23 流行の服はスタれるのが早い。
24 雪の日に長靴をハいて出かける。
25 祖母に障子をヘダてて話しかけた。
26 部屋のスミにごみ箱を置く。
27 伝説のツルギを探している。
28 見るもの全てがメズラしい。
29 あの人はオソらく来ないだろう。
30 山に登って大声でサケぶ。

31 オスの鳥が雌に求愛をする。
32 キラいな食べ物をよける。
33 父親にカタグルマをねだる。
34 政界を裏でアヤツる人物がいる。
35 テガタい作戦で先取点を奪った。
36 物事をやり遂げることはエラい。
37 カガヤかしい未来が待っている。
38 落とした財布をチマナコで捜す。
39 目をソムけないで現況を知る。
40 風邪を引いて鼻がツまる。
41 つま先にシモヤけができる。
42 古い雑誌をホンダナに整理する。

19 洗剤
20 比較
21 執筆
22 唐突
23 廃
24 履
25 隔
26 隅
27 剣
28 珍
29 恐
30 叫

31 雄
32 嫌
33 肩車
34 操
35 手堅
36 偉
37 輝
38 血眼
39 背
40 詰
41 霜焼
42 本棚

意味 38 [血眼＝一つの物事に夢中になること]

でる順 A

書き取り ⑥

15分で解こう!

30点以上とれれば合格!

得点

1回目 /42

2回目 /42

次の——線のカタカナを漢字に直せ。

1 観客席から熱いセイエンを送る。

2 事のゼヒをよく考えて行動する。

3 豪雨でテイボウから水があふれた。

4 ビルの建設は日照権のシンガイだ。

5 事故で電車がチエンする。

6 目標はカイキン賞を取ることだ。

7 ノウムのため前が見えない。

8 コウキュウ平和は人類の願いだ。

9 仕事にボウサツされる。

10 未納の税金をチョウシュウする。

11 時間の関係で説明はカツアイした。

12 地震でトウカイした多数の家屋。

13 剣道の対戦で相手のドウを打つ。

14 旅館にシュクハクの予約を入れる。

15 モハン的な受け答えをする学生。

16 圧力なべでゲンマイを炊く。

17 盛大なカンゲイを受ける。

18 キバツなファッションで注目された。

解答

1 声援
2 是非
3 堤防
4 侵害
5 遅延
6 皆勤
7 濃霧
8 恒久
9 忙殺
10 徴収
11 割愛
12 倒壊
13 胴
14 宿泊
15 模範
16 玄米
17 歓迎
18 奇抜

意味 11 [割愛＝やむなく省略すること]

□ 19 テッペキの守備を誇る内野陣。
□ 20 チームは優勝ケンガイに去った。
□ 21 大阪をキョテンに活動する団体。
□ 22 県民の要望にソクザに対応する。
□ 23 ニブい音を立てて扉が閉まった。
□ 24 人込みをサけて遠回りする。
□ 25 書類の提出期限がセマっている。
□ 26 美しいコトの調べを聞く。
□ 27 夕飯にサトイモの煮物を作る。
□ 28 新郎が新婦の背に手をソえる。
□ 29 寒さで冷えた足を湯にヒタす。
□ 30 一夜ヅけで試験勉強をする。

□ 31 色々な考えが頭の中をメグる。
□ 32 春の陽気に眠気をモヨオす。
□ 33 野原いっぱいに花がサき乱れる。
□ 34 肉と魚はたんぱく質を多くフクむ。
□ 35 足の裏にとげがサさった。
□ 36 心機一転、カミを短く切った。
□ 37 トナリの席の友人に鉛筆を借りる。
□ 38 庭園のあるオモムキのある建物。
□ 39 受賞作は名作のホマれが高い。
□ 40 ハダアれに効果のあるクリーム。
□ 41 門からジャリが敷いてある。
□ 42 激しい運動で汗のシズクが落ちる。

19 鉄壁
20 圏外
21 拠点
22 即座
23 鈍
24 避
25 迫
26 琴
27 里芋
28 添
29 浸
30 漬

31 巡
32 催
33 咲
34 含
35 刺
36 髪
37 隣
38 趣
39 誉
40 肌荒
41 砂利
42 滴

意味 38 [趣＝しみじみとした味わい。おもしろみ]

ちょっと一休み・・・　漢字パズル ①

カードをすべてつかい、上と下をむすんで漢字をつくれ。

	❶	❷	❸	❹	❺
上	公	貝	日	音	車
下	欠	比	員	羽	有

答　❶翁　❷賄　❸昆　❹韻　❺軟

でる順 B ランク

検定試験でよくねらわれる
合否を左右する重要問題

でる順 B

読み①

次の――線の漢字の読みをひらがなで記せ。

1 提案は役員たちに**拒絶**された。
2 **官僚**的なやり方に苦言を呈する。
3 世界には**飢餓**に苦しむ子供も多い。
4 **酪農**を営むには根気が必要だ。
5 株主総会決議で役員が**更迭**された。
6 戸籍**謄本**を取り寄せた。
7 海にいる**船舶**は台風に注意せよ。
8 **婚姻**の儀は厳かに行われた。
9 訪問先で格別の**厚遇**を受ける。
10 年間を通して**購読**している雑誌。
11 **生涯**を通して一つの事を研究する。
12 **怠惰**な生活を反省し改善する。
13 **塀**の上を歩く猫の姿が見える。
14 仕事に見合った**報酬**をもらう。
15 学歴を**詐称**して内定が取り消される。
16 偉人の**肖像**を彫刻する。
17 タイヤの**摩耗**が激しい。
18 感激のあまり**号泣**する。

10分で解こう!

30点以上とれれば合格!

得点	
1回目	/42
2回目	/42

解答

1 きょぜつ
2 かんりょう
3 きが
4 らくのう
5 こうてつ
6 とうほん
7 せんぱく
8 こんいん
9 こうぐう
10 こうどく
11 しょうがい
12 たいだ
13 へい
14 ほうしゅう
15 さしょう
16 しょうぞう
17 まもう
18 ごうきゅう

意味 5［更迭＝ある地位・役目の人をかえる（かわる）こと］

19 残忍な凶行を繰り返す犯罪者。
20 最後まで艦長は降りなかった。
21 秘密基地の内部を偵察する。
22 もらったバラを花瓶に生ける。
23 山頂からの眺望は美しい。
24 庶民の味方が売り文句の政治家。
25 迷妄を破って真理を追究する。
26 処分は減俸三か月に決まった。
27 王侯の血をひく産油国の大富豪。
28 これはウールとシルクの混紡だ。
29 時間を稼ぐために小話を挿入する。
30 独立して親の扶養から外れる。

31 労力を費やしやっと完成する。
32 新しいスニーカーを履く。
33 岬に渡り鳥が飛来してきた。
34 髪を下ろして尼になる決心をする。
35 今朝は庭一面に霜が降りた。
36 チケット代半額。但し本日限り。
37 人をねたむ醜い心を克服する。
38 竜巻の被害は予想より大きかった。
39 新しい家の棟上げが行われた。
40 解禁されたばかりのアユを釣る。
41 最近歯茎からの出血がひどい。
42 げたの鼻緒が切れて転びそうになる。

19 ざんにん
20 かんちょう
21 ていさつ
22 かびん
23 ちょうぼう
24 しょみん
25 めいもう
26 げんぽう
27 おうこう
28 こんぼう
29 そうにゅう
30 ふよう

31 つい
32 は
33 みさき
34 あま
35 しも
36 ただ
37 みにく
38 たつまき
39 むねあ
40 つ
41 はぐき
42 はなお

意味 39 [棟上げ＝家の骨組みに棟木を上げること。また、その儀式]

でる順 B

読み ②

10分で解こう!

30点以上とれれば合格!

得点 1回目 /42 2回目 /42

次の――線の漢字の読みをひらがなで記せ。

1 豊かな土壌に多くの作物が実る。
2 王への拝謁が許される。
3 組合員が罷業を申し出た。
4 エジプトは古代文明発祥の地です。
5 余計な干渉はしないでもらいたい。
6 会議は妥当なところで落ち着いた。
7 ミスが続き、自信を喪失する。
8 蛍雪の功あってついに合格した。
9 それは職権を逸脱した行為だ。
10 コルクの栓を固く締める。
11 無謀な挑戦は勇気とは呼ばない。
12 皇太子と結婚して妃殿下になる。
13 応接室には会長の塑像がある。
14 二人の実力は伯仲している。
15 世界平和に貢献する。
16 収容所で捕虜への虐待があった。
17 遺跡から縄文土器が出土する。
18 硫酸から肥料や爆薬が製造される。

解答

1 どじょう
2 はいえつ
3 ひぎょう
4 はっしょう
5 かんしょう
6 だとう
7 そうしつ
8 けいせつ
9 いつだつ
10 せん
11 ちょうせん
12 ひでんか
13 そぞう
14 はくちゅう
15 こうけん
16 ほりょ
17 じょうもん
18 りゅうさん

意味 3 [罷業＝業務をしないこと。また、ストライキ]

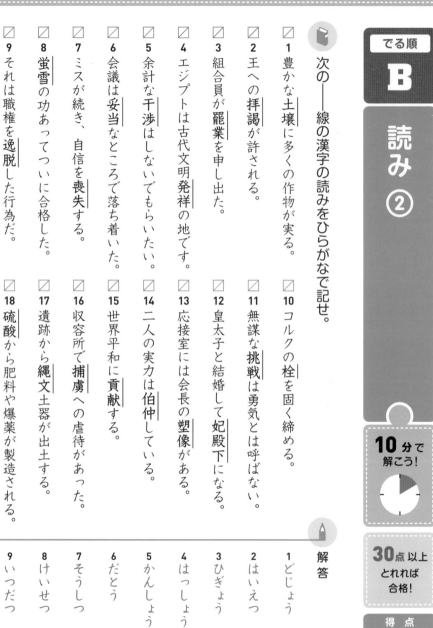

19 兄弟には昔からの相克があった。
20 動物が敵を威嚇する方法は様々だ。
21 殺人を教唆した罪で緊急手配する。
22 国民の公僕たる自覚に乏しい行為。
23 数学の中でも幾何は難しい。
24 彼の絵は有名画家の亜流だ。
25 一瞬、不安が脳裏をよぎった。
26 山中の桟道を息を切らして歩く。
27 書斎に閉じこもって本を読む。
28 人命救助の功績により表彰される。
29 稚拙な文章だが味わいがある。
30 登頂の前日は山荘に泊まる。
31 皇居の堀に水鳥が浮かんでいる。
32 現代は神経を病む人が増えている。
33 忙しい彼女に時間を割いてもらう。
34 来賓から祝辞を賜る。
35 優しく諭され素直になれた。
36 窓を開けて外の涼しい風を入れる。
37 人に刃先を向けてはいけない。
38 夏は麻の混ざった服が心地良い。
39 家の隅々まで徹底的に掃除する。
40 急に横殴りの雨が降り出した。
41 潮風の薫りが漂う海辺の町。
42 未知数の値を求める問題。

---

19 そうこく
20 いかく
21 きょうさ
22 こうぼく
23 きか
24 ありゅう
25 のうり
26 さんどう
27 しょさい
28 ひょうしょう
29 ちせつ
30 さんそう
31 ほり
32 や
33 さ
34 たまわ
35 さと
36 すず
37 はさき
38 あさ
39 すみずみ
40 よこなぐ
41 かお
42 あたい

でる順

B

読み ③

10分で解こう！

30点以上とれれば合格！

得点

1回目 /42

2回目 /42

次の——線の漢字の読みをひらがなで記せ。

1 意味を狭義にとらえる。

2 扉にきちんと施錠する。

3 会社の慰安旅行で海外に行く。

4 背筋に悪寒が走る。

5 竹笛の清澄な音色が聞こえる。

6 軽く会釈して別れた。

7 この町は由緒ある建物が多い。

8 この地方には多くの湖沼がある。

9 きちんと煮沸消毒してください。

10 市井の声を政治に生かすべきだ。

11 書類に押印する。

12 学生時代を思うと隔世の感がある。

13 解熱剤が効いてきたようだ。

14 昔からの念願が成就した。

15 既往の疾病の有無を記入する。

16 今までの横柄な態度を改めた。

17 命運は彼の双肩にかかっている。

18 税金の配偶者控除を受ける。

解答

1 きょうぎ
2 せじょう
3 いあん
4 おかん
5 せいちょう
6 えしゃく
7 ゆいしょ
8 こしょう
9 しゃふつ
10 しせい
11 おういん
12 かくせい
13 げねつ
14 じょうじゅ
15 しっぺい
16 おうへい
17 そうけん
18 こうじょ

他例 5［澄明］ 6［会得］ 意味 10［市井＝まち。世間］

19 **圧搾**空気をタイヤに送る。
20 要求を**貫徹**するまで諦めない。
21 試験で最下位になり**屈辱**を味わう。
22 手違いを**詰問**された。
23 美術教室で**彫塑**の基本を学ぶ。
24 **納屋**に道具を入れる。
25 根も葉もないうわさが**流布**する。
26 部隊を前線から**撤収**させる。
27 **行脚**する僧を見た。
28 実験の結果が**如実**に出ている。
29 線路を**敷設**する。
30 物資が**払底**してしまった。

31 麻薬の密輸を**水際**で阻止する。
32 孫のために**産着**を贈る。
33 春先は**雪崩**が発生しやすい。
34 複雑な人間関係が**絡**んでいる。
35 壁を薄い青に**彩**る。
36 **年端**もゆかぬ少女を働きに出す。
37 葬式では友引を**忌**む。
38 法医学の**礎**を築いた人です。
39 **五月雨**の降る公園を散策する。
40 **戯**れにその眼鏡をかけてみる。
41 魚を**競**りにかける。
42 語学に**秀**でた学生がいる。

19 あっさく
20 かんてつ
21 くつじょく
22 きつもん
23 ちょうそ
24 なや
25 るふ
26 てっしゅう
27 あんぎゃ
28 にょじつ
29 ふせつ
30 ふってい

31 みずぎわ
32 うぶぎ
33 なだれ
34 から
35 いろど
36 としは
37 い
38 いしずえ
39 さみだれ
40 たわむ
41 せ
42 ひい

他例 19［搾取］ 意味 30［払底＝すっかり乏しくなること］

でる順 **B**

部首 ①

10分で解こう!

34点以上とれれば合格!

得点	
1回目	/48
2回目	/48

次の漢字の部首を記せ。

1 赴

2 遷

3 辞

4 釈

5 我

6 革

7 駄

8 鬼

9 了

10 兆

11 延

12 卑

13 企

14 崎

15 幾

16 鳥

17 斗

18 戒

19 逝

20 斤

解答

1 走 そうにょう　例 超 越 起

2 辶 しんにょう／しんにゅう　例 逸 遂 遭

3 辛 からい　出題範囲では辞と辛のみ

4 釆 のごめへん　出題範囲では釈のみ

5 戈 ほこづくり／ほこがまえ　例 戯 成 戦

6 革 かくのかわ／つくりがわ　出題範囲では革のみ

7 馬 うまへん　例 騎 駐 駆

8 鬼 おに　例 魂 魔

9 亅 はねぼう　例 争 事 予

10 儿 ひとあし／にんにょう　例 充 克 党

11 廴 えんにょう　例 廷 建

12 十 じゅう　例 升 卓 協

13 人 ひとやね　例 介 余 倉

14 山 やまへん　例 岬 峰 峠

15 幺 よう／いとがしら　例 幻 幽 幼

16 鳥 とり　例 鶏 鳴

17 斗 とます　例 斜 料

18 戈 ほこづくり／ほこがまえ　例 戯 成 戦

19 辶 しんにょう／しんにゅう　例 逓 迎 逃

20 斤 きん　出題範囲では斥と斤のみ

☐ 21 般
☐ 22 既
☐ 23 面
☐ 24 疫
☐ 25 盲
☐ 26 賄
☐ 27 勘

☐ 28 真
☐ 29 衛
☐ 30 趣
☐ 31 遮
☐ 32 酷
☐ 33 顕
☐ 34 香

☐ 35 髄
☐ 36 賜
☐ 37 乗
☐ 38 傘
☐ 39 勝
☐ 40 免
☐ 41 兼

☐ 42 凡
☐ 43 匠
☐ 44 半
☐ 45 哲
☐ 46 勲
☐ 47 垂
☐ 48 壱

---

21 舟 ふねへん 例 艦 艇 船

22 旡 なし ぶ すでのつくり 出題範囲では既のみ

23 面 めん 出題範囲では面のみ

24 疒 やまいだれ 例 症 痴 癒

25 目 め 例 督 盾 看

26 貝 かいへん 例 購 賠 賊

27 力 ちから 例 劾 勅 募

28 目 め 例 省 県 相

29 行 ぎょうがまえ ゆきがまえ 例 衡 衝 術

30 走 そうにょう 例 超 越 起

31 辶 しんにょう しんにゅう 例 還 迅 迭

32 酉 とりへん 例 酢 酌 酬

33 頁 おおがい 例 頑 頒 頻

34 香 か かおり 出題範囲では香のみ

35 骨 ほねへん 出題範囲では髄のみ

36 貝 かいへん 例 贈 販 賦

37 ノ の はらいぼう 例 乏 久

38 人 ひとやね 例 令 会 今

39 力 ちから 例 励 勧 劣

40 儿 ひとあし にんにょう 例 児 兄 元

41 八 はち 例 公 八

42 几 つくえ 出題範囲では凡と処のみ

43 匚 はこがまえ 出題範囲では匠のみ

44 十 じゅう 例 卒 博 午

45 口 くち 例 呉 嗣 唇

46 力 ちから 例 勤 効 勢

47 土 つち 例 塾 塑 堕

48 士 さむらい 例 壮 士 声

注意 43［匠の部首は「斤」ではない］

でる順 **B**

部首 ②

10分で解こう!

34点以上とれれば合格!

得点	
1回目	/48
2回目	/48

次の漢字の部首を記せ。

1 威
2 寡
3 慰
4 謁
5 青
6 嚇
7 廷
8 逓
9 慕
10 傑
11 憲
12 矛
13 貢
14 斤
15 朱
16 晶
17 断
18 墨
19 善
20 昼

解答

1 女 おんな 例 妥 妄 婆
2 宀 うかんむり 例 寛 宜 宰
3 心 こころ 例 懸 懇 忍
4 言 ごんべん 例 謹 譜 諭
5 青 あお 例 出題範囲では青と静のみ
6 口 くちへん 例 喝 吟 唯
7 廴 えんにょう 例 延 建
8 辶 しんにょう しんにゅう 例 逝 遣 込
9 㣺 したごころ 例 出題範囲では慕と恭のみ
10 亻 にんべん 例 僚 伯 偵
11 心 こころ 例 恵 懲 悠
12 矛 ほこ 例 出題範囲では矛のみ
13 貝 かい こがい 例 賓 貫 賢
14 斤 きん 例 出題範囲では斤と斥のみ
15 木 き 例 栽 架 棄
16 日 ひ 例 昆 暫 昇
17 斤 おのづくり 例 出題範囲では断と新のみ
18 土 つち 例 執 壁 垂
19 口 くち 例 呉 嗣 唇
20 日 ひ 例 旨 旬 是

注意 9 [慕の部首は「艹」ではない]

21 暁
22 漆
23 帯
24 曹
25 東
26 暮
27 歯

28 痢
29 栄
30 焦
31 久
32 畳
33 漠
34 盾

35 崩
36 煮
37 突
38 競
39 互
40 肢
41 舌

42 艇
43 蒸
44 痴
45 裏
46 豆
47 周
48 貞

---

21 日 ひへん 例 暇 映 暖
22 氵 さんずい 例 浦 渦 涯
23 巾 はば 例 帥 幣 帝
24 曰 ひらび いわく 例 更 替 冒
25 木 き 例 桑 某 柔
26 日 ひ 例 曇 普 暦
27 歯 は 例 出題範囲では歯のみ

28 疒 やまいだれ 例 疫 症 癒
29 木 き 例 染 査 条
30 灬 れんが れっか 例 為 烈 熟
31 丿 の はらいぼう 例 乏 乗
32 田 た 例 畝 甲 畜
33 氵 さんずい 例 渇 渓 潟
34 目 め 例 督 盲 看

35 山 やま 例 崇 岳 岸
36 灬 れんが れっか 例 照 然 熱
37 穴 あなかんむり 例 窮 窃 窯
38 立 たつ 例 章 童 立
39 二 に 例 亜 井 五
40 月 にくづき 例 肌 肝 胎
41 舌 した 例 舗 舎

42 舟 ふねへん 例 艦 船 般
43 艹 くさかんむり 例 菌 薫 茎
44 疒 やまいだれ 例 疾 痘 癖
45 衣 ころも 例 衷 褒 衰
46 豆 まめ 例 出題範囲では豆と豊のみ
47 口 くち 例 喪 呈 哀
48 貝 かい こがい 例 貴 賃 賛

注意 24［曹の部首は「艹」ではない］

でる順 B

同音・同訓異字 ①

15分で解こう!

28点以上とれれば合格!

得点
1回目 /40
2回目 /40

次の――線のカタカナを漢字に直せ。

1 生活にコン窮した人を支援する。
2 濃コンのスーツがよく似合う。
3 講師を囲んでコン談会を行う。
4 結コン式に友人を招待する。
5 アメリカに半年間タイ在する。
6 毎日タイ惰な生活を送る。
7 ベビーカーは有料でタイ与します。
8 古いビルのタイ震化工事を行う。
9 部長を補サする役に任命される。
10 紛争の決着を示サする。
11 サ欺被害の相談窓口を開設する。
12 北側の入り口は閉サされている。
13 大企業を相手にソ訟を起こす。
14 転居して幼なじみとソ遠になる。
15 出ばなをくじかれ意気ソ喪する。
16 安全の確保に必要なソ置を講じる。

解答

1 困
2 紺
3 懇
4 婚
5 滞
6 怠
7 貸
8 耐
9 佐
10 唆
11 詐
12 鎖
13 訴
14 疎
15 阻
16 措

意味 15［阻喪＝気力がくじけて元気がなくなること］

17 強引なやり方がカ根を残した。
18 兄はカ黙な青年です。
19 物語はカ境に入った。
20 休カを利用してスキーに行く。

21 軍隊の総スイを務めた人物。
22 南欧には午スイの習慣がある。
23 バイオリンの音色に陶スイする。
24 スイ薦図書を生徒に紹介する。

25 彼の証言の真ギの程は不明である。
26 時ギにかなった政策を実施する。
27 ギ人法の例文をいくつか挙げる。
28 常に全力を尽くすのが私の流ギだ。

29 連日の酷暑で体力が消モウする。
30 モウ執にとらわれた姿。
31 成功例をモウ羅する。
32 モウ烈な勢いで雨が降り出した。

33 川岸から釣り糸をタれる。
34 墓前に花をタ向ける。
35 布地を型紙に沿ってタつ。
36 正確な情報がタりず判断できない。

37 休み時間に机にフして昼寝をする。
38 実情をフまえた上で主張する。
39 法にフれる行為をしてしまった。
40 犬がしっぽをフって近寄ってくる。

---

17 禍　18 寡　19 佳　20 暇

21 帥　22 睡　23 酔　24 推

25 偽　26 宜　27 擬　28 儀

29 耗　30 妄　31 網　32 猛

33 垂　34 手　35 裁　36 足

37 伏　38 踏　39 触　40 振

意味 22 [午睡＝昼寝]

でる順 B

同音・同訓異字 ②

15分で解こう!

28点以上とれれば合格!

得点
1回目 /40
2回目 /40

次の――線のカタカナを漢字に直せ。

1 一時間ごとに休ケイをとる。
2 自然からの恩ケイに感謝する。
3 写実派のケイ譜をたどる展示。
4 その件はケイ続して検討しよう。
5 犯人の指紋と一チした。
6 雨でチ延した試合は中止になった。
7 愚チも言わずに下働きをする。
8 このようなチ辱には耐えられない。
9 担当役員が更テツされた。
10 先テツの教えを学ぶ。
11 透テツした思想を持つ指導者。
12 不適切な発言のテッ回を求める。
13 商品の余ジョウを管理する。
14 明るい社風をジョウ成する。
15 政界のジョウ化が必要だ。
16 扉は頑ジョウでびくともしない。

解答

1 憩
2 恵
3 系
4 継
5 致
6 遅
7 痴
8 恥
9 迭
10 哲
11 徹
12 撤
13 剰
14 醸
15 浄
16 丈

意味 3［系譜＝さまざまな関係により結ばれたつながり］

17 全国各地の祭りばやしを採フする。
18 親は子供をフ養する義務がある。
19 景気のフ揚に策を練る。
20 生ごみがフ臭を放っている。

21 生ガイ秘密を守り通す。
22 気ガイを持って困難に立ち向かう。
23 彼女のガイ博な知識に驚いた。
24 不公平な扱いを受けて憤ガイする。

25 師匠の一カツで目が覚めた。
26 所カツの税務署に書類を提出する。
27 一カツ購入で割り引いてもらった。
28 話し合いを円カツに進める。

29 色サイ豊かな花を飾る。
30 公営のサイ場で祖父の葬儀を行う。
31 ダイナマイトで岩を粉サイする。
32 資料の提出を電話でサイ促する。

33 ビロードの鼻オをすげた草履。
34 突然の引退にオしむ声が上がる。
35 足のつぼをオして凝りをほぐす。
36 仲間にオされて会長に就任する。

37 独創性にトんだ作品を飾る。
38 トぎ澄まされた感性を持つ画家。
39 子供の運動会をビデオでトる。
40 復帰への道はトざされてしまった。

---

17 譜　18 扶　19 浮　20 腐

21 涯　22 概　23 該　24 慨

25 喝　26 轄　27 括　28 滑

29 彩　30 斎　31 砕　32 催

33 緒　34 惜　35 押　36 推

37 富　38 研　39 撮　40 閉

意味 23 [該博＝学問・知識の広いこと]

でる順 B

同音・同訓異字 ③

15分で解こう!

28点以上とれれば合格!

得点 1回目 /40 2回目 /40

次の——線のカタカナを漢字に直せ。

1 役所に婚インを届を出す。
2 コンサートの余インに浸る。
3 定年後はイン居して自分史を書く。
4 日当たりが悪くイン気な部屋。
5 面接の前にリ歴書を提出する。
6 患者を別室に隔リする。
7 退社後の不安が脳リをよぎる。
8 企業の目的はリ潤の追求だ。
9 家族ぐるみでコン意にしている。
10 予想外の結末にコン惑する。
11 悪いコン胆が透けて見える。
12 痛コンの過ちを犯してしまった。
13 凡ヨウで目立たない人物だ。
14 商店街に歌ヨウ曲が流れる。
15 抑ヨウをつけて表現豊かに歌う。
16 海外で日本舞ヨウを披露する。

解答

1 姻 2 韻 3 隠 4 陰 5 履 6 離 7 裏 8 利

9 懇 10 困 11 魂 12 恨 13 庸 14 謡 15 揚 16 踊

意味 9［懇意＝とくに親しく付き合っていること］

☐ 17 この映画は不キュウの名作だ。
☐ 18 生活がキュウ乏している。
☐ 19 感動の場面で号キュウする。
☐ 20 電子書籍が普キュウしつつある。

☐ 21 シュウ逸なデザインが評価される。
☐ 22 伝統的な製法を踏シュウする。
☐ 23 こじれた人間関係をシュウ復する。
☐ 24 排水溝から悪シュウが漂う。

☐ 25 時代サク誤も甚だしい。
☐ 26 静かな所で思サクにふける。
☐ 27 契約書の条文をサク除した。
☐ 28 支配階級が労働者をサク取する。

☐ 29 当時はハク来の珍しい物だった。
☐ 30 競争にハク車がかかる。
☐ 31 実力はハク仲している。
☐ 32 ハク真の演技が観客の心を打つ。

☐ 33 コト更話題に上ることでもない。
☐ 34 彼とは価値観が大きくコトなる。
☐ 35 コトは日本の伝統楽器だ。
☐ 36 コトの真相が明らかになる。

☐ 37 ウえて苦しむ子供を援助する。
☐ 38 商品の納期をウけ合う。
☐ 39 ウれたバナナでケーキを作る。
☐ 40 隣の駅まで歩いて電車賃をウかす。

---

17 朽　18 窮　19 泣　20 及

21 秀　22 襲　23 修　24 臭

25 錯　26 索　27 削　28 搾

29 舶　30 拍　31 伯　32 迫

33 殊　34 異　35 琴　36 事

37 飢　38 請　39 熟　40 浮

意味 26 [思索＝筋道を立てて考えること]　33 [殊更＝わざわざ]

でる順 B

熟語の構成①

15分で解こう!

26点以上とれれば合格!

得点
1回目 /36
2回目 /36

◎熟語の構成のしかたには次のようなものがある。

ア 同じような意味の漢字を重ねたもの……(岩石)
イ 反対または対応の意味を表す字を重ねたもの……(高低)
ウ 上の字が下の字を修飾しているもの……(洋画)
エ 下の字が上の字の目的語・補語になっているもの……(着席)
オ 上の字が下の字の意味を打ち消しているもの……(非常)

次の熟語は右の**ア**～**オ**のどれにあたるか、一つ選び、記号を記せ。

☐ 1 頻繁
☐ 2 余韻
☐ 3 未納
☐ 4 諭旨
☐ 5 弦楽
☐ 6 彼我

解答

1 ア 頻繁《ひんぱん》 どちらも「しきりに」の意。
2 ウ 余韻《よいん》 「残った→音の響き」と解釈。
3 オ 未納《みのう》 「まだ納めていない」と解釈。
4 エ 諭旨《ゆし》 「諭す←趣旨を」と解釈。
5 ウ 弦楽《げんがく》 「弦楽器の→音楽」と解釈。
6 イ 彼我《ひが》 「相手」↔「自分」と解釈。
7 エ 忍苦《にんく》 「たえる←苦しみを」と解釈。
8 ア 愉快《ゆかい》 どちらも「たのしい」の意。
9 ア 愚痴《ぐち》 どちらも「おろか」の意。
10 ウ 義賊《ぎぞく》 「人として正しい→わるもの」と解釈。
11 ウ 謹聴《きんちょう》 「謹んで→聴く」と解釈。
12 エ 遮音《しゃおん》 「遮る←音を」と解釈。
13 ウ 専従《せんじゅう》 「もっぱら→従事する」と解釈。
14 イ 貸借《たいしゃく》 「貸す」↔「借りる」と解釈。
15 ア 撤去《てっきょ》 どちらも「とりのぞく」の意。
16 イ 昇降《しょうこう》 「昇る」↔「降りる」と解釈。

注意 [未・不・無・非が一字目にきたら、意味の打ち消し]

☐ 7 忍苦
☐ 8 愉快
☐ 9 愚痴
☐ 10 義賊
☐ 11 謹聴
☐ 12 遮音
☐ 13 専従
☐ 14 貸借
☐ 15 撤去
☐ 16 昇降

☐ 17 暗礁
☐ 18 暴騰
☐ 19 模擬
☐ 20 殺菌
☐ 21 浄財
☐ 22 無恥
☐ 23 献身
☐ 24 甲殻
☐ 25 窮状
☐ 26 筆禍

☐ 27 粗密
☐ 28 納涼
☐ 29 緒論
☐ 30 緩急
☐ 31 義憤
☐ 32 虐待
☐ 33 融解
☐ 34 諾否
☐ 35 謙譲
☐ 36 謹呈

---

17 ウ 暗礁《あんしょう》 「暗くて見えない↓岩」と解釈。

18 ウ 暴騰《ぼうとう》 「爆発的に↓上がる」と解釈。

19 ア 模擬《もぎ》 どちらも「まねる」の意。

20 エ 殺菌《さっきん》 「殺す↑菌を」と解釈。

21 ウ 浄財《じょうざい》 「汚れのない↓お金」と解釈。

22 オ 無恥《むち》 「恥と思わない」と解釈。

23 エ 献身《けんしん》 「ささげる↑からだを」と解釈。

24 ア 甲殻《こうかく》 どちらも「から」の意。

25 ウ 窮状《きゅうじょう》 「困り果てた↓状態」と解釈。

26 ウ 筆禍《ひっか》 「文章による↓災難」と解釈。

27 イ 粗密《そみつ》 「まばら」↕「ぎっしり」と解釈。

28 エ 納涼《のうりょう》 「とりこむ↑涼しさを」と解釈。

29 ウ 緒論《しょろん》 「はじめの↓論」と解釈。

30 イ 緩急《かんきゅう》 「のろい」↕「はやい」と解釈。

31 ウ 義憤《ぎふん》 「正義の↓怒り」と解釈。

32 ウ 虐待《ぎゃくたい》 「ひどく↓扱う」と解釈。

33 ア 融解《ゆうかい》 どちらも「とける」の意。

34 イ 諾否《だくひ》 「承知」↕「不承知」と解釈。

35 ア 謙譲《けんじょう》 どちらも「へりくだる」の意。

36 ウ 謹呈《きんてい》 「謹んで↓差し上げる」と解釈。

意味 36 [呈＝差し上げる]

でる順 B

熟語の構成 ②

15分で解こう!

26点以上とれれば合格!

得点	
1回目	/36
2回目	/36

◎ 熟語の構成のしかたには次のようなものがある。

ア 同じような意味の漢字を重ねたもの……（岩石）
イ 反対または対応の意味を表す字を重ねたもの……（高低）
ウ 上の字が下の字を修飾しているもの……（洋画）
エ 下の字が上の字の目的語・補語になっているもの……（着席）
オ 上の字が下の字の意味を打ち消しているもの……（非常）

次の熟語は右の**ア**～**オ**のどれにあたるか、一つ選び、記号を記せ。

1 退廷
2 不粋
3 舌禍
4 超越
5 逓増
6 逸脱

解答

1 エ 退廷《たいてい》 「退出する↔法廷を」と解釈。
2 オ 不粋《ぶすい》 「風流でない」と解釈。
3 ウ 舌禍《ぜっか》 「発言による→災難」と解釈。
4 ア 超越《ちょうえつ》 どちらも「こえる」の意。
5 ウ 逓増《ていぞう》 「しだいに→増える」と解釈。
6 ア 逸脱《いつだつ》 どちらも「それる」の意。
7 エ 開廷《かいてい》 「開く↔法廷を」と解釈。
8 ア 弾劾《だんがい》 どちらも「罪をただす」の意。
9 オ 不屈《ふくつ》 「屈しない」と解釈。
10 ウ 旅愁《りょしゅう》 「旅の→うれい」と解釈。
11 ア 堕落《だらく》 どちらも「おちる」の意。
12 オ 不祥《ふしょう》 「めでたくない」と解釈。
13 イ 明滅《めいめつ》 「明かりがつく」↔「消える」と解釈。
14 ウ 仙境《せんきょう》 「仙人の→場所」と解釈。
15 ア 余剰《よじょう》 どちらも「あまり」の意。
16 ウ 濫獲《らんかく》 「みだりに→とる」と解釈。

7 開廷
8 弾劾
9 不屈
10 旅愁
11 堕落
12 不祥
13 明滅
14 仙境
15 余剰
16 濫獲

17 傍聴
18 免租
19 凡庸
20 功罪
21 学窓
22 喫茶
23 不審
24 報酬
25 妄想
26 妙齢

27 匿名
28 岐路
29 懇談
30 無尽
31 廃屋
32 得喪
33 弔辞
34 怠惰
35 恭賀
36 未到

---

17 ウ　傍聴《ぼうちょう》「そばで↓聴く」と解釈。
18 エ　免租《めんそ》「免除する↑税を」と解釈。
19 ア　凡庸《ぼんよう》どちらも「ふつう」の意。
20 イ　功罪《こうざい》「てがら」↔「あやまち」と解釈。
21 ウ　学窓《がくそう》「学びの↓教室」と解釈。
22 エ　喫茶《きっさ》「飲む↑お茶を」と解釈。
23 オ　不審《ふしん》「あきらかでない」と解釈。
24 ア　報酬《ほうしゅう》どちらも「むくいる」の意。
25 ウ　妄想《もうそう》「むやみに↓おもう」と解釈。
26 ウ　妙齢《みょうれい》「若い↓年ごろ」と解釈。
27 エ　匿名《とくめい》「かくす↑名を」と解釈。
28 ウ　岐路《きろ》「分かれる↓道」と解釈。
29 ウ　懇談《こんだん》「うちとけて↓談話する」と解釈。
30 オ　無尽《むじん》「尽きない」と解釈。
31 ウ　廃屋《はいおく》「荒れはてた↓家」と解釈。
32 イ　得喪《とくそう》「得る」↔「うしなう」と解釈。
33 ウ　弔辞《ちょうじ》「とむらいの↓ことば」と解釈。
34 ア　怠惰《たいだ》どちらも「おこたる」の意。
35 ウ　恭賀《きょうが》「うやうやしく↓祝う」と解釈。
36 オ　未到《みとう》「まだ到っていない」と解釈。

でる順 **B**

対義語・類義語 ①

20分で解こう!

34点以上とれれば合格!

得点

1回目 /48

2回目 /48

次の[ ]の中の語を一度だけ使って漢字に直し、対義語・類義語を記せ。

対義語

1 中庸

2 仙境

3 酷評

4 供述

5 釈放

6 快諾

7 恥辱

8 根幹

9 廃止

10 優良

きょくたん・こうそく・こじ・ぜっさん・ぞっかい・そんぞく・まっせつ・めいよ・もくひ・れつあく

類義語

11 譲歩

12 罷免

13 卓越

14 根底

15 周辺

16 醜聞

17 繁栄

18 変遷

19 是認

20 親友

えんかく・おめい・かいにん・きばん・きんりん・こうてい・せいきょう・だきょう・ちき・ひぼん

解答

1 中庸《ちゅうよう》—極端《きょくたん》

2 仙境《せんきょう》—俗界《ぞっかい》

3 酷評《こくひょう》—絶賛《ぜっさん》

4 供述《きょうじゅつ》—黙秘《もくひ》

5 釈放《しゃくほう》—拘束《こうそく》

6 快諾《かいだく》—固辞《こじ》

7 恥辱《ちじょく》—名誉《めいよ》

8 根幹《こんかん》—末節《まっせつ》

9 廃止《はいし》—存続《そんぞく》

10 優良《ゆうりょう》—劣悪《れつあく》

11 譲歩《じょうほ》—妥協《だきょう》

12 罷免《ひめん》—解任《かいにん》

13 卓越《たくえつ》—非凡《ひぼん》

14 根底《こんてい》—基盤《きばん》

15 周辺《しゅうへん》—近隣《きんりん》

16 醜聞《しゅうぶん》—汚名《おめい》

17 繁栄《はんえい》—盛況《せいきょう》

18 変遷《へんせん》—沿革《えんかく》

19 是認《ぜにん》—肯定《こうてい》

20 親友《しんゆう》—知己《ちき》

対義語

☐ 21 進出
☐ 22 尊大
☐ 23 特殊
☐ 24 幼稚
☐ 25 卑下
☐ 26 実践
☐ 27 増進
☐ 28 親切
☐ 29 油断
☐ 30 愚鈍
☐ 31 深謀
☐ 32 断念
☐ 33 安泰
☐ 34 分裂

いっぱん・ききゅう・けいかい・けんきょ・げんたい・じまん・しゅうしん・せんりょ・てったい・とうごう・りはつ・りろん・れいたん・ろうれん

類義語

☐ 35 匹敵
☐ 36 欠陥
☐ 37 懇切
☐ 38 平穏
☐ 39 交渉
☐ 40 策謀
☐ 41 反撃
☐ 42 繊細
☐ 43 抜群
☐ 44 連綿
☐ 45 工面
☐ 46 外聞
☐ 47 共済
☐ 48 薄謝

あんねい・ぎゃくしゅう・くっし・けいりゃく・ごじょ・さんだん・すんし・だんぱん・ていさい・ていちょう・どうとう・なんてん・びみょう・みゃくみゃく

---

21 進出《しんしゅつ》―撤退《てったい》
22 尊大《そんだい》―謙虚《けんきょ》
23 特殊《とくしゅ》―一般《いっぱん》
24 幼稚《ようち》―老練《ろうれん》
25 卑下《ひげ》―自慢《じまん》
26 実践《じっせん》―理論《りろん》
27 増進《ぞうしん》―減退《げんたい》
28 親切《しんせつ》―冷淡《れいたん》
29 油断《ゆだん》―警戒《けいかい》
30 愚鈍《ぐどん》―利発《りはつ》
31 深謀《しんぼう》―浅慮《せんりょ》
32 断念《だんねん》―執心《しゅうしん》
33 安泰《あんたい》―危急《ききゅう》
34 分裂《ぶんれつ》―統合《とうごう》

35 匹敵《ひってき》―同等《どうとう》
36 欠陥《けっかん》―難点《なんてん》
37 懇切《こんせつ》―丁重《ていちょう》
38 平穏《へいおん》―安寧《あんねい》
39 交渉《こうしょう》―談判《だんぱん》
40 策謀《さくぼう》―計略《けいりゃく》
41 反撃《はんげき》―逆襲《ぎゃくしゅう》
42 繊細《せんさい》―微妙《びみょう》
43 抜群《ばつぐん》―屈指《くっし》
44 連綿《れんめん》―脈々《みゃくみゃく》（脈）
45 工面《くめん》―算段《さんだん》
46 外聞《がいぶん》―体裁《ていさい》
47 共済《きょうさい》―互助《ごじょ》
48 薄謝《はくしゃ》―寸志《すんし》

意味 44 [連綿＝長く続いていて絶えないさま]

でる順 **B**

対義語・類義語 ②

20分で解こう！

34点以上とれれば合格！

得点 1回目 /48 2回目 /48

次の□の中の語を一度だけ使って漢字に直し、対義語・類義語を記せ。

対義語

1 融合
2 冒頭
3 偉大
4 正統
5 一括
6 遠方
7 一斉
8 独立
9 遺失
10 遵守

いたん・いはん・きんりん・こべつ・しゅうとく・ぶんかつ・ぶんり・ぼんよう・まつび・れいぞく

類義語

11 無視
12 報酬
13 冷酷
14 猛暑
15 踏襲
16 撲滅
17 窮乏
18 盛況
19 慶賀
20 横領

えんねつ・けいしょう・こんぜつ・しゅくふく・たいか・ちゃくふく・はくじょう・はんえい・ひんこん・もくさつ

解答

1 融合《ゆうごう》—分離《ぶんり》
2 冒頭《ぼうとう》—末尾《まつび》
3 偉大《いだい》—凡庸《ぼんよう》
4 正統《せいとう》—異端《いたん》
5 一括《いっかつ》—分割《ぶんかつ》
6 遠方《えんぽう》—近隣《きんりん》
7 一斉《いっせい》—個別《こべつ》
8 独立《どくりつ》—隷属《れいぞく》
9 遺失《いしつ》—拾得《しゅうとく》
10 遵守《じゅんしゅ》—違反《いはん》
11 無視《むし》—黙殺《もくさつ》
12 報酬《ほうしゅう》—対価《たいか》
13 冷酷《れいこく》—薄情《はくじょう》
14 猛暑《もうしょ》—炎熱《えんねつ》
15 踏襲《とうしゅう》—継承《けいしょう》
16 撲滅《ぼくめつ》—根絶《こんぜつ》
17 窮乏《きゅうぼう》—貧困《ひんこん》
18 盛況《せいきょう》—繁栄《はんえい》
19 慶賀《けいが》—祝福《しゅくふく》
20 横領《おうりょう》—着服《ちゃくふく》

意味 11 [黙殺＝取り合わないこと。問題にしないこと]

対義語

□ 21 汚染
□ 22 低俗
□ 23 不足
□ 24 悠長
□ 25 偽筆
□ 26 蛇行
□ 27 苦言

□ 28 四肢
□ 29 追随
□ 30 家畜
□ 31 不急
□ 32 沈下
□ 33 軟弱
□ 34 活用

かきゅう・かじょう・かんげん・きょうこ・こうが・しぞう・じょうか・しんぴつ・そっせん・たんき・ちょくしん・どうたい・ふじょう・やじゅう

類義語

□ 35 降格
□ 36 悠久
□ 37 留意
□ 38 宿願
□ 39 落日
□ 40 手腕
□ 41 崇拝

□ 42 敢闘
□ 43 突飛
□ 44 円熟
□ 45 窮地
□ 46 発議
□ 47 委託
□ 48 適切

いらい・えいえん・きき・きばつ・ぎりょう・させん・しゃよう・そんけい・だとう・ていあん・はいりょ・ふんせん・ほんもう・ろうれん

---

21 汚染《おせん》―浄化《じょうか》
22 低俗《ていぞく》―高雅《こうが》
23 不足《ふそく》―過剰《かじょう》
24 悠長《ゆうちょう》―短気《たんき》
25 偽筆《ぎひつ》―真筆《しんぴつ》
26 蛇行《だこう》―直進《ちょくしん》
27 苦言《くげん》―甘言《かんげん》
28 四肢《しし》―胴体《どうたい》
29 追随《ついずい》―率先《そっせん》
30 家畜《かちく》―野獣《やじゅう》
31 不急《ふきゅう》―火急《かきゅう》
32 沈下《ちんか》―浮上《ふじょう》
33 軟弱《なんじゃく》―強固《きょうこ》
34 活用《かつよう》―死蔵《しぞう》

35 降格《こうかく》―左遷《させん》
36 悠久《ゆうきゅう》―永遠《えいえん》
37 留意《りゅうい》―配慮《はいりょ》
38 宿願《しゅくがん》―本望《ほんもう》
39 落日《らくじつ》―斜陽《しゃよう》
40 手腕《しゅわん》―技量《ぎりょう》
41 崇拝《すうはい》―尊敬《そんけい》
42 敢闘《かんとう》―奮戦《ふんせん》
43 突飛《とっぴ》―奇抜《きばつ》
44 円熟《えんじゅく》―老練《ろうれん》
45 窮地《きゅうち》―危機《きき》
46 発議《はつぎ》―提案《ていあん》
47 委託《いたく》―依頼《いらい》
48 適切《てきせつ》―妥当《だとう》

意味 28 [四肢＝人間の両手両足]

でる順 B

対義語・類義語 ③

20分で解こう!

34点以上とれれば合格!

得点	
1回目	/48
2回目	/48

次の[　]の中の語を一度だけ使って漢字に直し、対義語・類義語を記せ。

対義語

1 凡才

2 詳細

3 禁欲

4 分割

5 激賞

6 区別

7 反抗

8 乾燥

9 模倣

10 獲得

いっかつ・いつざい・がいりゃく・きょうじゅん・きょうらく・こくひょう・こんどう・しつじゅん・そうしつ・どくそう

類義語

11 解任

12 辛抱

13 談判

14 昼寝

15 基盤

16 抵当

17 湯船

18 手柄

19 進呈

20 丁重

がまん・けんじょう・こうしょう・ごすい・こんせつ・こんてい・しゅくん・たんぽ・ひめん・よくそう

解答

1 凡才《ぼんさい》—逸材《いつざい》

2 詳細《しょうさい》—概略《がいりゃく》

3 禁欲《きんよく》—享楽《きょうらく》

4 分割《ぶんかつ》—一括《いっかつ》

5 激賞《げきしょう》—酷評《こくひょう》

6 区別《くべつ》—混同《こんどう》

7 反抗《はんこう》—恭順《きょうじゅん》

8 乾燥《かんそう》—湿潤《しつじゅん》

9 模倣《もほう》—独創《どくそう》

10 獲得《かくとく》—喪失《そうしつ》

11 解任《かいにん》—罷免《ひめん》

12 辛抱《しんぼう》—我慢《がまん》

13 談判《だんぱん》—交渉《こうしょう》

14 昼寝《ひるね》—午睡《ごすい》

15 基盤《きばん》—根底《こんてい》

16 抵当《ていとう》—担保《たんぽ》

17 湯船《ゆぶね》—浴槽《よくそう》

18 手柄《てがら》—殊勲《しゅくん》

19 進呈《しんてい》—献上《けんじょう》

20 丁重《ていちょう》—懇切《こんせつ》

意味 19 [進呈＝人に物を差し上げること]

対義語

21 暗愚
22 拾得
23 冗漫
24 多弁
25 固辞
26 雅語
27 進撃
28 迅速
29 販売
30 重厚
31 直進
32 恒久
33 繁栄
34 素直

いしつ・かいだく・かもく・かんけつ・かんまん・けいはく・けんめい・こうにゅう・ざんじ・すいび・ぞくご・たいきゃく・だこう・へんくつ

類義語

35 強情
36 貧苦
37 他界
38 風潮
39 余分
40 根拠
41 嘆願
42 公表
43 奮戦
44 難点
45 追放
46 祝福
47 削除
48 歴然

あいそ・かじょう・がんこ・かんとう・くちく・けいが・けいこう・けっかん・けんちょ・こんきゅう・せいきょ・ひろう・まっしょう・りゆう

---

21 暗愚《あんぐ》―賢明《けんめい》
22 拾得《しゅうとく》―遺失《いしつ》
23 冗漫《じょうまん》―簡潔《かんけつ》
24 多弁《たべん》―寡黙《かもく》
25 固辞《こじ》―快諾《かいだく》
26 雅語《がご》―俗語《ぞくご》
27 進撃《しんげき》―退却《たいきゃく》
28 迅速《じんそく》―緩慢《かんまん》
29 販売《はんばい》―購入《こうにゅう》
30 重厚《じゅうこう》―軽薄《けいはく》
31 直進《ちょくしん》―蛇行《だこう》
32 恒久《こうきゅう》―暫時《ざんじ》
33 繁栄《はんえい》―衰微《すいび》
34 素直《すなお》―偏屈《へんくつ》

35 強情《ごうじょう》―頑固《がんこ》
36 貧苦《ひんく》―困窮《こんきゅう》
37 他界《たかい》―逝去《せいきょ》
38 風潮《ふうちょう》―傾向《けいこう》
39 余分《よぶん》―過剰《かじょう》
40 根拠《こんきょ》―理由《りゆう》
41 嘆願《たんがん》―哀訴《あいそ》
42 公表《こうひょう》―披露《ひろう》
43 奮戦《ふんせん》―敢闘《かんとう》
44 難点《なんてん》―欠陥《けっかん》
45 追放《ついほう》―駆逐《くちく》
46 祝福《しゅくふく》―慶賀《けいが》
47 削除《さくじょ》―抹消《まっしょう》
48 歴然《れきぜん》―顕著《けんちょ》

意味 33 [衰微＝おとろえて弱まること]

でる順 B

送り仮名 ①

15分で解こう!

30点以上とれれば合格!

得点
1回目 /42
2回目 /42

次の——線のカタカナを漢字一字と送り仮名（ひらがな）に直せ。

1 紹介状に手紙をソエル。
2 関係者を集めて事実をタズネル。
3 むずかる子供をやっとネカス。
4 怒りのあまり唇がフルエル。
5 自分の両親をホコラシク思う。
6 洗った衣服をきれいにタタム。
7 あと五分で芋がニエル。
8 船に乗って島をメグル。
9 事件をナゲカワシク思う。
10 今までの経験をフマエて話をする。
11 問い詰められて言葉をニゴス。
12 昔の繁栄がうそのようにサビレル。
13 武勇のホマレ高き騎士。
14 彼は最後まで信念をツラヌイた。
15 巨大銀行合併の報にオドロク。
16 長い年月をツイヤシて築き上げる。
17 ボールが遠くまでハズンで転がる。
18 監督の指示をアオイで打席に立つ。

解答

1 添える
2 尋ねる
3 寝かす
4 震える
5 誇らしく
6 畳む
7 煮える
8 巡る
9 嘆かわしく
10 踏まえ
11 濁す
12 寂れる
13 誉れ
14 貫い
15 驚く
16 費やし
17 弾ん
18 仰い

意味 13［誉れ＝ほめられて光栄なこと。名誉］

19 クルオシイまでに愛情を抱く。
20 穴にヒソンでいた虫が顔を出す。
21 アルバイトをして学費をマカナウ。
22 八月のナカバに旅行を計画する。
23 クワシイ説明はお会いしてから。
24 固くユワエルのは容易でない。
25 こんなに早い帰宅はメズラシイ。
26 証拠の品を湖にシズメル。
27 力の限り戦って精も根もツキル。
28 スルドイきばと長い角を持つ動物。
29 会場内に観客の拍手が鳴りヒビク。
30 温泉にヒタッて疲れた体を癒やす。

31 人前で話すのをハジラウ。
32 父の吸うたばこで室内がケムタイ。
33 サンマの小骨がのどにササッた。
34 野山を自由自在にカケル。
35 争いをサケルために話し合う。
36 現状にアマンジて努力を怠る。
37 庭の柿が食べごろにウレル。
38 少年の目は喜びにカガヤイていた。
39 彼はモッパラ守備にあたる。
40 会社で二つの役職をカネル。
41 長年の功労により賞をアタエル。
42 もみの木に星のカザリを付ける。

---

19 狂おしい
20 潜ん
21 賄う
22 半ば
23 詳しい
24 結わえる
25 珍しい
26 沈める
27 尽きる
28 鋭い
29 響く
30 浸っ

31 恥じらう
32 煙たい
33 刺さっ
34 駆ける
35 避ける
36 甘んじ
37 熟れる
38 輝い
39 専ら
40 兼ねる
41 与える
42 飾り

意味 21［賄う＝費用・人手などを用意する］

でる順 B

送り仮名 ②

15分で解こう!

30点以上とれれば合格!

得点
1回目 /42
2回目 /42

次の――線のカタカナを漢字一字と送り仮名(ひらがな)に直せ。

1 少しコラシメる程度にしかる。
2 電車の扉にかばんがハサマッた。
3 優秀な兄に対して劣等感をイダク。
4 牛の群れが行く手をサエギル。
5 それは誤解もハナハダシイ。
6 戦争で亡くなった人をトムラウ。
7 ポケットに武器をシノバセル。
8 五年の歳月をヘダテテ再会した。
9 相手方の術中にオチイル。
10 強引な要求をコバム。
11 従者をタズサエル。
12 キライな食べ物はニンジンです。
13 とてもカシコイ子供だ。
14 波が岩に当たりクダケル。
15 親子兄弟の争いはミニクイ。
16 シブイ柄の着物がよく似合う。
17 雨で草木がウルオッた。
18 罪をツグナウに足る労働をする。

解答

1 懲らしめ
2 挟まっ
3 抱く
4 遮る
5 甚だしい
6 弔う
7 忍ばせる
8 隔てて
9 陥る
10 拒む
11 携える
12 嫌い
13 賢い
14 砕ける
15 醜い
16 渋い
17 潤っ
18 償う

意味 5［甚だしい＝度を越えている。ひどい］

☐ 19 売上目標の達成をチカウ。
☐ 20 ツタナイ文字で書かれた手紙。
☐ 21 次は日本新記録にイドムぞ。
☐ 22 満天の星をナガメル。
☐ 23 キュウリを一晩塩にツケル。
☐ 24 流行語はスタレルのも早い。
☐ 25 人と会うのがワズラワシイ。
☐ 26 針路が西へカタヨル。
☐ 27 母親は息子を手放しでホメル。
☐ 28 汚れた靴をきれいにミガク。
☐ 29 歩き続けてのどがカワク。
☐ 30 後輩に心得違いをサトス。

☐ 31 スズシイ部屋で寝る。
☐ 32 落葉が川をユルヤカニ流れていく。
☐ 33 気の毒でナグサメル言葉もない。
☐ 34 得意な科目で点数をカセグ。
☐ 35 部下の訴えに耳をカタムケル。
☐ 36 母性愛にウエル。
☐ 37 イツワリの証言に激怒した。
☐ 38 ツツシンデお礼申し上げます。
☐ 39 兄弟で新事業をクワダテル。
☐ 40 北に山をヒカエル地形です。
☐ 41 オロカナ失敗を繰り返すな。
☐ 42 生魚を触った手がクサイ。

---

19 誓う
20 拙い
21 挑む
22 眺める
23 漬ける
24 廃れる
25 煩わしい
26 偏る
27 褒める
28 磨く
29 渇く
30 諭す

31 涼しい
32 緩やかに
33 慰める
34 稼ぐ
35 傾ける
36 飢える
37 偽り
38 謹んで
39 企てる
40 控える
41 愚かな
42 臭い

意味 38［謹んで＝敬意を表して。かしこまって］　注意 38［×謹しんで］

四字熟語 ①

15分で解こう！

17点以上とれれば合格！

得点
1回目 /24
2回目 /24

次の（　）に漢字一字を入れて、四字熟語を完成せよ。

☑ 1 百（　）《セン》錬磨

☑ 2 換（　）《コツ》奪胎

☑ 3 （　）《シュウ》知徹底

☑ 4 面目躍（　）《ジョ》

☑ 5 一言（　）《ハン》句

☑ 6 鶏口（　）《ギュウ》後

☑ 7 （　）《ジン》頭指揮

☑ 8 （　）《リ》合集散

☑ 9 遺憾千（　）《バン》

☑ 10 軽（　）《キョ》妄動

解答

※意味も問われる可能性があるので、きちんと覚えておこう！

1 百戦錬磨《ひゃくせんれんま》 経験豊かで鍛えられていること。

2 換骨奪胎《かんこつだったい》 他人の作品に手を加え自分のものとすること。

3 周知徹底《しゅうちてってい》 すみずみまで十分に知らしめること。

4 面目躍如《めんもく(ぼく)やくじょ》 地位にふさわしい活躍をすること。

5 一言半句《いちごん(げん)はんく》 ほんのわずかな言葉のこと。

6 鶏口牛後《けいこうぎゅうご》 大集団の下位よりも小集団の長がよい。

7 陣頭指揮《じんとうしき》 先頭に立って指揮すること。

8 離合集散《りごうしゅうさん》 離れたり集まったりすること。

9 遺憾千万《いかんせんばん》 非常に残念で仕方がないこと。

10 軽挙妄動《けいきょもうどう》 深く考えずに向こう見ずな行動をとること。

注意 5［類義語は「片言隻句（へん げん せき く）」］

☐ 11 質実剛（　）《ケン》

☐ 12 責任回（　）《ヒ》

☐ 13 （　）《ハク》志弱行

☐ 14 自己（　）《ム》盾

☐ 15 胆大（　）《シン》小

☐ 16 （　）《ゼ》非善悪

☐ 17 大同小（　）《イ》

☐ 18 玉石（　）《コン》淆

☐ 19 清廉（　）《ケッ》白

☐ 20 深山幽（　）《コク》

☐ 21 （　）《ハク》学多才

☐ 22 （　）《オ》名返上

☐ 23 気（　）《ウ》壮大

☐ 24 （　）《ゴク》楽浄土

---

11 質実剛健《しつじつごうけん》 飾り気がなく心身ともにたくましいさま。

12 責任回避《せきにんかいひ》 担当した結果の負うべき責めを避けること。

13 薄志弱行《はくしじゃっこう》 意志が弱くて実行力に乏しいさま。

14 自己矛盾《じこむじゅん》 自分自身の中で思考などが合わないこと。

15 胆大心小《たんだいしんしょう》 大胆でしかも注意深くするということ。

16 是非善悪《ぜひぜんあく》 物事の正・不正、よしあし。

17 大同小異《だいどうしょうい》 大体は同じで、細かい点だけが異なること。

18 玉石混淆《ぎょくせきこんこう》 価値あるものとないものがまじっていること。

19 清廉潔白《せいれんけっぱく》 清く正しく後ろ暗いところが全くないこと。

20 深山幽谷《しんざんゆうこく》 人が踏み入れていない静かな自然のこと。

21 博学多才《はくがくたさい》 知識が豊かで様々な才能に恵まれること。

22 汚名返上《おめいへんじょう》 悪評をなくす立派な行為などをすること。

23 気宇壮大《きうそうだい》 度量や構想などが並外れて大きいさま。

24 極楽浄土《ごくらくじょうど》 仏教における安楽の世界のこと。

注意 13［×博志弱行］ 18［「混淆」は「混交」とも書く］

でる順 **B**

四字熟語 ②

15分で解こう!

17点以上とれれば合格!

得点	
1回目	/24
2回目	/24

次の（　）に漢字一字を入れて、四字熟語を完成せよ。

1 一知（ハン）解

2 （ウ）象無象

3 故事来（レキ）

4 天涯孤（ドク）

5 多事多（タン）

6 （コッ）苦勉励

7 一（チ）団結

8 一汁一（サイ）

9 一（キョ）両得

10 青天（ハク）日

解答

※意味も問われる可能性があるので、きちんと覚えておこう!

1 一知半解《いっちはんかい》　十分に理解していないこと。

2 有象無象《うぞうむぞう》　全てのもの。取るに足りない種々雑多な人や物。

3 故事来歴《こじらいれき》　昔から伝えられた事物の起源やいわれ。

4 天涯孤独《てんがいこどく》　身寄りが全くないこと。

5 多事多端《たじたたん》　事が多くて忙しいこと。

6 刻苦勉励《こっくべんれい》　心身を苦しめるほど勉学に努力をすること。

7 一致団結《いっちだんけつ》　同じ目的のために一つにまとまること。

8 一汁一菜《いちじゅういっさい》　質素な食事のこと。

9 一挙両得《いっきょりょうとく》　一つのことで二つの利益を得ること。

10 青天白日《せいてんはくじつ》　心にうしろぐらいことが全くないこと。

注意 2［×「ゆう ぞう む ぞう」］

☐ 11 佳人（ハク）命

☐ 12 東（ホン）西走

☐ 13 無味（カン）燥

☐ 14 月下（ヒョウ）人

☐ 15 不可（コウ）力

☐ 16 馬耳（トウ）風

☐ 17 頑（コ）一徹

☐ 18 静（ジャク）閑雅

☐ 19 大胆不（テキ）

☐ 20 （トウ）志満満

☐ 21 一（コク）千金

☐ 22 一所（ケン）命

☐ 23 謹（ゲン）実直

☐ 24 自画自（サン）

---

11 佳《か》人《じん》薄《はく》命《めい》 美人はその美しさゆえに不幸で若死にしやすい。

12 東《とう》奔《ほん》西《せい》走《そう》 四方八方を忙しく走り回っているさま。

13 無《む》味《み》乾《かん》燥《そう》 内容になんの味わいもおもしろみもないこと。

14 月《げっ》下《か》氷《ひょう》人《じん》 男女の縁を取り持つ人のこと。

15 不《ふ》可《か》抗《こう》力《りょく》 人の力では対抗できない事態や自然の力。

16 馬《ば》耳《じ》東《とう》風《ふう》 他人の意見などを聞き流すこと。

17 頑《がん》固《こ》一《いっ》徹《てつ》 考えを変えず、あくまで意地を張るさま。

18 静《せい》寂《じゃく》閑《かん》雅《が》 もの静かで景色などに趣があるさま。

19 大《だい》胆《たん》不《ふ》敵《てき》 度胸がすわっていて、全く恐れないこと。

20 闘《とう》志《し》満《まん》満《まん》 闘おうとする強い気力が非常にあるさま。

21 一《いっ》刻《こく》千《せん》金《きん》 貴重な時が過ぎやすいのを惜しんでいう語。

22 一《いっ》所《しょ》懸《けん》命《めい》 命がけで事にあたるさま。

23 謹《きん》厳《げん》実《じっ》直《ちょく》 きわめてまじめで誠実なさま。

24 自《じ》画《が》自《じ》賛《さん》 自分で自分のことをほめたたえること。

注意 11 [類義語は「美人薄命（び じん はく めい）」]

でる順

B

四字熟語 ③

15分で解こう!

17点以上とれれば合格!

得点	
1回目	/24
2回目	/24

次の（　）に漢字一字を入れて、四字熟語を完成せよ。

1 英俊豪（ケツ）

2 神出鬼（ボツ）

3 清（レン）潔白

4 安（ネイ）秩序

5 遺（カン）千万

6 栄枯盛（スイ）

7 円転（カツ）脱

8 汗牛（ジュウ）棟

9 疾風（ジン）雷

10 少（ソウ）気鋭

解答　※意味も問われる可能性があるので、きちんと覚えておこう!

1 英俊豪傑《えいしゅんごうけつ》　才知や武勇が特にすぐれていること。

2 神出鬼没《しんしゅつきぼつ》　行動が自由自在で所在がつかめないこと。

3 清廉潔白《せいれんけっぱく》　清く正しく後ろ暗いところが全くないこと。

4 安寧秩序《あんねいちつじょ》　安全で不安がなく、秩序が保たれた状態。

5 遺憾千万《いかんせんばん》　非常に残念で仕方がないこと。

6 栄枯盛衰《えいこせいすい》　栄えたり衰えたりすること。

7 円転滑脱《えんてんかつだつ》　物事がすらすらと進むさま。

8 汗牛充棟《かんぎゅうじゅうとう》　持っている本がたいへん多いこと。

9 疾風迅雷《しっぷうじんらい》　勢いや行動が素早く激しいこと。

10 少壮気鋭《しょうそうきえい》　年が若く元気で意気盛んなこと。

11 多（キ）亡羊

12 竜頭（ダ）尾

13 困苦（ケツ）乏

14 懇切丁（ネイ）

15 一（ジュウ）一菜

16 隠（ニン）自重

17 快刀乱（マ）

18 外柔内（ゴウ）

19 四角四（メン）

20 初志貫（テツ）

21 詩歌管（ゲン）

22 （コ）立無援

23 （ゴ）越同舟

24 （コウ）言令色

---

11 多岐亡羊《たきぼうよう》 方針が多く、どれに決めてよいかわからないこと。

12 竜頭蛇尾《りゅう(りょう)とうだび》 最初は勢いがあるが最後はふるわないこと。

13 困苦欠乏《こんくけつぼう》 必要なものが不足し、困り苦しむこと。

14 懇切丁寧《こんせつていねい》 細部まで注意が行き届いて、親切なこと。

15 一汁一菜《いちじゅういっさい》 質素な食事のこと。

16 隠忍自重《いんにんじちょう》 我慢して軽はずみな行動をしないこと。

17 快刀乱麻《かいとうらんま》 こじれた問題をあざやかに処理すること。

18 外柔内剛《がいじゅうないごう》 表面は柔和そうだが意志は強いこと。

19 四角四面《しかくしめん》 ひどくまじめで堅苦しいこと。

20 初志貫徹《しょしかんてつ》 はじめの願望や志を最後まで貫き通すこと。

21 詩歌管弦《しいかかんげん》 漢詩や和歌を吟じ、楽器を奏でること。

22 孤立無援《こりつむえん》 一人ぼっちで助けがないこと。

23 呉越同舟《ごえつどうしゅう》 仲の悪い者同士がたまたま同じ場所にいること。

24 巧言令色《こうげんれいしょく》 飾ったことばなどを使って人にこびること。

注意 20 ［×初志貫撤］

でる順 B

誤字訂正 ①

15分で解こう!

20点以上とれれば合格!

得点 1回目 /28 2回目 /28

次の各文にまちがって使われている同じ読みの漢字が一字ある。その誤字と正しい漢字を記せ。

1 日本の四季折々の美しい景色が海外の雑誌に招介されて話題になった。

2 世界有数の富豪が所有する財産は某国の一年間の予算に必敵する。

3 電源コードは、裂化すると火災の原因になることがある。

4 違法献金問題の露見から村の開発計画は白紙撤回を余戯なくされた。

5 大腸菌を培容して細胞内で新薬の生産に結び付ける技術を開発する。

6 人形劇団は半年間の地方順業の後、初めて海外でも公演を行った。

7 今後の事業計画の成否は加剰な人員の配置転換と工場の売却にある。

8 新政府の施策は企業を刺激し、雇用が促伸されることをねらったものだ。

9 軍事力を個示して隣国に脅威を与える行為は厳重に慎んでほしい。

10 警察による地道な争査が実を結び、事件の全容が明らかになった。

11 登頂する山に応じた双備を十全に用意しないと、遭難する恐れがある。

12 長い低金利の時代によって、貯築どころではない生活苦が続いている。

解答

1 招→紹(紹介)
2 必→匹(匹敵)
3 裂→劣(劣化)
4 戯→儀(余儀)
5 容→養(培養)
6 順→巡(巡業)
7 加→過(過剰)
8 伸→進(促進)
9 個→誇(誇示)
10 争→捜(捜査)
11 双→装(装備)
12 築→蓄(貯蓄)

☐ 13 大会を前に選手たちはその意気込みを語るため記者会見に望んだ。

☐ 14 病気療養のために休職する場合は、医師の審断書を提出しなければならない。

☐ 15 コンビナートは原油を清製し合成樹脂などを作るという産業を担っている。

☐ 16 当時の流行の先担を行った洋服は、周りから見て奇異に映ったことだろう。

☐ 17 最初は盲烈な勢いで飛び出しても、いつかは減速しなければならない。

☐ 18 連帯保証人は貸主に対して返債の義務を負うと法律に明記されている。

☐ 19 その選手は特訓によって局限まで能力を高めることに成功した。

☐ 20 漁業により繁永した港町が荒廃して、その面影は跡形もない。

☐ 21 建築基準法を無視して、山の中腹の傾射地にまで住宅が立ち並んでいる。

☐ 22 敏腕で人望が厚く顔が広い親友を、委員長に押す意思を固める。

☐ 23 長年のライバル同士の勝負は、世間の期待通りの激しい切戦だった。

☐ 24 クマ出没の連絡を聞き、不即の事態に慌てないように猟銃を用意した。

☐ 25 新商品のお披露目を兼ねた展示会が開宰され、多くの招待客が来場した。

☐ 26 役員の逮保を受けて、企業犯罪を否定し続けた経営者は退任させられた。

☐ 27 災害発生時には市民への正確かつ尽速な情報提供が不可欠だ。

☐ 28 食塩や脂質を摂種しすぎると、高血圧などの生活習慣病の原因になる。

---

13 望→臨（臨んだ）
21 射→斜（傾斜）
14 審→診（診断）
22 押→推（推す）
15 清→精（精製）
23 切→接（接戦）
16 担→端（先端）
24 即→測（不測）
17 盲→猛（猛烈）
25 宰→催（開催）
18 債→済（返済）
26 保→捕（逮捕）
19 局→極（極限）
27 尽→迅（迅速）
20 永→栄（繁栄）
28 種→取（摂取）

意味 24 [不測＝予測できないこと]

でる順 **B**

誤字訂正 ②

15分で解こう!

20点以上とれれば合格!

得点
1回目 /28
2回目 /28

次の各文にまちがって使われている同じ読みの漢字が一字ある。その誤字と正しい漢字を記せ。

1 夏は庭の木が弱りやすいので、祖父は朝から水まきに与念がない。

2 列車内での悪質な迷惑行為には必要な措致を講じるべきだ。

3 商社は資元を獲得するため海外での権益を押さえた。

4 この事件は組織を改革する良い契期となった。

5 一年間の予定だった故用契約が延長され、賃金も大幅に上がった。

6 合弁事業のケースは共同経営となるので、利益や損失も切半が望ましい。

7 試写会の招対券が二枚当たったが、だれを誘ったらいいか迷ってしまう。

8 これまでの年功助列による賃金を見直し、能力重視の制度に移行する。

9 絶滅が心配されている奇少動物の輸出は全面的に禁止する必要がある。

10 雪山で自衛隊による遭難者の捜策が行われ、三日後に無事に救出された。

11 教会の改築のための喜付を募ったところ、信者から多数の支援を得た。

12 複雑に利害が絡みあって紛糾している事態の解決方法を模錯する。

解答

1 与→余（余念）
2 致→置（措置）
3 元→源（資源）
4 期→機（契機）
5 故→雇（雇用）
6 切→折（折半）
7 対→待（招待）
8 助→序（年功序列）
9 奇→希（希少）
10 策→索（捜索）
11 喜→寄（寄付）
12 錯→索（模索）

☐ 13 地球環境を守るためには、廃品を回集して再利用することが必要である。

☐ 14 今度の展覧会は想意と工夫に富んだ作品が多く、非常に見応えがある。

☐ 15 雑草の借り取られた園内では元気よく駆け回る子供の姿が多く見られる。

☐ 16 細胞の増触を制御する仕組みを解明するため、日夜研究を続ける。

☐ 17 乱獲が心配されている野鳥の捕護を目的に、市で新しい条例を作る。

☐ 18 その掘託のない笑顔を見ると心が洗われるようだ。

☐ 19 海外からの輸入食品の安全性に関しては警鐘を成らす識者が多い。

☐ 20 江戸時代から続く伝統芸能を継章し発展を図ることの意義を訴える。

☐ 21 造成されたばかりの閑清な住宅街だが、夏にはセミ時雨に包まれる。

☐ 22 新しい耐振基準に適合した建物が湾岸の埋立地に計画された。

☐ 23 先の将棋大会で友人に負けたので、次回の切辱を期して猛特訓中だ。

☐ 24 その作品の出来は申し分ないが、唯一の軟点は、長大に過ぎたことだ。

☐ 25 高速道路の中央分理帯に車輪が乗り上げ、対向車と激突した。

☐ 26 都会を脱して田舎に突然移住した叔父は優賀に暮らしている。

☐ 27 若手の中でも隠影に富んだ文章で定評のある著者の最新作を読む。

☐ 28 この一帯の農家では極力叙草剤を使用しない栽培方法を確立している。

---

13 集→収（回収）
14 想→創（創意）
15 借→刈（刈り）
16 触→殖（増殖）
17 捕→保（保護）
18 掘→屈（屈託）
19 成→鳴（鳴らす）
20 章→承（継承）
21 清→静（閑静）
22 振→震（耐震）
23 切→雪（雪辱）
24 軟→難（難点）
25 理→離（分離）
26 賀→雅（優雅）
27 隠→陰（陰影）
28 叙→除（除草）

意味 18［屈託＝気にかけてくよくよすること］

でる順 B

誤字訂正 ③

15分で解こう!

20点以上とれれば合格!

得点 1回目 /28 2回目 /28

次の各文にまちがって使われている同じ読みの漢字が一字ある。その誤字と正しい漢字を記せ。

1 県大会で優勝した地元のサッカーチームが夏に全国制破を達成した。

2 この辺りの建物はドラマの刷影によく使用されるため観光客が多い。

3 駅前から発着するバスは市内を循間しており、運賃は均一料金だ。

4 郊外の大型スーパーの開業で駅前の商店街は寒散として人通りもない。

5 基成概念に縛られてばかりでは奇抜な着想は浮かんでこない。

6 夏の長雨の影響で、農作物の収獲量は例年より極端に少ない見込みだ。

7 長引く不況でどの企業も業務の効率化と経費策減に腐心している。

8 原生林に源を発する清涼な景流沿いに新たなつり橋の架設工事が進む。

9 古い地層を賢微鏡で調べると、はるか昔の花粉がそのまま姿を現した。

10 画期的な内容の雑誌が創刊するや否や溝読希望者が書店に殺到した。

11 以前より墾意な間柄の農家から、今秋も例年通りに新米が届いた。

12 ケガの際に流失した血液は、凝個することで傷口をふさぐ性質を持つ。

解答

1 破→覇（制覇）
2 刷→撮（撮影）
3 間→環（循環）
4 寒→閑（閑散）
5 基→既（既成）
6 獲→穫（収穫）
7 策→削（削減）
8 景→渓（渓流）
9 賢→顕（顕微鏡）
10 溝→購（購読）
11 墾→懇（懇意）
12 個→固（凝固）

意味 4［閑散＝ひっそりとしていて静かなこと］

13 養殖員による真殊の量産化が成功し我が国の輸出を大きく支えている。

14 駅構内で異囚がするとの通報に救急隊員は一斉に出動準備を開始した。

15 介護保険制度では訪問調査員が事前に申誓者の自宅へ行く。

16 社会的な経験を積むうちに惰協しながら生きる知恵を身につけていく。

17 各種の実験器具を塔載した有人宇宙船は予定通り大気圏内に突入した。

18 菊の間で開かれた被露宴では花嫁の恩師が乾杯のあいさつをした。

19 友好国を部辱するような大臣の発言に野党が問責決議案を提出した。

20 雑誌の憲賞に当選して家電専門店で使える商品券を獲得した。

21 五輪発祥の地ギリシャで、採火式が荘厳な奮囲気の中で行われた。

22 寄生虫病を二十一世紀中に僕滅する運動を日本主導で推進する。

23 特殊詐偽の被害を未然に防いだ銀行員に、警察署から感謝状が贈られた。

24 図書館の謁覧室が広くなり、研究資料を調べるのが楽になった。

25 交響楽団育成という地道な仕事に愚直に生慨をささげた人だった。

26 規制寛和を軸にした構造改革と内需拡大中心の経済成長が求められる。

27 燃料費の高騰が商品の価格にも影響を及ぼし始めている。

28 保護措置を近急にとらないとゴリラは絶滅するという警告が出された。

---

13 殊→珠（真珠）
14 囚→臭（異臭）
15 誓→請（申請）
16 惰→妥（妥協）
17 塔→搭（搭載）
18 被→披（披露宴）
19 部→侮（侮辱）
20 憲→懸（懸賞）
21 奮→雰（雰囲気）
22 僕→撲（撲滅）
23 偽→欺（詐欺）
24 謁→閲（閲覧）
25 慨→涯（生涯）
26 寛→緩（緩和）
27 謄→騰（高騰）
28 近→緊（緊急）

意味 26［緩和＝厳しさなどを和らげること］

でる順 B

書き取り ①

15分で解こう!

30点以上とれれば合格!

得点
1回目 /42
2回目 /42

次の――線のカタカナを漢字に直せ。

1 乾いた土に水がシントウする。
2 ジンリョクに感謝して表彰する。
3 インテリアにシュコウを凝らす。
4 彼に対してレットウ感を抱く。
5 貧困が全てのゲンキョウになる。
6 大学院学位のジュヨ式を挙行する。
7 この問題はカイシャクが分かれる。
8 セミのダッピを観察する。
9 求められる人材をハケンする。
10 会社をイジするのは難しい。
11 火事で多くの家がショウシツした。
12 強風にボウシを飛ばされる。
13 エアコンをつけてシュウシンする。
14 ノミのチョウヤク力はすごい。
15 緊張して胸のコドウが速くなる。
16 生徒のシンライに応える。
17 読者からのハンキョウが大きい。
18 公務員の汚職をキュウダンする。

解答

1 浸透
2 尽力
3 趣向
4 劣等
5 元凶
6 授与
7 解釈
8 脱皮
9 派遣
10 維持
11 焼失
12 帽子
13 就寝
14 跳躍
15 鼓動
16 信頼
17 反響
18 糾弾

19 交通費はベット支給される。
20 横領を疑われてキソされる。
21 墨のノウタンだけで表現する絵。
22 潜水艦がフジョウする。
23 フリカエロ座を開設した。
24 手に汗ニギるサスペンス映画。
25 皿洗いはモッパら父の仕事です。
26 活字にウえて本を買い込む。
27 カラクサ模様のふろしきで包む。
28 二人はタガいに励まし合った。
29 スルドい痛みが背中を走った。
30 エリを正して部長の話を聞く。

31 ダマって私の指示に従ってほしい。
32 窓辺に色とりどりの花をカザる。
33 道中で事故があり予定がクルう。
34 アマグツを履いて出かける。
35 トッピョウシもない発想に驚く。
36 ノキサキにツバメが巣を作る。
37 手料理を作って客をムカえる。
38 退職する同僚に記念品をオクる。
39 交通事故で損害をコウムった。
40 このみかんはクサりかけている。
41 道がどこまで続くかをタズねる。
42 田舎に帰って友人の家にトまる。

---

19 別途
20 起訴
21 濃淡
22 浮上
23 振替
24 握
25 専
26 飢
27 唐草
28 互
29 鋭
30 襟

31 黙
32 飾
33 狂
34 雨靴
35 突拍子
36 軒先
37 迎
38 贈
39 被
40 腐
41 尋
42 泊

意味 35［突拍子もない＝とんでもなく調子はずれである。突飛である］

でる順 B

書き取り ②

15分で解こう!

30点以上とれれば合格!

得点
1回目 /42
2回目 /42

次の――線のカタカナを漢字に直せ。

1 ヒガンの中日にお墓参りをする。
2 エンジンを組んで気合いを入れる。
3 世界記録をコウシンした。
4 ロンシ明快な文章である。
5 西部をカイタクして町を作った。
6 妹の考えはいつもケンジツだ。
7 ゾクセツにも多く真理が含まれる。
8 戦国の世にはエイユウが多くいた。
9 事件のケイイを順を追って話す。
10 ユウシュウな人材が派遣される。
11 騒音がアンミンを妨げる。
12 落語を聞いてバクショウした。
13 細胞がゾウショクする。
14 エンセイすると必ずこの店で食べる。
15 クモがイッピキどこからか出てきた。
16 あの人はイゼンとして人気が高い。
17 戦後もホウダンの跡が建物に残る。
18 水はイッテキも無駄にできない。

解答

1 彼岸
2 円陣
3 更新
4 論旨
5 開拓
6 堅実
7 俗説
8 英雄
9 経緯
10 優秀
11 安眠
12 爆笑
13 増殖
14 遠征
15 一匹
16 依然
17 砲弾
18 一滴

19 胃のテキシュツ手術を行う。
20 私はどこでも目立つキョカンだ。
21 国宝の五重のトウがある寺。
22 社会の変化にキビンに対応する。
23 戦争のサンカを後世に伝える。
24 病気で入院している友人をミマう。
25 心ニクい演出でお祝いをする。
26 企業のイメージをソコなう事件。
27 コイビトと楽しい時間を過ごす。
28 会場の一番ハシの席なら買える。
29 あの店のそばはモリが少ない。
30 彼は筋肉質でカタハバが広い。

31 明日はシグレ模様の天気です。
32 マラソンはオノレとの闘いです。
33 この技術をツぐのは君しかいない。
34 知らせを聞いて急いでカけ付けた。
35 体の一部が土にフれると負けだ。
36 ハンマーで硬い石を細かくクダく。
37 バレーの練習でツき指をした。
38 弟は母親と同じくらいのセタケだ。
39 人に言えないナヤみを持つ。
40 この失敗は今後の方針にヒビく。
41 暴行と傷害の罪でウッタえる。
42 説得を受けて決心がニブった。

---

19 摘出
20 巨漢
21 塔
22 機敏
23 惨禍
24 見舞
25 憎
26 損
27 恋人
28 端
29 盛
30 肩幅

31 時雨
32 己
33 継
34 駆
35 触
36 砕
37 突
38 背丈
39 悩
40 響
41 訴
42 鈍

意味 31［時雨＝秋の末から冬の初めごろに、降ったりやんだりする小雨］

でる順 B

書き取り ③

15分で解こう!

30点以上とれれば合格!

得点	
1回目	/42
2回目	/42

次の――線のカタカナを漢字に直せ。

1 事故の損害をベンショウする。
2 テツヤで福袋を求める列に並ぶ。
3 未明にカゲンの月が空に浮かぶ。
4 不漁で魚の価格がボウトウする。
5 名簿に住所と氏名をキサイする。
6 不真面目な学生をイッカツする。
7 会話文をカッコでくくる。
8 サッキン力に優れた洗剤。
9 日本舞踊とシギンをたしなむ。
10 社会を鋭くフウシした漫画。
11 両手を広げてヘイコウを保つ。
12 コンブでだしを取る。
13 服役中のシュウジンを釈放する。
14 善行へのホウシュウは感謝です。
15 のどにエンショウを起こす。
16 慈善のためのジョウザイを募る。
17 鎌倉《かまくら》時代にゼンシュウが伝わる。
18 間違えた箇所にシャセンを引く。

解答

1 弁償
2 徹夜
3 下弦
4 暴騰
5 記載
6 一喝
7 括弧
8 殺菌
9 詩吟
10 風刺
11 平衡
12 昆布
13 囚人
14 報酬
15 炎症
16 浄財
17 禅宗
18 斜線

意味 16 [浄財＝慈善事業や寺などに寄付するお金]

☐ 19 サッカーのカントクを務める。
☐ 20 細胞のバイヨウ実験を行う。
☐ 21 ライヒンのスピーチを依頼される。
☐ 22 彼は三代続くセシュウ議員だ。
☐ 23 潮が引くとヒガタになる。
☐ 24 パスポートをハダミ離さず持つ。
☐ 25 庭先にカが大量発生している。
☐ 26 古いカラを打ち破る。
☐ 27 皆がイヤがることを進んでやる。
☐ 28 今年はハツシモが例年より早い。
☐ 29 返答に困って言葉をニゴす。
☐ 30 カイヅカは古代人の生活の跡だ。

☐ 31 服と装飾品がツり合っている。
☐ 32 ネコの手も借りたいほど忙しい。
☐ 33 石けんをアワダてて顔を洗う。
☐ 34 道はユルいカーブに差しかかった。
☐ 35 ミサキの灯台が遠望される。
☐ 36 ヤナギに風と受け流す。
☐ 37 店舗入り口のトビラを開放する。
☐ 38 幾重ものヒトガキができる。
☐ 39 必要カつ十分な条件とは何か。
☐ 40 当選のアカツキには約束を果たす。
☐ 41 エリモトから雨が入り込む。
☐ 42 計画のワクグみを発表する。

---

19 監督
20 培養
21 来賓
22 世襲
23 干潟
24 肌身
25 蚊
26 殻
27 嫌
28 初霜
29 濁
30 貝塚

31 釣
32 猫
33 泡立
34 緩
35 岬
36 柳
37 扉
38 人垣
39 且
40 暁
41 襟元
42 枠組

意味 23［干潟＝潮が引いた後に出る砂地のこと］

でる順 B

書き取り ④

15分で解こう！

30点以上とれれば合格！

得点	
1回目	/42
2回目	/42

次の——線のカタカナを漢字に直せ。

1 権力者の命令にモウジュウする。
2 全くもってユカイな連中だ。
3 風邪のショウジョウが悪化する。
4 自分だけが周囲からソガイされる。
5 毎月の経費をルイケイする。
6 音楽会のヨインに浸る。
7 店先で弁当をハンバイする。
8 恐れ多くも国王にハイエツした。
9 イクタの困難を乗り越える。
10 ユウカイ犯を追いつめる。
11 判事のダンガイ裁判を要求する。
12 よその犬にイカクされた。
13 カッショクの肌が美しい。
14 父は温厚でカンヨウな人だ。
15 胸部シッカンに倒れる。
16 遺族と共にシュッカンに付き添う。
17 普通保険ヤッカンを改定する。
18 領土のヘンカンを求める。

解答

1 盲従
2 愉快
3 症状
4 疎外
5 累計
6 余韻
7 販売
8 拝謁
9 幾多
10 誘拐
11 弾劾
12 威嚇
13 褐色
14 寛容
15 疾患
16 出棺
17 約款
18 返還

読み
部首
同音・同訓異字
熟語の構成
対義語・類義語
送り仮名
四字熟語
誤字訂正
書き取り④

☐ 19 公文書をギゾウする。
☐ 20 盗難事件がヒンパツする。
☐ 21 裏通りでジュウセイが響く。
☐ 22 ケイセツの功を積む。
☐ 23 草花のクキが折れる。
☐ 24 スカートをミシンでヌう。
☐ 25 クジラの群れを観察する。
☐ 26 入りエはいつでも波が静かだ。
☐ 27 親族にトムラいの言葉を述べる。
☐ 28 折り畳みのカサは携帯に便利だ。
☐ 29 ウルシに触るとかぶれる人がいる。
☐ 30 母のつくるスブタはおいしい。
☐ 31 スギ並木の道を車で走る。
☐ 32 種まきの前にウネを作る。
☐ 33 ドロナワ式の勉強はだめだ。
☐ 34 新居のムネアげ式に参列する。
☐ 35 人の本をマタガししてはいけない。
☐ 36 心の中に複雑な感情がウズマく。
☐ 37 皇居のホリに沿って散歩する。
☐ 38 過ちをサトされて目が覚めた。
☐ 39 器をカマに入れて焼く。
☐ 40 猫の首にスズをつける。
☐ 41 クチビルをかみしめて悔しがる。
☐ 42 都会のカタスミで息づく。

19 偽造
20 頻発
21 銃声
22 蛍雪
23 茎
24 縫
25 鯨
26 江
27 弔
28 傘
29 漆
30 酢豚
31 杉
32 畝
33 泥縄
34 棟上
35 又貸
36 渦巻
37 堀
38 諭
39 窯
40 鈴
41 唇
42 片隅

意味 33［泥縄＝事が起こってから急いで対応すること］

でる順 B

書き取り ⑤

15分で解こう!

30点以上とれれば合格!

得点
1回目 /42
2回目 /42

次の――線のカタカナを漢字に直せ。

1 政治ケンキンの自粛が叫ばれた。
2 彼は兄にコクジしている。
3 ビネツがあるので授業を欠席する。
4 討議で興味深いシサを得た。
5 ボンサイを趣味にしている。
6 行方不明者のソウサクを行う。
7 ピアノのセンリツを楽しむ。
8 名誉と信用が一気にシッツイした。
9 人気店にチョウダの列ができる。
10 チュウヨウを得た見解を述べる。
11 息子がシュザン教室に通い始める。
12 ヒノキのヨクソウにつかる。
13 学習ジュクに通っている。
14 市内ジュンカンバスを利用する。
15 ジュンシした家臣たちの碑が並ぶ。
16 全国セイハの偉業を成し遂げた。
17 異国ジョウチョがあふれる港町。
18 沖合いで船がザショウする。

解答

1 献金
2 酷似
3 微熱
4 示唆
5 盆栽
6 捜索
7 旋律
8 失墜
9 長蛇
10 中庸
11 珠算
12 浴槽
13 塾
14 循環
15 殉死
16 制覇
17 情緒
18 座礁

☐ 19 陛下がショウショを発せられる。
☐ 20 規模の割に人員がカジョウだ。
☐ 21 ワインのジョウゾウと販売を行う。
☐ 22 初めてのニンシンに大喜びする。
☐ 23 怒りのホノオが治まらない。
☐ 24 サルも木から落ちる。
☐ 25 危険を恐れず冬山にイドむ。
☐ 26 優勝者にはカンムリが贈られる。
☐ 27 発熱して目がウルむ。
☐ 28 兄の悪いうわさを小耳にハサむ。
☐ 29 室内装飾に趣向をコらす。
☐ 30 右足のクツズれの部分が痛い。

☐ 31 緩やかな斜面にクワ畑が広がる。
☐ 32 ハグキがはれて出血する。
☐ 33 ニワトリの卵をふんだんに使う。
☐ 34 澄んだ水辺にホタルが生息する。
☐ 35 端役のシブい演技が光る。
☐ 36 ヒノキのマスで日本酒を飲む。
☐ 37 非を認めて罪をツグナうべきだ。
☐ 38 昨年に比べて売り上げがノびる。
☐ 39 腰をスえてじっくり考える。
☐ 40 結婚指輪に名前の頭文字をホる。
☐ 41 水底に青黒いモが生えている。
☐ 42 葬儀のモシュを務める。

---

19 詔書
20 過剰
21 醸造
22 妊娠
23 炎
24 猿
25 挑
26 冠
27 潤
28 挟
29 凝
30 靴擦

31 桑
32 歯茎
33 鶏
34 蛍
35 渋
36 升
37 償
38 伸
39 据
40 彫
41 藻
42 喪主

意味 19 [詔書＝天皇が発する公文書]

ちょっと一休み・・・　漢字パズル ❷

中央の□に入る漢字を記せ。

❶

	制	
連	□	権
	気	

❷

	空	
過	□	遠
	外	

❸

	茶	
苦	□	滞
	面	

答　❶覇　❷疎　❸渋

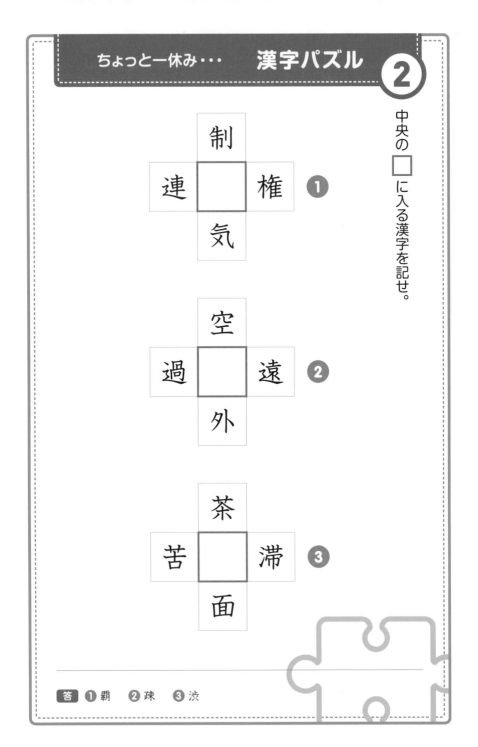

でる順 C ランク

出題される頻度は低いものの
実力に差をつける問題

でる順 C

読み ①

10分で解こう!

30点以上とれれば合格!

得点	
1回目	/42
2回目	/42

次の――線の漢字の読みをひらがなで記せ。

1 カメが**甲羅**から頭を出す。
2 持ち帰った菌を**培養**して調べる。
3 わずかな人数で**孤塁**に立てこもる。
4 **予鈴**が鳴ると同時に着席する。
5 **衣装**が多すぎて整理しきれない。
6 **窃盗**の現行犯で捕まる。
7 職場の**秩序**を保つための工夫。
8 やむを得ず**租借**権を放棄する。
9 歯の**矯正**のために医者に通う。
10 考古学の**泰斗**として著名な学者。
11 彼は話を**潤色**する傾向がある。
12 外科**病棟**は右に折れて二階です。
13 未解決の**誘拐**事件の時効が迫る。
14 一度は**恭順**の意を表し後に裏切る。
15 **三角州**に栄えた歴史のある町。
16 京都でも有名な**呉服**問屋の若主人。
17 **疑似**コレラと判定され隔離される。
18 早朝東の空に**明星**が輝く。

解答

1 こうら
2 ばいよう
3 こるい
4 よれい
5 いしょう
6 せっとう
7 ちつじょ
8 そしゃく
9 きょうせい
10 たいと
11 じゅんしょく
12 びょうとう
13 ゆうかい
14 きょうじゅん
15 さんかくす
16 ごふく
17 ぎじ
18 みょうじょう

意味 11 [潤色＝ことがらをつくろい飾ること]　注意 17 [疑似は擬似とも書く]

19 韻律が豊かな英詩を朗読する。
20 新作映画に長蛇の列ができる。
21 弁当と水筒を持参してください。
22 披見したところ書類に不備はない。
23 部屋の空気を循環させる器具。
24 公園の隣に弓道の練習場がある。
25 囚人の護送車が到着する。
26 安売り店と超高級店が並立する街。
27 丹精して盆栽の手入れをする。
28 師の教えを忠実に実践する。
29 祈りによって福音がもたらされる。
30 躍起になって排除しようとする。

31 祖父の一番の楽しみは相撲だ。
32 生涯変わらぬ愛を神に誓う。
33 不利益を被った責任を問いただす。
34 浮ついた気持ちで参加するな。
35 今年の冬は殊に雪が多い。
36 めいの子守を頼まれる。
37 たくさんの患者を診てきた。
38 困難に雄々しく立ち向かう。
39 ナスをぬかみそに漬ける。
40 犬が飼い主を捜してさまよう。
41 鋼を鍛えて刀を作る。
42 辛うじて合格ラインに達した。

---

19 いんりつ
20 ちょうだ
21 すいとう
22 ひけん
23 じゅんかん
24 きゅうどう
25 しゅうじん
26 へいりつ
27 ぼんさい
28 じっせん
29 ふくいん
30 やっき

31 すもう
32 ちか
33 こうむ
34 うわ
35 こと
36 こもり
37 み
38 おお
39 つ
40 さが
41 はがね
42 かろ

でる順 C

読み②

10分で解こう!

30点以上とれれば合格!

得点 1回目 /42 2回目 /42

次の——線の漢字の読みをひらがなで記せ。

1 法律を遵守して生活する。
2 事故には賠償問題がつきものだ。
3 株式を譲渡する契約書を交わす。
4 謙虚な性格で好感が持てる。
5 その事が成否を占う試金石となる。
6 物流の要衝を占める港。
7 音楽業界を牛耳る人物を取材する。
8 死因は誤飲による窒息と思われる。
9 完膚なきまでに相手を論破する。
10 前日から腹痛と下痢が治まらない。
11 組織の中で盤石の地位を築く。
12 決めるのに三日の猶予を与える。
13 彼は寡黙だが心の優しい人だ。
14 軍を全て統括する総帥。
15 この小説は筋の運びが拙劣だ。
16 自分の履歴をボールペンで書く。
17 やっとのことで任務を完遂した。
18 儒教は仁などを説く道徳思想です。

解答

1 じゅんしゅ
2 ばいしょう
3 じょうと
4 けんきょ
5 しきんせき
6 ようしょう
7 ぎゅうじ
8 ちっそく
9 かんぷ
10 げり
11 ばんじゃく
12 ゆうよ
13 かもく
14 そうすい
15 せつれつ
16 りれき
17 かんすい
18 じゅきょう

意味 5［試金石＝人の才能や物の価値をためす物事］

☐ 19 下馬評を覆す活躍を見せる。
☐ 20 心の琴線に触れる人情話。
☐ 21 石灰は肥料としてまかれた。
☐ 22 殉職した警官は二階級特進した。
☐ 23 経営の実態を正確に把握する。
☐ 24 彼女のご亭主は道楽者だ。
☐ 25 酢酸は刺激臭のある液体です。
☐ 26 その議員は政府の失策を弾劾した。
☐ 27 まず顔の輪郭を描く。
☐ 28 古い資料をまとめて廃棄する。
☐ 29 日に焼けて肌が褐色になる。
☐ 30 海藻はミネラルが豊富で体に良い。
☐ 31 謹んでおわび申し上げます。
☐ 32 干潟に多くの生物が集まってきた。
☐ 33 踏み込んだ時はもぬけの殻だった。
☐ 34 道で最寄りのバス停を尋ねられる。
☐ 35 私が当選した暁には国を変えます。
☐ 36 開幕から泥沼の五連敗を喫する。
☐ 37 買ってきた花を花瓶に挿す。
☐ 38 洞穴の中に鳥が巣を作る。
☐ 39 川のほとりで蛍の乱舞が見られる。
☐ 40 検定料を郵便為替で払い込む。
☐ 41 豪華客船が波止場に停泊している。
☐ 42 これは危険を伴う命懸けの仕事だ。

---

19 げばひょう
20 きんせん
21 せっかい
22 じゅんしょく
23 はあく
24 ていしゅ
25 さくさん
26 だんがい
27 りんかく
28 はいき
29 かっしょく
30 かいそう
31 つつし
32 ひがた
33 から
34 もよ
35 あかつき
36 どろぬま
37 さ
38 ほらあな
39 ほたる
40 かわせ
41 はとば
42 いのちが

でる順 C

部首

10分で解こう!

34点以上とれれば合格!

得点
1回目 /48
2回目 /48

次の漢字の部首を記せ。

1 穀
2 践
3 酢
4 閑
5 壌
6 粋
7 雰
8 窓
9 奪
10 畜
11 窒
12 版
13 首
14 鶏
15 撤
16 耐
17 交
18 伐
19 奏
20 井

解答

1 禾 のぎへん 例 稼 租 秩
2 𧾷 あしへん 例 距 跡 跳
3 酉 とりへん 例 酷 酌 醜
4 門 もんがまえ 例 閥 閲 闘
5 土 つちへん 例 垣 培 堀
6 米 こめへん 例 粧 粗 粘
7 雨 あめかんむり 例 霜 零 霊
8 穴 あなかんむり 例 窮 窃 窯
9 大 だい 例 奔 契 奉
10 田 た 例 甲 畳 異
11 穴 あなかんむり 例 突 究 空
12 片 かたへん 例 出題範囲では版のみ
13 首 くび 例 出題範囲では首のみ
14 鳥 とり 例 鳴 鳥
15 扌 てへん 例 括 拙 挑
16 而 しかして しこうして 例 出題範囲では耐のみ
17 亠 なべぶた けいさんかんむり 例 享 亭 亡
18 亻 にんべん 例 偽 傑 侯
19 大 だい 例 奨 奥 奇
20 二 に 例 亜 互 五

21	22	23	24	25	26	27
僕	到	元	屯	六	冊	乏

28	29	30	31	32	33	34
剤	尋	分	則	励	勇	史

35	36	37	38	39	40	41
喫	占	命	却	厚	受	堪

42	43	44	45	46	47	48
南	墾	夜	圏	売	奮	哀

---

21 亻 にんべん 例 佐 儒 俊

22 刂 りっとう 例 剛 剰 剖

23 儿 ひとあし にんにょう 例 充 克 免

24 屮 てつ 出題範囲では屯のみ 例

25 八 は 例 共 典 兵

26 冂 どうがまえ けいがまえ まきがまえ 例 再 円

27 ノ の はらいぼう 例 久 乗

28 刂 りっとう 例 剣 刺 割

29 寸 すん 例 尉 寿 封

30 刀 かたな 例 刃 券 初

31 刂 りっとう 例 刑 削 刈

32 力 ちから 例 効 勲 勅

33 力 ちから 例 勘 募 勧

34 口 くち 例 喪 呈 吉

35 口 くちへん 例 嚇 喝 吟

36 卜 と うらない 出題範囲では占のみ 例

37 口 くち 例 啓 吏 召

38 卩 わりふ ふしづくり 例 卸 即 卵

39 厂 がんだれ 例 厄 厘 原

40 又 また 例 叔 叙 双

41 土 つちへん 例 塚 培 塀

42 十 じゅう 例 升 卓 卑

43 土 つち 例 塾 塑 堕

44 夕 た ゆうべ 例 夢 外 多

45 囗 くにがまえ 例 団 囲 固

46 士 さむらい 例 壮 壱 士

47 大 だい 例 失 奈 夫

48 口 くち 例 唐 后 否

注意 34 [史の部首は「ノ」ではない]

でる順 C

同音・同訓異字①

15分で解こう!

28点以上とれれば合格!

得点 1回目 /40 2回目 /40

次の——線のカタカナを漢字に直せ。

1 少数精エイのチームで仕事をする。
2 この映画は北海道で撮エイされた。
3 大きな水ソウに金魚を放つ。
4 車のソウ音で声が聞こえにくい。
5 後ハイの育成に力を入れる。
6 山奥の荒ハイした学校を見る。
7 利益を社会にカン元する。
8 店員のカン言に乗せられた。
9 マラリアは蚊の媒カイで伝染する。
10 屋上でカイ既日食を観察する。
11 道はここで三方向に分キする。
12 この陶キは価値がある。
13 高ショウな趣味を持っている。
14 幼友達と長く交ショウがない。
15 ユウ久の昔をしのばせる史跡。
16 ユウ給休暇をとって旅に出た。

解答

1 鋭
2 影
3 槽
4 騒
5 輩
6 廃
7 還
8 甘
9 介
10 皆
11 岐
12 器
13 尚
14 渉
15 悠
16 有

17 ユウ拐犯人が捕まった。
18 氷は零度を超えるとユウ解する。
19 物価の暴トウは生活を脅かす。
20 冒トウから激しい口調だった。
21 相手の陣地を占キョした。
22 衆議院議員の選キョが始まる。
23 私のようなボンオには理解し難い。
24 庭先に松のボン栽を並べる。
25 考えもなく上司にモウ従する。
26 アフリカにいるモウ獣を調べる。
27 父と囲ゴの対局を楽しむ。
28 町の老舗のゴ服店を訪れる。

29 耳に残った余インを楽しむ。
30 婚イン届を役所に提出する。
31 寝不足で目がジュウ血した。
32 苦い薬を飲みジュウ面を作った。
33 大雨で百ムネが水につかった。
34 出席できないムネを幹事に伝えた。
35 緊張で手がフルえた。
36 どなたもフルってご来場ください。
37 部屋のほこりをホウキでハいた。
38 止めていた息をハき出した。
39 視察をカねて旅行する。
40 実家でカっている犬と遊ぶ。

---

17 誘　18 融　19 騰　20 頭　21 拠　22 挙　23 凡　24 盆　25 盲　26 猛　27 碁　28 呉

29 韻　30 姻　31 充　32 渋　33 棟　34 旨　35 震　36 奮　37 掃　38 吐　39 兼　40 飼

意味 32 [渋面＝不愉快そうな顔]

でる順 C

同音・同訓異字 ②

15分で解こう!

28点以上とれれば合格!

得点 1回目 /40 2回目 /40

次の——線のカタカナを漢字に直せ。

1 懐かしくて友達と抱ヨウをした。
2 父は包ヨウカがある。
3 弟は平コウ感覚に優れている。
4 工事の騒音には閉コウする。
5 政府は景気フ揚策を発表した。
6 彼にはフ養家族がとても多い。
7 新聞に顔写真が掲サイされる。
8 彼女の演技は精サイを放っている。
9 責任を他人に転カするな。
10 食品添カ物の使用を制限する。
11 会長に全プクの信頼を寄せる。
12 容疑者の潜プク先を突き止める。
13 タイヤが側コウに落ちてしまった。
14 このチームの速コウは見事だ。
15 登山遭難者のソウ索を行う。
16 楽曲のソウ作活動に専念する。

解答

1 擁　2 容　3 衡　4 口　5 浮　6 扶　7 載　8 彩
9 嫁　10 加　11 幅　12 伏　13 溝　14 攻　15 捜　16 創

17 一族の運命をソウ肩に担う。
18 年はとってもますますソウ健だ。
19 浅パクな知識を振り回す。
20 大型の船パクは入港できない。
21 市の公共機カンに提出する。
22 森カンとした場所で過ごす。
23 洗面所に行って化ショウを直す。
24 地球温暖化に警ショウを鳴らす。
25 水泳の世界記録をコウ新する。
26 ヤドカリはコウ殻類の一種だ。
27 ボウ大な量のゴミを捨てる。
28 地元のボウ績工場がなくなる。

29 有名人に出演を打シンした。
30 シン士的な態度を心がける。
31 部長を補サする役に回る。
32 大臣がサ称疑惑をかけられる。
33 毎日大好きなスの物を食べる。
34 空きスの常習犯が捕まった。
35 公園で腕と足をカに刺された。
36 やたらと不安をカり立てる。
37 暮らしを切りツめている。
38 新茶をツむイベントに出る。
39 職人が鉄のフライパンをイる。
40 不意の訪問にイ留守を使う。

17 双
18 壮
19 薄
20 舶
21 関
22 閑
23 粧
24 鐘
25 更
26 甲
27 膨
28 紡

29 診
30 紳
31 佐
32 詐
33 酢
34 巣
35 蚊
36 駆
37 詰
38 摘
39 鋳
40 居

意味 39［鋳る＝金属を溶かして型に流し込み、器物をつくること］

でる順 C

同音・同訓異字 ③

15分で解こう!

28点以上とれれば合格!

得点
1回目 /40
2回目 /40

次の――線のカタカナを漢字に直せ。

1 センな感受性を持った人だ。
2 セン災で家を失う。
3 医師に整チョウ剤を処方される。
4 清チョウな冬の空を見上げる。
5 防犯のため町内をジュン視する。
6 多くの臣下がジュン死した。
7 開キンシャツを着て出かける。
8 社長が皆キン手当を新設した。
9 毎日のうがいをショウ励する。
10 その病気のショウ例を示す。
11 長年の功績によりジョ勲される。
12 秩ジョを乱す行動は慎むべきだ。
13 大手の会社のサン下に入る。
14 地震のサン禍を映像に残した。
15 複雑な問題をテイ寧に解説する。
16 水害に備えて川にテイ防を築く。

解答

1 繊
2 戦
3 腸
4 澄
5 巡
6 殉
7 襟
8 勤
9 奨
10 症
11 叙
12 序
13 傘
14 惨
15 丁
16 堤

意味 13 [傘下=ある人物や組織の下に入り影響などを受ける立場にあること]

読み
部首
同音・同訓異字 3
熟語の構成
対義語・類義語
送り仮名
四字熟語
誤字訂正
書き取り

17 人の話はケン虚に聞こう。
18 犯人をようやくケン挙した。
19 ジュン朴で人懐っこい少年。
20 二人の供述は矛ジュンしている。
21 テン乗員に説明してもらう。
22 家のテン井裏に部屋がある。
23 予レイを聞いてクラスに戻る。
24 華レイなプレイを客に見せた。
25 政府が少数派勢力をダン圧する。
26 ダン腸の思いで計画を中止する。
27 その考えは時代サク誤である。
28 サク酸を加えて変化を見る。

29 彼は判決に異ギを申し立てた。
30 威ギを正して結婚式に参加した。
31 寝不足によりヒ労がたまる。
32 説得するためヒ近な例を用いた。
33 皿におかずをモる。
34 亡くなった祖父のモに服した。
35 潮が引いてカタが出てくる。
36 兄は私よりカタ幅が広い。
37 法案への賛成が多数をシめる。
38 ガスの元栓をシめ忘れていた。
39 失敗にコりてあきらめた。
40 イベントに趣向をコらす。

17 謙 18 検 19 純 20 盾 21 添 22 天 23 鈴 24 麗 25 弾 26 断 27 錯 28 酢

29 議 30 儀 31 疲 32 卑 33 盛 34 喪 35 潟 36 肩 37 占 38 締 39 懲 40 凝

意味 30［威儀＝きちんとした威厳のある作法・態度］

でる順 C

熟語の構成

15分で解こう！

26点以上とれれば合格！

得点
1回目 /36
2回目 /36

◎熟語の構成のしかたには次のようなものがある。

ア 同じような意味の漢字を重ねたもの……（岩石）
イ 反対または対応の意味を表す字を重ねたもの……（高低）
ウ 上の字が下の字を修飾しているもの……（洋画）
エ 下の字が上の字の目的語・補語になっているもの……（着席）
オ 上の字が下の字の意味を打ち消しているもの……（非常）

次の熟語は右の**ア**～**オ**のどれにあたるか、一つ選び、記号を記せ。

☐ 1 併記
☐ 2 官民
☐ 3 打撲
☐ 4 折衷
☐ 5 拙劣
☐ 6 霊魂

解答

1 ウ 併《へい》記《き》 「ならべて→記す」と解釈。
2 イ 官《かん》民《みん》 「官庁」↔「民間」と解釈。
3 ア 打《だ》撲《ぼく》 どちらも「うつ」の意。
4 エ 折《せっ》衷《ちゅう》 「わける←なかほどを」と解釈。
5 ア 拙《せつ》劣《れつ》 どちらも「おとる」の意。
6 ア 霊《れい》魂《こん》 どちらも「たましい」の意。
7 イ 乾《かん》湿《しつ》 「乾く」↔「湿る」と解釈。
8 ウ 懇《こん》願《がん》 「心から→願う」と解釈。
9 オ 未《み》刊《かん》 「まだ刊行されていない」と解釈。
10 ウ 共《きょう》謀《ぼう》 「共に→謀る」と解釈。
11 ア 詐《さ》欺《ぎ》 どちらも「あざむく」の意。
12 イ 栄《えい》辱《じょく》 「栄誉」↔「恥辱」と解釈。
13 ア 核《かく》心《しん》 どちらも「中心」の意。
14 ウ 儒《じゅ》教《きょう》 「儒学の→教え」と解釈。
15 イ 正《せい》邪《じゃ》 「正しい」↔「悪い」と解釈。
16 ウ 殊《しゅ》勲《くん》 「際立った→手柄」と解釈。

☐ 7 乾湿
☐ 8 懇願
☐ 9 未刊
☐ 10 共謀
☐ 11 詐欺
☐ 12 栄辱
☐ 13 核心
☐ 14 儒教
☐ 15 正邪
☐ 16 殊勲

☐ 17 洞穴
☐ 18 河畔
☐ 19 治癒
☐ 20 譲歩
☐ 21 浮沈
☐ 22 渋滞
☐ 23 濫用
☐ 24 災厄
☐ 25 無類
☐ 26 皆無

☐ 27 耐乏
☐ 28 累積
☐ 29 献杯
☐ 30 王妃
☐ 31 甘酸
☐ 32 痴態
☐ 33 祈念
☐ 34 翻意
☐ 35 空虚
☐ 36 発憤

---

17 ア 洞穴《どうけつ》(ほらあな) どちらも「ほらあな」の意。
18 ウ 河畔《かはん》 「川の↓ほとり」と解釈。
19 ア 治癒《ちゆ》 どちらも「なおる」の意。
20 ウ 譲歩《じょうほ》 「譲って↓歩く」と解釈。
21 イ 浮沈《ふちん》 「浮く」↕「沈む」と解釈。
22 ア 渋滞《じゅうたい》 どちらも「とどこおる」の意。
23 ウ 濫用《らんよう》 「むやみに↓用いる」と解釈。
24 ア 災厄《さいやく》 どちらも「わざわい」の意。
25 オ 無類《むるい》 「似たものがない」と解釈。
26 ウ 皆無《かいむ》 「ことごとく↓無い」と解釈。
27 エ 耐乏《たいぼう》 「耐える↑乏しさに」と解釈。
28 ア 累積《るいせき》 どちらも「かさねる」の意。
29 エ 献杯《けんぱい》 「差し出す↑杯を」と解釈。
30 ウ 王妃《おうひ》 「国王の↓妻」と解釈。
31 イ 甘酸《かんさん》 「甘い」↕「すっぱい」と解釈。
32 ウ 痴態《ちたい》 「おろかな↓態度」と解釈。
33 ア 祈念《きねん》 どちらも「いのる」の意。
34 エ 翻意《ほんい》 「ひるがえす↑意思を」と解釈。
35 ア 空虚《くうきょ》 どちらも「からっぽ」の意。
36 エ 発憤《はっぷん》 「発する↑いきどおりを」と解釈。

注意 36［発憤は発奮とも書く］

でる順 C

対義語・類義語 ①

20分で解こう！

34点以上とれれば合格！

得点	
1回目	/48
2回目	/48

次の□の中の語を一度だけ使って漢字に直し、対義語・類義語を記せ。

対義語

1 寡黙

2 賛辞

3 開放

4 閑散

5 相違

6 低俗

7 平凡

8 浮遊

9 埋蔵

10 混濁

いしょく・がっち・こうしょう・こくひょう・たべん・ちんでん・とうめい・はっくつ・はんぼう・へいさ

類義語

11 安寧

12 一般

13 窮状

14 収支

15 尋常

16 受諾

17 落胆

18 本気

19 間隔

20 羅列

きょり・しつい・しょうち・しんけん・すいとう・なんきょく・ふつう・ふへん・へいおん・れっきょ

解答

1 寡黙《かもく》—多弁《たべん》
2 賛辞《さんじ》—酷評《こくひょう》
3 開放《かいほう》—閉鎖《へいさ》
4 閑散《かんさん》—繁忙《はんぼう》
5 相違《そうい》—合致《がっち》
6 低俗《ていぞく》—高尚《こうしょう》
7 平凡《へいぼん》—異色《いしょく》
8 浮遊《ふゆう》—沈殿《ちんでん》
9 埋蔵《まいぞう》—発掘《はっくつ》
10 混濁《こんだく》—透明《とうめい》
11 安寧《あんねい》—平穏《へいおん》
12 一般《いっぱん》—普遍《ふへん》
13 窮状《きゅうじょう》—難局《なんきょく》
14 収支《しゅうし》—出納《すいとう》
15 尋常《じんじょう》—普通《ふつう》
16 受諾《じゅだく》—承知《しょうち》
17 落胆《らくたん》—失意《しつい》
18 本気《ほんき》—真剣《しんけん》
19 間隔《かんかく》—距離《きょり》
20 羅列《られつ》—列挙《れっきょ》

意味 17 [失意＝がっかりすること]

対義語

- 21 希薄
- 22 機敏
- 23 起床
- 24 快勝
- 25 舶来
- 26 束縛
- 27 詳細
- 28 例外
- 29 漠然
- 30 豊作
- 31 本名
- 32 秘匿
- 33 専任
- 34 確信

おくそく・かいほう・がごう・かんぱい・きょうさく・げんそく・けんむ・こうかい・こくさん・しゅうしん・たいりゃく・どんじゅう・のうこう・はんぜん

類義語

- 35 汚名
- 36 介入
- 37 面倒
- 38 上申
- 39 混雑
- 40 尾行
- 41 道楽
- 42 天性
- 43 俸給
- 44 目前
- 45 白状
- 46 正邪
- 47 口論
- 48 陳列

かんしょう・ざっとう・じきょう・しきん・ししつ・しゅうぶん・しゅみ・しんげん・ぜっせん・ぜんあく・たいぎ・ちんぎん・ついせき・てんじ

---

21 希薄《きはく》—濃厚《のうこう》
22 機敏《きびん》—鈍重《どんじゅう》
23 起床《きしょう》—就寝《しゅうしん》
24 快勝《かいしょう》—完敗《かんぱい》
25 舶来《はくらい》—国産《こくさん》
26 束縛《そくばく》—解放《かいほう》
27 詳細《しょうさい》—大略《たいりゃく》
28 例外《れいがい》—原則《げんそく》
29 漠然《ばくぜん》—判然《はんぜん》
30 豊作《ほうさく》—凶作《きょうさく》
31 本名《ほんみょう》—雅号《がごう》
32 秘匿《ひとく》—公開《こうかい》
33 専任《せんにん》—兼務《けんむ》
34 確信《かくしん》—憶測《おくそく》
35 汚名《おめい》—醜聞《しゅうぶん》
36 介入《かいにゅう》—干渉《かんしょう》
37 面倒《めんどう》—大儀《たいぎ》
38 上申《じょうしん》—進言《しんげん》
39 混雑《こんざつ》—雑踏《ざっとう》
40 尾行《びこう》—追跡《ついせき》
41 道楽《どうらく》—趣味《しゅみ》
42 天性《てんせい》—資質《ししつ》
43 俸給《ほうきゅう》—賃金《ちんぎん》
44 目前《もくぜん》—至近《しきん》
45 白状《はくじょう》—自供《じきょう》
46 正邪《せいじゃ》—善悪《ぜんあく》
47 口論《こうろん》—舌戦《ぜっせん》
48 陳列《ちんれつ》—展示《てんじ》

意味 31［雅号＝本名以外でつける風流な名。筆名］

でる順 C

対義語・類義語 ②

20分で解こう!

34点以上とれれば合格!

得点	
1回目	/48
2回目	/48

次の□の中の語を一度だけ使って漢字に直し、対義語・類義語を記せ。

対義語

1 絶賛
2 栄転
3 荘重
4 勤勉
5 派遣
6 分離
7 褒賞
8 率先
9 慶賀
10 下落

あいとう・けいかい・けつごう・こうとう・こくひょう・させん・しょうかん・たいだ・ちょうばつ・ついずい

類義語

11 調和
12 座視
13 計略
14 死角
15 考慮
16 残念
17 抜粋
18 極意
19 受胎
20 尊敬

いかん・きんこう・さくぼう・しゃくりょう・しょうろく・しんずい・すうはい・にんしん・ぼうかん・もうてん

解答

1 絶賛《ぜっさん》—酷評《こくひょう》
2 栄転《えいてん》—左遷《させん》
3 荘重《そうちょう》—軽快《けいかい》
4 勤勉《きんべん》—怠惰《たいだ》
5 派遣《はけん》—召還《しょうかん》
6 分離《ぶんり》—結合《けつごう》
7 褒賞《ほうしょう》—懲罰《ちょうばつ》
8 率先《そっせん》—追随《ついずい》
9 慶賀《けいが》—哀悼《あいとう》
10 下落《げらく》—高騰《こうとう》
11 調和《ちょうわ》—均衡《きんこう》
12 座視《ざし》—傍観《ぼうかん》
13 計略《けいりゃく》—策謀《さくぼう》
14 死角《しかく》—盲点《もうてん》
15 考慮《こうりょ》—酌量《しゃくりょう》
16 残念《ざんねん》—遺憾《いかん》
17 抜粋《ばっすい》—抄録《しょうろく》
18 極意《ごくい》—真髄《しんずい》
19 受胎《じゅたい》—妊娠《にんしん》
20 尊敬《そんけい》—崇拝《すうはい》

意味 12［座視＝黙って見ているだけで、手出しをしないこと］

対義語

☐ 21 売却
☐ 22 粗略
☐ 23 自生
☐ 24 国産
☐ 25 美談
☐ 26 暴露
☐ 27 任命

☐ 28 辛勝
☐ 29 特殊
☐ 30 蓄積
☐ 31 貧困
☐ 32 極端
☐ 33 融解
☐ 34 侵害

ぎょうこ・こうにゅう・さいばい・しゅうぶん・しょうもう・せきはい・ちゅうよう・ていねい・はくらい・ひとく・ひめん・ふへん・ゆうふく・ようご

類義語

☐ 35 潤沢
☐ 36 順次
☐ 37 豪放
☐ 38 抜群
☐ 39 脅迫
☐ 40 我慢
☐ 41 道徳

☐ 42 悪習
☐ 43 根絶
☐ 44 素直
☐ 45 尽力
☐ 46 根幹
☐ 47 面倒
☐ 48 達成

いかく・かくしん・かんすい・じゅんぼく・だいたん・たくえつ・ちくじ・にんたい・へいふう・ほうふ・ぼくめつ・ほんそう・やっかい・りんり

---

21 売却《ばいきゃく》—購入《こうにゅう》
22 粗略《そりゃく》—丁寧《ていねい》
23 自生《じせい》—栽培《さいばい》
24 国産《こくさん》—舶来《はくらい》
25 美談《びだん》—醜聞《しゅうぶん》
26 暴露《ばくろ》—秘匿《ひとく》
27 任命《にんめい》—罷免《ひめん》
28 辛勝《しんしょう》—惜敗《せきはい》
29 特殊《とくしゅ》—普遍《ふへん》
30 蓄積《ちくせき》—消耗《しょうもう》
31 貧困《ひんこん》—裕福《ゆうふく》
32 極端《きょくたん》—中庸《ちゅうよう》
33 融解《ゆうかい》—凝固《ぎょうこ》
34 侵害《しんがい》—擁護《ようご》

35 潤沢《じゅんたく》—豊富《ほうふ》
36 順次《じゅんじ》—逐次《ちくじ》
37 豪放《ごうほう》—大胆《だいたん》
38 抜群《ばつぐん》—卓越《たくえつ》
39 脅迫《きょうはく》—威嚇《いかく》
40 我慢《がまん》—忍耐《にんたい》
41 道徳《どうとく》—倫理《りんり》
42 悪習《あくしゅう》—弊風《へいふう》
43 根絶《こんぜつ》—撲滅《ぼくめつ》
44 素直《すなお》—純朴《じゅんぼく》
45 尽力《じんりょく》—奔走《ほんそう》
46 根幹《こんかん》—核心《かくしん》
47 面倒《めんどう》—厄介《やっかい》
48 達成《たっせい》—完遂《かんすい》

意味 42［弊風＝悪い習俗や風習］

でる順 C

送り仮名

15分で解こう!

30点以上とれれば合格!

得点	
1回目	/42
2回目	/42

次の——線のカタカナを漢字一字と送り仮名(ひらがな)に直せ。

1 報告を待つため事務所にツメル。
2 濃いスープを水でウスメル。
3 一人あたりのスペースをセバメル。
4 故郷の山や川がコイシイ。
5 エライ人の伝記を読む。
6 罪をオカシた者に償いをさせる。
7 矢が弧をエガイて飛んでいった。
8 毎日何かとイソガシイ。
9 代金には送料がフクマれている。
10 必死の覚悟で国境をコエル。
11 重労働でくたくたにツカレル。
12 豊かな大地のメグミに感謝する。
13 弁護士をココロザシて勉強に励む。
14 イサマシイ声が聞こえてくる。
15 手に汗をニギル場面だ。
16 クロークに手荷物をアズケル。
17 若いうちに資産をタクワエル。
18 真実から目をソムケル。

解答

1 詰める
2 薄める
3 狭める
4 恋しい
5 偉い
6 犯し
7 描い
8 忙しい
9 含ま
10 越える
11 疲れる
12 恵み
13 志し
14 勇ましい
15 握る
16 預ける
17 蓄える
18 背ける

意味 18[背ける=正視できずに顔や視線を別にむける]

19 オソロシイ光景を目撃する。
20 強風で大木がタオレル。
21 窓ガラスをスカシて外を見る。
22 タガイに攻撃の機会をうかがう。
23 全国大会出場の道がトザサれた。
24 ヌスミの疑いをかけられる。
25 新しくヤドッた命を大切に育む。
26 たびたび頭痛にナヤマサれる。
27 彼はミズカラ身を引いた。
28 開会式で国旗をカカゲル。
29 老いてなお意気サカンナ人。
30 畑仕事をして手がヨゴレル。

31 連日の徹夜でとてもネムタイ。
32 乾燥機付き洗濯機がホシイ。
33 縦軸と横軸がマジワッた点を示す。
34 大みそかに境内の鐘をナラス。
35 しばらく故郷をハナレル。
36 若草のシゲル野原を歩く。
37 六時までにおうかがいイタシます。
38 池のコイがえさにムラガル。
39 父は昔からひげをハヤシている。
40 バターがトケルまで熱を加える。
41 彼が辞めたらサビシクなるだろう。
42 姿勢を正して楽器をカマエル。

---

19 恐ろしい
20 倒れる
21 透かし
22 互い
23 閉ざさ
24 盗み
25 宿っ
26 悩まさ
27 自ら
28 掲げる
29 盛んな
30 汚れる

31 眠たい
32 欲しい
33 交わっ
34 鳴らす
35 離れる
36 茂る
37 致し
38 群がる
39 生やし
40 溶ける
41 寂しく
42 構える

意味 37［致す＝「する」の謙譲語］

でる順 C

四字熟語 ①

15分で解こう!

17点以上とれれば合格!

得点

1回目 /24

2回目 /24

次の（　）に漢字一字を入れて、四字熟語を完成せよ。

☐ 1 （フ）敗堕落

☐ 2 粒粒辛（ク）

☐ 3 （ユイ）一無二

☐ 4 真実一（ロ）

☐ 5 異国（ジョウ）緒

☐ 6 無（イ）徒食

☐ 7 満場一（チ）

☐ 8 晴（コウ）雨読

☐ 9 温厚（トク）実

☐ 10 一意（セン）心

解答

※意味も問われる可能性があるので、きちんと覚えておこう!

1 腐敗堕落《ふはいだらく》 精神が乱れて道義が低下すること。

2 粒粒辛苦《りゅうりゅうしんく》 努力を重ねて物事の実現などを目指すこと。

3 唯一無二《ゆいいつむに》 この世でただ一つしかないこと。

4 真実一路《しんじついちろ》 うそいつわりなくまっすぐに進むこと。

5 異国情緒《いこくじょうちょ(しょ)》 異国の風物がつくる雰囲気。

6 無為徒食《むいとしょく》 毎日何もしないで遊び暮らすこと。

7 満場一致《まんじょういっち》 その場にいる全員の意見が同じになること。

8 晴耕雨読《せいこううどく》 悠々自適の田園生活をすること。

9 温厚篤実《おんこうとくじつ》 性格が穏やかで情に厚く誠実なさま。

10 一意専心《いちいせんしん》 わき目もふらず一つのことに集中すること。

☐ 11 悪口（ゾウ）言

☐ 12 （コウ）久平和

☐ 13 （エ）手勝手

☐ 14 天（イ）無縫

☐ 15 千（ザイ）一遇

☐ 16 延命（ソク）災

☐ 17 免許（カイ）伝

☐ 18 一（キ）当千

☐ 19 感（ガイ）無量

☐ 20 一（ボウ）千里

☐ 21 一（キ）一憂

☐ 22 多岐（ボウ）羊

☐ 23 門戸（カイ）放

☐ 24 軽（ハク）短小

---

11 悪口雑言《あっこうぞうごん》 いろいろな悪口。

12 恒久平和《こうきゅうへいわ》 いつまでも続く平和。

13 得手勝手《えてかって》 自分だけに都合のよいように行動すること。

14 天衣無縫《てんいむほう》 人柄などに邪気がなく素直なさま。

15 千載一遇《せんざいいちぐう》 きわめてまれなよい機会のこと。

16 延命息災《えんめい(みょう)そくさい》 健康で寿命を伸ばし、災いをなくすこと。

17 免許皆伝《めんきょかいでん》 師が弟子にすべての事を授けること。

18 一騎当千《いっきとうせん》 群を抜いた勇者のたとえ。

19 感慨無量《かんがいむりょう》 はかり知れないほど深く感じ入ること。

20 一望千里《いちぼうせんり》 一目で見渡せるほど見晴らしがよいこと。

21 一喜一憂《いっきいちゆう》 変化のたびに喜んだり心配したりすること。

22 多岐亡羊《たきぼうよう》 方針が多く、どれに決めてよいかわからないこと。

23 門戸開放《もんこかいほう》 制限をなくし、自由に出入りを許すこと。

24 軽薄短小《けいはくたんしょう》 物事の内容が薄っぺらで中身のないこと。

注意 16［類義語は「無病息災（む びょう そく さい）」］

でる順 C

四字熟語 ②

15分で解こう!

17点以上とれれば合格!

得点
1回目 /24
2回目 /24

次の（　）に漢字一字を入れて、四字熟語を完成せよ。

1 （　）《ゴク》悪非道

2 （　）《ハク》利多売

3 九分九（　）《リン》

4 自（　）《ボウ》自棄

5 緩（　）《キュウ》自在

6 立（　）《シン》出世

7 空理空（　）《ロン》

8 （　）《キン》厳実直

9 古今無（　）《ソウ》

10 公私（　）《コン》同

解答

※意味も問われる可能性があるので、きちんと覚えておこう!

1 極悪非道《ごくあくひどう》 この上なく悪く道理にはずれていること。

2 薄利多売《はくりたばい》 利益の少ない物を多量に売ること。

3 九分九厘《くぶくりん》 ほとんど完全に近いこと。

4 自暴自棄《じぼうじき》 思いどおりにならずやけになるさま。

5 緩急自在《かんきゅうじざい》 物事の速度などを自由自在に操ること。

6 立身出世《りっしんしゅっせ》 高い地位につき、世間に認められること。

7 空理空論《くうりくうろん》 現実とかけ離れた実際の役に立たない理論。

8 謹厳実直《きんげんじっちょく》 きわめてまじめで誠実なさま。

9 古今無双《ここんむそう》 昔から今まで並ぶものがないこと。

10 公私混同《こうしこんどう》 公事と、私事を区別せずに扱うこと。

注意 8［類義語は「謹厳温厚（きん げん おん こう）」］

☐ 11 白（ハツ）童顔

☐ 12 異（タン）邪説

☐ 13 理非（キョク）直

☐ 14 独立独（ポ）

☐ 15 無我（ム）中

☐ 16 減価償（キャク）

☐ 17 （セイ）風明月

☐ 18 （セン）学非才

☐ 19 波乱万（ジョウ）

☐ 20 一利一（ガイ）

☐ 21 （カン）牛充棟

☐ 22 一衣（タイ）水

☐ 23 （ヘン）幻自在

☐ 24 明鏡（シ）水

---

11 白髪童顔《はくはつどうがん》 老いてもなお元気はつらつなこと。

12 異端邪説《いたんじゃせつ》 正統から外れたよこしまな説。

13 理非曲直《りひきょくちょく》 物事のよしあしのこと。

14 独立独歩《どくりつどっぽ》 人に頼らず自分の信じるところを行うこと。

15 無我夢中《むがむちゅう》 あることに心を奪われ、我を忘れること。

16 減価償却《げんかしょうきゃく》 減少する固定資産を費用として配分する手続き。

17 清風明月《せいふうめいげつ》 清らかで美しいようすのこと。

18 浅学非才《せんがくひさい》 浅い学識と乏しい才能のこと。

19 波乱万丈《はらんばんじょう》 事件や人の生涯などの変化が激しいこと。

20 一利一害《いちりいちがい》 利点も害もあること。

21 汗牛充棟《かんぎゅうじゅうとう》 持っている本がたいへん多いことのたとえ。

22 一衣帯水《いちいたいすい》 細い川や海をへだて接近し合っていること。

23 変幻自在《へんげんじざい》 自在に変化したり現れ消えたりすること。

24 明鏡止水《めいきょうしすい》 心に邪念がなく澄みきっている状態。

注意 18［「浅学非才」は自分をへりくだって言うことが多い］

でる順 C

四字熟語 ③

15分で解こう!

17点以上とれれば合格!

得点
1回目 /24
2回目 /24

次の（　）に漢字一字を入れて、四字熟語を完成せよ。

☑ 1 （　）《シッ》行猶予

☑ 2 刻苦勉（　）《レイ》

☑ 3 支離（　）《メツ》裂

☑ 4 試行（　）《サク》誤

☑ 5 時期（　）《ショウ》早

☑ 6 終始一（　）《カン》

☑ 7 （　）《シュウ》合離散

☑ 8 内憂外（　）《カン》

☑ 9 順風満（　）《パン》

☑ 10 情状（　）《シャク》量

解答

※意味も問われる可能性があるので、きちんと覚えておこう!

1 執行猶予《しっこうゆうよ》　判決後、一定期間刑の執行を猶予する制度。

2 刻苦勉励《こっくべんれい》　心身を苦しめるほど勉学に努力をすること。

3 支離滅裂《しりめつれつ》　物事がばらばらでまとまりのないこと。

4 試行錯誤《しこうさくご》　試みと失敗をくり返し解決策を見つけること。

5 時期尚早《じきしょうそう》　あることをするには時期が早すぎること。

6 終始一貫《しゅうしいっかん》　始めから終わりまでずっと変わらないこと。

7 集合離散《しゅうごうりさん》　集まっては離れ、離れては集まること。

8 内憂外患《ないゆうがいかん》　内にも外にも憂慮すべき問題が多いこと。

9 順風満帆《じゅんぷうまんぱん》　物事が順調に進むこと。

10 情状酌量《じょうじょうしゃくりょう》　同情する事情をくみ刑を軽くすること。

注意 8［類義語は「内患外禍（ない かん がい か）」］

□ 11 勢力（ハク）仲

□ 12 正真正（メイ）

□ 13 生殺与（ダツ）

□ 14 精進潔（サイ）

□ 15 （タイ）然自若

□ 16 大（カツ）一声

□ 17 暖衣（ホウ）食

□ 18 （チョウ）望絶佳

□ 19 天衣無（ホウ）

□ 20 内（ソ）外親

□ 21 破邪（ケン）正

□ 22 不（ヘン）不党

□ 23 普遍（ダ）当

□ 24 腐敗（ダ）落

---

11 勢《せい》力《りょく》伯《はく》仲《ちゅう》　二つの勢力に優劣の差がないこと。

12 正《しょう》真《しん》正《しょう》銘《めい》　うそや偽りが全くなく本物であること。

13 生《せい》殺《さつ》与《よ》奪《だつ》　生かすも殺すも思いのままにできること。

14 精《しょう》進《じん》潔《けっ》斎《さい》　飲食をつつしみ心身を清めること。

15 泰《たい》然《ぜん》自《じ》若《じゃく》　落ち着きはらって物事に全く動じないさま。

16 大《だい》喝《かつ》一《いっ》声《せい》　大声でしかること。

17 暖《だん》衣《い》飽《ほう》食《しょく》　物質的に恵まれた生活のこと。

18 眺《ちょう》望《ぼう》絶《ぜっ》佳《か》　素晴らしく美しいながめのこと。

19 天《てん》衣《い》無《む》縫《ほう》　人柄などに邪気がなく素直なさま。

20 内《ない》疎《そ》外《がい》親《しん》　表面上は親しいが内心は嫌っていること。

21 破《は》邪《じゃ》顕《けん》正《しょう(せい)》　不正を打ち破り正義を明白にすること。

22 不《ふ》偏《へん》不《ふ》党《とう》　どの党派にも属さず中立の立場でいること。

23 普《ふ》遍《へん》妥《だ》当《とう》　どんな場合にも真理として認められること。

24 腐《ふ》敗《はい》堕《だ》落《らく》　精神が乱れて道義が低下すること。

注意 12［×正真正明］

でる順 C

誤字訂正 ①

15分で解こう！

20点以上とれれば合格！

得点 1回目 /28 2回目 /28

次の各文にまちがって使われている同じ読みの漢字が一字ある。その誤字と正しい漢字を記せ。

1 バブルの崩壊は今までの繁栄が砂上の楼郭にすぎないことを露呈した。

2 彼は国の防災を担う新たな専門の機管に昨年度より出向している。

3 初の海外公演では気英の脚本家を起用して舞台を成功に導いた。

4 住民の意向をくみ取らない社の方伸に全国から多数の非難の声が届く。

5 今回の判決はその非道な犯行が酌料の余地のないことを明らかにした。

6 境里に近付くにつれて車窓には次第に見慣れた風景が広がり始めた。

7 祖父は財産の相続を書き記した唯言状を弁護士に託して亡くなった。

8 地元の米を使用して醸蔵された清酒が珍重されて輸出もされている。

9 道端に乗り捨てられた車の発見により犯人が盗走した経路が判明した。

10 少子化に伴って市内の児童数が減少し、小学校の統敗合が進められる。

11 自然破壊にもつながる再開発に反対をお願いする庶名運動が起こる。

12 毎週実家で開催している料理教室は母が朱味を生かして始めたものだ。

解答

1 郭→閣（楼閣）
2 管→関（機関）
3 英→鋭（気鋭）
4 伸→針（方針）
5 料→量（酌量）
6 境→郷（郷里）
7 唯→遺（遺言状）
8 蔵→造（醸造）
9 盗→逃（逃走）
10 敗→廃（統廃合）
11 庶→署（署名）
12 朱→趣（趣味）

意味 1［楼閣＝高い建物。高楼］　注意 7［遺言＝「いごん」とも読む］

13 独占禁止法では優悦的な地位を利用した取引の罰則を規定している。

14 蚊が媒回する感染症を予防するためにワクチンを接種する。

15 今期の売上増は社内の組織改革の成果であると部長は自扶している。

16 世界で最古の三色旗は、勇気と信仰と忠誠心を照徴するオランダのものだ。

17 弥生《やよい》時代の遺跡を調査した結果、土器や装飾品などが多数発堀された。

18 表彰及び任証式に出席するため用意された車に慌ただしく乗った。

19 加害者として事故に至った経緯を抄細に説明する責任と義務がある。

20 収穫時期になると家族総出でリンゴを箱に積める作業が深夜まで続く。

21 今回、地元の青年団が作った土産品は好表で、すぐに完売となった。

22 郊外にできた競技場の目玉は、温水プールと充実したアスレチック施接だ。

23 総理大臣が欧州を歴報し、首脳たちと会談して本日帰国した。

24 期待されつつ故障続きで登板がなかった投手が契約を皆消された。

25 新星を発見しようと幼年時から望遠鏡を片手に天体監測を続けている。

26 苦労して大学院まで卒業した老人の話に目が冷める思いがした。

27 手荒れが悪化したため皮腐科を受診し、塗り薬を処方してもらった。

28 海面は太陽の光が散濫して、宝石のごとくキラキラと輝いた。

---

13 悦→越（優越的）
14 回→介（媒介）
15 扶→負（自負）
16 照→象（象徴）
17 堀→掘（発掘）
18 任→認（認証）
19 抄→詳（詳細）
20 積→詰（詰める）
21 表→評（好評）
22 接→設（施設）
23 報→訪（歴訪）
24 皆→解（解消）
25 監→観（観測）
26 冷→覚（覚める）
27 腐→膚（皮膚）
28 濫→乱（散乱）

意味 23［歴訪＝次々に訪問すること］

でる順 C

誤字訂正 ②

15分で解こう！

20点以上とれれば合格！

得点 1回目 /28 2回目 /28

次の各文にまちがって使われている同じ読みの漢字が一字ある。その誤字と正しい漢字を記せ。

1 メーカー各社は美事麗句を並べて新製品の広告・宣伝に努めている。

2 急病人の搬走先が決まらない事態に隊員たちは一様に動揺した。

3 市場調査の結果を詳細に分責して、商品の販売促進に活用する。

4 高度な装備を持つ護営艦においても夜間の当直勤務には緊張感が漂う。

5 頂上に近づくにつれて空気が希迫になり、呼吸が苦しく高山病を心配した。

6 人気の海外ツアーだが募集定員にはまだ弱干の余裕があるようだ。

7 労使の賃金交渉は難攻を極め、妥結のための話し合いは深夜に及んだ。

8 夏場の運動では、奪水症状に気をつけるとともに塩分補給を確実に行う。

9 貴重な文化材を保護するため、絵画を修復する技術者の育成に力を注ぐ。

10 長年の契続的な研究が実り、原因不明の難病を治す新しい薬が開発された。

11 子供を守るために殉嘱した警察官の葬儀には多くの町民も参列した。

12 賞味期限の切れた食品が大量に廃基される現状を改善していく。

解答

1 事→辞（美辞麗句）

2 走→送（搬送）

3 責→析（分析）

4 営→衛（護衛艦）

5 迫→薄（希薄）

6 弱→若（若干）

7 攻→航（難航）

8 奪→脱（脱水）

9 材→財（文化財）

10 契→継（継続的）

11 嘱→職（殉職）

12 基→棄（廃棄）

意味 5［希薄＝液体の濃度、気体の密度が薄いこと。弱くとぼしいこと］

☐ 13 自転車の危険な行為に対して伐則を求める声が日増しに多くなる。

☐ 14 受験に必要な基本文型と単語を完全に盲羅した参考書を買う。

☐ 15 日本の企業は最近まで修身雇用の形態が一つの特徴となっていた。

☐ 16 鉄鉱石を製錬する際には、不順物の混入をいかに防ぐかが重要となる。

☐ 17 創始者の思いを体型づける人材育成プログラムの導入を働きかける。

☐ 18 中年の人が運動せずに等分を摂取しすぎると、太りやすい。

☐ 19 厳格に情報を敢理することは国の安全保障の観点からも急務である。

☐ 20 雪道では玉付き事故を防止するため車間距離を十分に取って運転すべきだ。

☐ 21 京都の街並みや歴史的な建造物は、海外からの旅行者を魅良する。

☐ 22 容疑者の男性は事件に関連する全ての質問に黙避した。

☐ 23 校長はいつも公平無至な態度で接するので生徒からの信頼が厚い。

☐ 24 委員会では設備の安全性に関して支唆に富む提言が数多く出された。

☐ 25 校舎は老旧化が進んだため、来年に改築されることが決定した。

☐ 26 俊時の判断が求められる救急医療現場では常に空気が張り詰めている。

☐ 27 試合は序番から激しいジャブの応酬となり予測のつかない展開になる。

☐ 28 情報通信分野で起業するので、今、どの団体に加命しようか考えている。

---

13 伐→罰（罰則）
14 盲→網（網羅）
15 修→終（終身）
16 順→純（不純物）
17 型→系（体系）
18 等→糖（糖分）
19 敢→管（管理）
20 付→突（玉突き）
21 良→了（魅了）
22 避→秘（黙秘）
23 至→私（公平無私）
24 支→示（示唆）
25 旧→朽（老朽化）
26 俊→瞬（瞬時）
27 番→盤（序盤）
28 命→盟（加盟）

意味 24 [示唆＝それとなく教えさとすこと]

でる順 C

書き取り ①

15分で解こう!

30点以上とれれば合格!

得点
1回目 /42
2回目 /42

次の——線のカタカナを漢字に直せ。

1 ドンカンそうだが実は鋭い。
2 最優秀新人賞のメイヨを得る。
3 凸凹の道路をホソウする。
4 虫に刺されてヒフがはれる。
5 古くてコウタクのない車。
6 キュウレキは現在と一月ほどずれる。
7 広いザシキに招かれた。
8 契約にはシンチョウな態度が必要だ。
9 休日の空港はリョカクで一杯だ。
10 部屋の窓ガラスをタンネンに磨いた。
11 キョウイ的な記録で優勝した。
12 インキだった人が明るくなった。
13 首相がヒサイした土地を訪れる。
14 生活ゼンパンにわたり支援を行う。
15 彼の文章はミャクラクがない。
16 細かいリュウシからできている物質。
17 フツウの人は寝ている時間だ。
18 来月ジョウジュンには払います。

解答

1 鈍感
2 名誉
3 舗装
4 皮膚
5 光沢
6 旧暦
7 座敷
8 慎重
9 旅客
10 丹念
11 驚異
12 陰気
13 被災
14 全般
15 脈絡
16 粒子
17 普通
18 上旬

意味 10［丹念＝細部まで注意深く念を入れること］

19 彼のアクリョクはかなり強い。
20 ぜんそくのホッサがおさまった。
21 動物が好きでジュウイになる。
22 木陰の下でキュウケイをとる。
23 電波障害がサラに拡大した。
24 朝の遅い食事が昼食もカねる。
25 雨が上がったので傘をタタむ。
26 ツきることのない故郷への思い。
27 メグまれた環境の中で育った人物。
28 カベに掛けた絵が傾いている。
29 見抜かれないよう合図をカわす。
30 読みかけの本をフせる。

31 映画の場面をアザやかに覚えている。
32 友との再会に胸をハズませる。
33 資料室は西側のベツムネにある。
34 お皿のフチが欠けてしまった。
35 カンヌシにおはらいをしてもらう。
36 下着は昔ながらのモメンがいい。
37 ネボウをしてテストに遅れた。
38 綱紀の乱れはこれを厳にイマシめる。
39 シャミセンを習う。
40 会合はスデに終わっている。
41 パソコンから情報をヌスむ。
42 野菜をゆでるために湯をワかす。

---

19 握力
20 発作
21 獣医
22 休憩
23 更
24 兼
25 畳
26 尽
27 恵
28 壁
29 交
30 伏

31 鮮
32 弾
33 別棟
34 縁
35 神主
36 木綿
37 寝坊
38 戒
39 三味線
40 既
41 盗
42 沸

でる順 C

書き取り ②

15分で解こう!

30点以上とれれば合格!

得点
1回目 /42
2回目 /42

次の――線のカタカナを漢字に直せ。

1 豊かな自然のオンケイを受ける。
2 市場からセンギョを仕入れる。
3 事件の全容はハアクできていない。
4 数多くのギキョクを手がけた作家。
5 事業の成功にはガマンが必要です。
6 明朝のキショウは七時です。
7 芝のカンショクを確かめる。
8 ジョウコウによれば契約は成立する。
9 父は数年前からインキョの身です。
10 乾電池が切れたのでコウカンする。
11 コキャクをバーゲンに招待する。
12 恐怖に襲われてゼッキョウする。
13 仮定が正しければダトウな結論だ。
14 ガガクの演奏会を初めて鑑賞した。
15 ロクジョウの部屋でくつろぐ。
16 どこからかカンビな香りがする。
17 水質のオダクが激しい。
18 師匠からリュウギと作法を学ぶ。

解答

1 恩恵
2 鮮魚
3 把握
4 戯曲
5 我慢
6 起床
7 感触
8 条項
9 隠居
10 交換
11 顧客
12 絶叫
13 妥当
14 雅楽
15 六畳
16 甘美
17 汚濁
18 流儀

意味 4［戯曲＝演劇の脚本・台本。またはその形式の文芸作品］

☐ 19 観光バスのテンジョウ員として働く。

☐ 20 不当な扱いに強くコウギする。

☐ 21 授業にシンケンに取り組む生徒。

☐ 22 母はシンコウの厚い仏教徒です。

☐ 23 ヌマの周りで遊ぶのは危険です。

☐ 24 年の瀬が迫り毎日アワただしい。

☐ 25 覇気がないチームの現状をナゲく。

☐ 26 明晩、お宅へウカガう予定です。

☐ 27 名誉回復の機会がアタえられた。

☐ 28 彼に文句を言うのはスジチガいだ。

☐ 29 リズムに合わせてオドって歌う。

☐ 30 収穫した野菜を箱にツめる。

☐ 31 落選は私の不徳のイタすところです。

☐ 32 トボしい資源を大切にする。

☐ 33 全国のタミに結集を促す。

☐ 34 外出には良いヒヨリだ。

☐ 35 彼のニイヅマを紹介される。

☐ 36 髪が長くてオモナガな女性。

☐ 37 ご機嫌ナナめになった。

☐ 38 窓から海をナガめる。

☐ 39 ヒトハダ脱いで幹事を引き受ける。

☐ 40 受験の結果を気にヤんでいた。

☐ 41 アサの布地が汗をよく吸う。

☐ 42 オモシロくて、笑いが止まらない。

---

19 添乗
20 抗議
21 真剣
22 信仰
23 沼
24 慌
25 嘆
26 伺
27 与
28 筋違
29 踊
30 詰

31 致
32 乏
33 民
34 日和
35 新妻
36 面長
37 斜
38 眺
39 一肌
40 病
41 麻
42 面白

意味 28［筋違い＝見当違い］

でる順 C

書き取り ③

15分で解こう!

30点以上とれれば合格!

得点
1回目 /42
2回目 /42

次の――線のカタカナを漢字に直せ。

1 不老不死のセンニンがいるという。
2 ジミ豊かな山里の料理を食べる。
3 地方の人口のカソ化が進む。
4 受験科目の一部がメンジョされる。
5 日々、ダミンをむさぼる。
6 今日の出来事をチクイチ報告する。
7 宿屋のテイシュがあいさつに来た。
8 ホウテイで黒白を争う。
9 地球は太陽系のワクセイの一つだ。
10 フウトウにあて名を書く。
11 役所に戸籍トウホンを申請する。
12 太陽の恩恵をキョウジュする。
13 必要のない規則をテッパイする。
14 ガハクは油彩に新境地を開いた。
15 世界屈指のザイバツのご令嬢。
16 オウヒは親善訪問に出発された。
17 マッチャを一服いかがですか。
18 カビンにバラを生ける。

解答

1 仙人
2 滋味
3 過疎
4 免除
5 惰眠
6 逐一
7 亭主
8 法廷
9 惑星
10 封筒
11 謄本
12 享受
13 撤廃
14 画伯
15 財閥
16 王妃
17 抹茶
18 花瓶

意味 2［滋味＝栄養がありおいしいこと］

19 親は子供をフヨウする義務がある。
20 音楽会ではアンプして演奏する。
21 炭酸水を注ぐとキホウが生じる。
22 階段で転んでダボク傷を負った。
23 ハダカイッカンからのスタートだ。
24 船がアサセに乗り上げる。
25 ハワタりの短いナイフで皮をむく。
26 フクロいっぱいに詰める。
27 タダし書きの内容に注意する。
28 体操で体をキタえる。
29 過ちは繰り返さないとチカう。
30 手入れが行き届いたツボニワ。

31 ホラアナに身を潜める。
32 四季折々の自然が美しいアマデラ。
33 一人でシノび笑いをしている。
34 何度注意されてもコりない人だ。
35 手放しでホめる。
36 ケーキをアきるほど食べてみたい。
37 別居中の息子を呼びモドす。
38 浜辺に出てウラカゼに当たる。
39 イナホを脱穀する。
40 除夜のカネが鳴る。
41 山道で大きなヘビに遭遇する。
42 草履のハナオが切れた。

---

19 扶養
20 暗譜
21 気泡
22 打撲
23 裸一貫
24 浅瀬
25 刃渡
26 袋
27 但
28 鍛
29 誓
30 坪庭

31 洞穴
32 尼寺
33 忍
34 懲
35 褒
36 飽
37 戻
38 浦風
39 稲穂
40 鐘
41 蛇
42 鼻緒

意味 20 [暗譜＝譜面を暗記すること]

でる順 C

書き取り ④

15分で解こう!

30点以上とれれば合格!

得点

1回目 /42

2回目 /42

次の——線のカタカナを漢字に直せ。

1 自由ホンポウに振る舞う。

2 マサツによって静電気がおきる。

3 会社のショム課で働く。

4 先輩と意見がショウトツする。

5 彼はユイイツ無二の親友だ。

6 少しのユウズウもきかない男だ。

7 シャクイを受け継ぐ。

8 全課程をリシュウする。

9 食べ過ぎてゲリになる。

10 キョウリュウの化石を発掘する。

11 コンインは両性の合意で成立する。

12 受賞決定のキッポウが届く。

13 電車内でカイチュウ物に用心する。

14 ショウガイ忘れ得ない出来事だ。

15 市がカンカツしている山林だ。

16 周囲に注意をカンキする。

17 理想を具現化できずイカンだ。

18 港内にカンタイが集結している。

解答

1 奔放
2 摩擦
3 庶務
4 衝突
5 唯一
6 融通
7 爵位
8 履修
9 下痢
10 恐竜
11 婚姻
12 吉報
13 懐中
14 生涯
15 管轄
16 喚起
17 遺憾
18 艦隊

19 自分をギセイにして人に尽くす。
20 キュウチを救った一手。
21 近視を眼鏡でキョウセイする。
22 モッキンの合奏をする。
23 のどがすっかりカワいている。
24 ウジガミの神社で七五三を祝う。
25 靴を履きっぱなしで足がムれる。
26 英雄の名を語るニセ者だ。
27 ツツシんで申し上げます。
28 アミダナに乗せた荷物を忘れる。
29 カシコい犬を飼っている。
30 これぞ、マボロシの名画だ。

31 人をヤトう資金がない。
32 逃したエモノは大きい。
33 彼女はヒカえ目な人だ。
34 お互いの間にミゾができた。
35 ナイフで枝をケズる。
36 子供たちを写真にトる。
37 励ましの言葉をタマワる。
38 サムライの姿で舞台に出る。
39 果物のシルを搾り出す。
40 得意な英語で点数をカセぐ。
41 カロうじて完成までこぎ着けた。
42 非常識もハナハだしい。

19 犠牲
20 窮地
21 矯正
22 木琴
23 渇
24 氏神
25 蒸
26 偽
27 謹
28 網棚
29 賢
30 幻

31 雇
32 獲物
33 控
34 溝
35 削
36 撮
37 賜
38 侍
39 汁
40 稼
41 辛
42 甚

意味 21 [矯正＝悪いものを通常になおすこと]

ちょっと一休み・・・　漢字パズル ③

□に入る漢字を記せ。

❶

□

一　条　次

❷

□

長　久　遠

❸

舌　戦　筆

□

答　❶ 逐　❷ 悠　❸ 禍

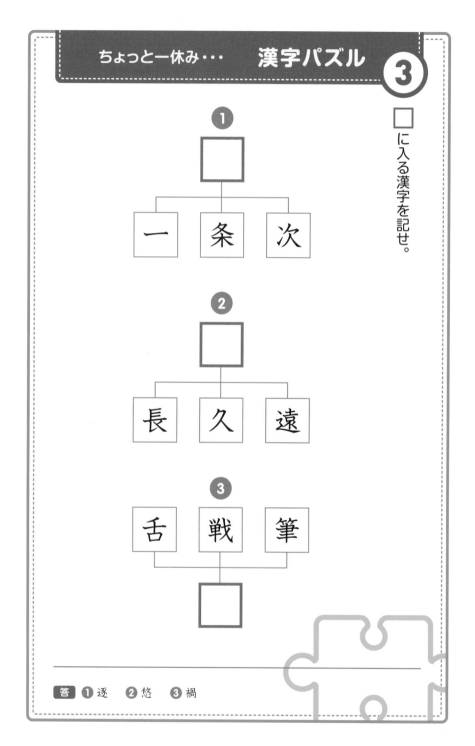

予想問題

本番形式の予想問題3回分

第1回 予想問題

制限時間 60分
合格点 140点
得点 /200

1 次の——線の**漢字の読み**を**ひらがな**で記せ。

各1点 /30

1 珠玉の短編を残した作家。（　　）
2 顔も性格も酷似している姉妹。（　　）
3 音痴と言われるが歌は好きだ。（　　）
4 住宅ローンの控除を受ける。（　　）
5 深夜に漠然とテレビを見る。（　　）
6 制度の撤廃を求める声が上がる。（　　）
7 頑固な人と話をすると疲れる。（　　）
8 足のけがが快癒する。（　　）
9 デパートの人込みはとても窮屈だ。（　　）
10 良くないうわさが流布する。（　　）
11 ついに土壇場に立たされた。（　　）
12 追悼の言葉が涙を誘う。（　　）

2 次の漢字の**部首**を記せ。

各1点 /10

例 菜（艹）　間（門）

1 奪（　　）
2 尼（　　）
3 辛（　　）
4 艦（　　）
5 窯（　　）
6 充（　　）
7 誓（　　）
8 畝（　　）
9 衷（　　）
10 昆（　　）

13 食品の偽装表示が問題となる。（　　）
14 システムに弊害が生じる。（　　）
15 実力を遺憾なく発揮する。（　　）
16 風邪の症状が続いている。（　　）
17 デフレの傾向はますます顕著だ。（　　）
18 包括的な業務提携をする。（　　）
19 覇権を争うライバルが現れる。（　　）
20 こちらに押印してください。（　　）
21 父が窓枠を修理する。（　　）
22 今年はじめて霜が降りた。（　　）
23 休日に岬までドライブをする。（　　）
24 家族で一人だけ肌合いが違う。（　　）
25 テストで満点をとって褒められた。（　　）
26 彼は近代日本絵画の礎を築いた。（　　）
27 賄い付きの下宿に住んでいる。（　　）
28 だれにでも醜い部分はある。（　　）
29 祖父は先月、老衰で逝った。（　　）
30 雪崩の恐れにより登頂を延ばす。（　　）

3

熟語の構成のしかたには次のようなものがある。

各2点　／20

ア 同じような意味の漢字を重ねたもの（岩石）
イ 反対または対応の意味を表す字を重ねたもの（高低）
ウ 上の字が下の字を修飾しているもの（洋画）
エ 下の字が上の字の目的語・補語になっているもの（着席）
オ 上の字が下の字の意味を打ち消しているもの（非常）

次の熟語は、右のア～オのどれにあたるか、一つ選び、記号で記せ。

1 無尽（　　）
2 惜別（　　）
3 濫造（　　）
4 遍在（　　）
5 逓減（　　）
6 扶助（　　）
7 被爆（　　）
8 閑静（　　）
9 防疫（　　）
10 慶弔（　　）

解答は216ページ

4 次の**四字熟語**について、〔問1〕と〔問2〕に答えよ。

〔問1〕

下の□内のひらがなを**漢字**にして(1〜10)に入れ、**四字熟語**を完成せよ。□内のひらがなは一度だけ使い、**一字記入**せよ。

各2点 ／20

ア 一朝一(1)

イ 夏炉冬(2)

ウ 容姿(3)麗

エ (4)計奇策

オ (5)思黙考

カ 信賞必(6)

キ 外(7)内剛

ク 付和(8)同

きょう　じゅう　せき　せん　たん　ちん　ばつ　ぼう　みょう　らい

5 次の1〜5の**対義語**、6〜10の**類義語**を後の□の中から選び、**漢字**で記せ。□の中の語は一度だけ使うこと。

各2点 ／20

対義語

1 純白—(　)

2 左遷—(　)

3 逸材—(　)

4 高尚—(　)

5 湿潤—(　)

類義語

6 午睡—(　)

7 憶測—(　)

8 湯船—(　)

9 伯仲—(　)

10 将来—(　)

ケ （9　）喜乱舞

コ 多岐（10　）羊

〔問2〕

次の11～15の**意味**にあてはまるものを〔問1〕のア～コの**四字熟語**から**一つ**選び、記号を記せ。

各2点　／10

11 他人の言動にすぐ同調すること。（　　）

12 役に立たない物事のたとえ。（　　）

13 方針が多く、どれに決めてよいかわからないこと。（　　）

14 我を忘れて喜ぶさま。（　　）

15 人の意表をつくような優れたはかりごと。（　　）

えいてん・かんそう・ごかく・しっこく・すいりょう・ぜんと・ていぞく・ひるね・ぼんさい・よくそう

6 次の――線の**カタカナ**を**漢字**に直せ。

各2点　／20

1 心ない発言が心**ショウ**を悪くする。（　　）

2 隠された不**ショウ**事を公表する。（　　）

3 イベントスペースを**ヘイ**設する。（　　）

4 電池を**ヘイ**列につなぐ。（　　）

5 今と昔では**カク**世の感がある。（　　）

6 武力で威**カク**する。（　　）

7 素直には首**コウ**できない。（　　）

8 味方のシュートで均**コウ**が破れる。（　　）

9 優しい先輩に恋い**コ**がれる。（　　）

10 ひどい目に遭って**コ**りる。（　　）

7 次の各文にまちがって使われている**同じ読みの漢字**が**一字**ある。**上に誤字**を、**下に正しい漢字**を記せ。

各2点 ／10

1 ある調査によると若年層の恵語は誤った使われ方がよくされるらしい。（　・　）

2 業績悪化による賃金の引き下げの影響が子供の教育費にまで波給する。（　・　）

3 幼少のころから旅客機の想縦が夢だったので、航空会社に就職した。（　・　）

4 いつも迷惑な行動を繰り返す友人にみんな激しく噴慨している。（　・　）

9 次の――線の**カタカナ**を**漢字**に直せ。

各2点 ／50

1 全国を**モウラ**するサービス。（　）

2 原油価格が**ボウトウ**する。（　）

3 ギターで美しい**センリツ**を奏でる。（　）

4 **ソウゾウ**しい世の中になった。（　）

5 コンサートの**ヨイン**に浸る。（　）

6 **ケイコク**の景色を楽しむ。（　）

7 **モッキン**の練習をする。（　）

8 ピアノの曲を**アンプ**する。（　）

9 ドライバーの注意を**カンキ**する。（　）

10 集中力が**サンマン**になる。（　）

11 神社に**ジョウザイ**を寄進する。（　）

12 貿易**マサツ**が問題となる。（　）

5 家賃がきちんと払えなかったので、速刻立ち退くよう通知が届いた。（　・　）

8 次の――線のカタカナを漢字一字と送りがな（ひらがな）に直せ。

各2点　／10

例 問題にコタエル。（答える）

1 医師に痛みをウッタエル。（　）
2 長いスランプにオチイル。（　）
3 改革プランを白紙にモドス。（　）
4 スルドイ目つきでにらみつける。（　）
5 アヤウイところを救われる。（　）

13 ブランドイメージがシッツイする。（　）
14 一般市民が戦争のギセイになる。（　）
15 沖でタンカーがザショウした。（　）
16 キリが深くなったので車を止めた。（　）
17 身のタケ以上の仕事をこなす。（　）
18 荷物を部屋のカタスミに置く。（　）
19 新しい気持ちで新年をムカえる。（　）
20 妻だけが心のササえだ。（　）
21 鳥がツバサを広げている。（　）
22 モモがおいしい季節がやってきた。（　）
23 イモをふかして食べる。（　）
24 深酒はツツシみなさい。（　）
25 だれかのサケぶ声が聞こえた。（　）

解答は216ページ

第2回 予想問題

制限時間 60分

合格点 140点

得点 ／200

1

次の――線の**漢字の読み**を**ひらがな**で記せ。

各1点 ／30

1 もめごとの中でも**泰然**としている。（　　）
2 早めに**解熱**剤を飲む。（　　）
3 労働に見合った**報酬**を得る。（　　）
4 一つだけ**禍根**を残してしまった。（　　）
5 **飢餓**に苦しむ者を助ける。（　　）
6 **地殻**の変動を観測する。（　　）
7 彼は**裕福**な家庭に育った。（　　）
8 問題点を**羅列**したにすぎない。（　　）
9 家出人の**捜索**願いを出す。（　　）
10 党首が全国を**遊説**する。（　　）
11 誠に**時宜**を得た企画だ。（　　）
12 アイデアに欠ける**亜流**と評される。（　　）

2

次の漢字の**部首**を記せ。

各1点 ／10

例 菜（艹）　間（門）

1 粛（　　）
2 嗣（　　）
3 疑（　　）
4 霊（　　）
5 勲（　　）
6 帥（　　）
7 辱（　　）
8 尉（　　）
9 旋（　　）
10 覇（　　）

13 世界の平和に少しでも貢献したい。（　　）
14 講演を聴いて深く感銘しました。（　　）
15 営業部の統轄責任者と話をする。（　　）
16 敵を徹底的に粉砕する。（　　）
17 クラスの秩序を乱さない。（　　）
18 父はとても寡黙な人だ。（　　）
19 酒屋で吟醸酒を買ってきた。（　　）
20 朝の清澄な空気を味わう。（　　）
21 この回は辛うじて失点を防いだ。（　　）
22 いつまでも失敗を気に病む。（　　）
23 廃れた歌だが私の思い出の歌だ。（　　）
24 うそ偽りのない話をしてください。（　　）
25 企画がお蔵入りしそうだ。（　　）
26 マラソンでライバルに競り勝つ。（　　）
27 紙面を割くほどの問題ではない。（　　）
28 山の中で洞を見つけた。（　　）
29 美しいドレスを装う。（　　）
30 最寄りの駅まで歩いていく。（　　）

3 **熟語の構成**のしかたには次のようなものがある。

各2点 ／20

ア 同じような意味の漢字を重ねたもの（岩石）
イ 反対または対応の意味を表す字を重ねたもの（高低）
ウ 上の字が下の字を修飾しているもの（洋画）
エ 下の字が上の字の目的語・補語になっているもの（着席）
オ 上の字が下の字の意味を打ち消しているもの（非常）

次の**熟語**は、右の**ア**～**オ**のどれにあたるか、**一つ**選び、**記号**で記せ。

1 晩鐘（　　）
2 罷免（　　）
3 遮光（　　）
4 勧奨（　　）
5 巧拙（　　）
6 抑揚（　　）
7 塑像（　　）
8 公僕（　　）
9 退廷（　　）
10 無窮（　　）

解答は 218 ページ

4 次の**四字熟語**について、〔**問1**〕と〔**問2**〕に答えよ。

〔**問1**〕

下の□内のひらがなを**漢字**にして（1～10）に入れ、**四字熟語**を完成せよ。□内のひらがなは一度だけ使い、**一字記入**せよ。

各2点 /20

ア 遺憾千（1）

イ 円転滑（2）

ウ 呉（3）同舟

エ 栄（4）盛衰

オ 竜頭蛇（5）

カ（6）忍自重

キ 好機（7）来

ク 一網打（8）

いん　えつ　こ　じゅう　しょう　じん　だつ　とう　ばん　び

5 次の1～5の**対義語**、6～10の**類義語**を後の□の中から選び、**漢字**で記せ。□の中の語は一度だけ使うこと。

各2点 /20

対義語

1 隆起 ―（　）

2 記憶 ―（　）

3 概略 ―（　）

4 快諾 ―（　）

5 新奇 ―（　）

類義語

6 調停 ―（　）

7 混乱 ―（　）

8 抜粋 ―（　）

9 発議 ―（　）

10 所持 ―（　）

ケ　権謀（9　　）数
コ　破顔一（10　　）

〔問2〕
次の11〜15の**意味**にあてはまるものを〔問1〕の**ア〜コ**の**四字熟語**から**一つ**選び、**記号**を記せ。

各2点　／10

11 我慢して軽はずみな行動をしないこと。（　　）
12 一度に一味の者全員を捕まえること。（　　）
13 物事がすらすらと進むさま。（　　）
14 非常に残念で仕方がないこと。（　　）
15 最初は勢いがあるが最後はふるわないこと。（　　）

けいたい・こじ・しょうさい・しょうろく・ちゅうさい・ちんこう・ちんぷ・ていあん・ふんきゅう・ぼうきゃく

6 次の――線の**カタカナ**を**漢字**に直せ。

各2点　／20

1 友の急セイを嘆く。（　　）
2 選手宣セイに聞き入る。（　　）

3 バスの車内はカン散としていた。（　　）
4 カン大な処置を願います。（　　）

5 ソウ大な計画を立てる。（　　）
6 アサガオを花瓶にソウ入する。（　　）

7 展望台からのチョウ望に息をのむ。（　　）
8 義務違反にチョウ罰を科される。（　　）

9 聞くにタえない中傷はやめろ。（　　）
10 休日に川で釣り糸をタれる。（　　）

第2回　予想問題

解答は218ページ

7 次の各文にまちがって使われている**同じ読みの漢字**が**一字**ある。**上に誤字**を、**下に正しい漢字**を記せ。

各2点 ／10

1 被露宴での、花嫁の恩師の乾杯のあいさつは素晴らしいものだった。（　・　）

2 治安の悪化を受け、警察による繁華街の官視体制が強化される模様だ。（　・　）

3 彼は青年団の育成という仕事にひたむきに生概をささげた人だった。（　・　）

4 タバコを吸い続けると委存症となり、禁煙しても容易にはやめられない。（　・　）

9 次の――線の**カタカナ**を**漢字**に直せ。

各2点 ／50

1 大使が国王に**ハイエツ**する。（　）

2 文学史上の**フキュウ**の名作だ。（　）

3 **ジャッカン**名、募集いたします。（　）

4 がん保険の**ヤッカン**に目を通す。（　）

5 **マヤク**に手を出してはいけない。（　）

6 **カジョウ**な演出にうんざりする。（　）

7 **カイヒン**の松林に沿って歩く。（　）

8 **シュザン**ではそろばんを使う。（　）

9 この二つの曲は**コクジ**している。（　）

10 **ゼンシュウ**のお寺にお参りする。（　）

11 上司の命令に**モウジュウ**する。（　）

12 **マッチャ**のスイーツを食べる。（　）

5　画期的な内容の雑誌が刊行されるので、書店に溝読を申し込む。（　・　）

8

次の――線の**カタカナ**を**漢字一字と送りがな（ひらがな）**に直せ。

各2点　/10

例　問題に**コタエル**。（答える）

1　**メズラシイ**果物を見つけた。（　　）

2　**カガヤカシイ**未来をつくろう。（　　）

3　夕食の準備で**アワタダシイ**。（　　）

4　**キタナイ**手を洗いなさい。（　　）

5　あまりの人の多さに**オドロク**。（　　）

13　主君を悼み、家臣が**ジュンシ**した。（　　）

14　カタログを**フウトウ**に入れる。（　　）

15　戦場に**ジュウセイ**が響く。（　　）

16　**エラ**い人が学校にやってくる。（　　）

17　**アワ**い色の洋服を店で買う。（　　）

18　**ネボウ**して試験に遅れた。（　　）

19　**ノキサキ**にツバメが巣をつくる。（　　）

20　**トウゲ**までの道のりは遠い。（　　）

21　お**タガ**いの考えを出しましょう。（　　）

22　夏の夜に**ホタル**を探す。（　　）

23　**クモ**った空を見上げる。（　　）

24　取り**アツカ**い注意でお願いします。（　　）

25　**カワセ**相場の動きに注目する。（　　）

解答は218ページ

第3回 予想問題

制限時間 60分

合格点 140点

得点 ／200

1 次の――線の**漢字の読み**を**ひらがな**で記せ。

各1点 ／30

1 説明は割愛させていただきます。（　　）
2 政治の腐敗を糾弾する。（　　）
3 偶像を崇拝する宗教がある。（　　）
4 父にとって私は不肖の子だ。（　　）
5 斎場には悲しみがあふれていた。（　　）
6 厄介なことが持ち上がる。（　　）
7 清涼飲料水を自動販売機で買う。（　　）
8 父は川柳を作るのが趣味だ。（　　）
9 ついに殉職者が出てしまった。（　　）
10 会議の席で折衷案を提案する。（　　）
11 テスト中は静粛に願います。（　　）
12 俊敏な動きに感心する。（　　）

2 次の漢字の**部首**を記せ。

各1点 ／10

例 菜（ 艹 ）　間（ 門 ）

1 竜（　　）
2 曹（　　）
3 肢（　　）
4 丙（　　）
5 磨（　　）
6 徹（　　）
7 弔（　　）
8 矯（　　）
9 恭（　　）
10 缶（　　）

13 **愉快**な話を聞かせてください。（　　）

14 次に**挑戦**するのは君だ。（　　）

15 創業以来の我が社の**変遷**をたどる。（　　）

16 コップに**沸騰**したお湯を注ぐ。（　　）

17 **監督**に厳しい指導を受ける。（　　）

18 りんごを**圧搾**してジュースを作る。（　　）

19 ドアを**施錠**して外出する。（　　）

20 この電池の**寿命**は短かった。（　　）

21 入選作にはこちらを**薦**める。（　　）

22 **飢**えた動物には気をつけろ。（　　）

23 春の**兆**しが見えてきた。（　　）

24 姉が出家して**尼**となった。（　　）

25 **嫌**なことを言わないでくれ。（　　）

26 兄の選ぶ服はいつも**渋**い。（　　）

27 なんとか時間を**稼**いでください。（　　）

28 下痢気味なので医者に**診**てもらう。（　　）

29 風**薫**る季節がやってきた。（　　）

30 **凸凹**の地面を平らにならす。（　　）

---

3 熟語の構成のしかたには次のようなものがある。

各2点　／20

- **ア** 同じような意味の漢字を重ねたもの（岩石）
- **イ** 反対または対応の意味を表す字を重ねたもの（高低）
- **ウ** 上の字が下の字を修飾しているもの（洋画）
- **エ** 下の字が上の字の目的語・補語になっているもの（着席）
- **オ** 上の字が下の字の意味を打ち消しているもの（非常）

次の**熟語**は、右の**ア～オ**のどれにあたるか、**一つ**選び、**記号**で記せ。

1 合掌（　　）

2 宣誓（　　）

3 報酬（　　）

4 貢献（　　）

5 未決（　　）

6 赴任（　　）

7 亜流（　　）

8 多寡（　　）

9 労使（　　）

10 懇請（　　）

解答は220ページ

4 次の**四字熟語**について、〔**問1**〕と〔**問2**〕に答えよ。

〔**問1**〕

下の□内のひらがなを**漢字**にして(**1**~**10**)に入れ、**四字熟語**を完成せよ。□内のひらがなは一度だけ使い、**一字記入**せよ。

ア 暗雲低(1)
イ 朝令(2)改
ウ 疑心暗(3)
エ 無味(4)燥
オ 縦横無(5)
カ 粉(6)砕身
キ 雲散(7)消
ク 抱(8)絶倒

えい　かん　き　こつ　じん　ぱつ　ふく　ぼ　む　めい

各2点　/20

---

5 次の**1**~**5**の**対義語**、**6**~**10**の**類義語**を後の□の中から選び、**漢字**で記せ。□の中の語は一度だけ使うこと。

対義語

1 消耗 ―(　)
2 淡白 ―(　)
3 謙虚 ―(　)
4 傑物 ―(　)
5 簡潔 ―(　)

類義語

6 抜群 ―(　)
7 屋敷 ―(　)
8 道端 ―(　)
9 輸送 ―(　)
10 大胆 ―(　)

各2点　/20

ケ 危機一（9　　）
コ 少壮気（10　　）

〔問2〕次の11～15の**意味**にあてはまるものを〔問1〕のア～コの**四字熟語**から**一つ**選び、記号を記せ。

各2点　/10

11 自らの力の限り努力すること。（　　）
12 内容になんの味わいもおもしろみもないこと。（　　）
13 年が若く元気で意気盛んなこと。（　　）
14 良くないことが起こりそうな状態が続くこと。（　　）
15 自由自在に思う存分振る舞うさま。（　　）

うんぱん・ごうほう・こうまん・じょうまん・たくえつ・ちくせき・ていたく・のうこう・ぼんじん・ろぼう

6 次の——線の**カタカナ**を**漢字**に直せ。

各2点　/20

1 ついに明日は新居の上**トウ**だ。（　　）
2 最新のエンジンを**トウ**載した車。（　　）
3 寒さで湖が**トウ**結している。（　　）

4 公金**カイ**帯の犯人を捜す。（　　）
5 この本はあまりに**カイ**古趣味だ。（　　）

6 賃上げ交渉がようやく**ダ**結した。（　　）
7 昼過ぎまで**ダ**眠をむさぼる。（　　）

8 子供が全速力で校庭を**カ**ける。（　　）
9 お気に入りのコップが**カ**けた。（　　）
10 最後の一人に望みを**カ**ける。（　　）

第3回 予想問題

解答は220ページ

7 次の各文にまちがって使われている**同じ読みの漢字**が**一字**ある。**上に誤字**を、**下に正しい漢字**を記せ。

各2点 /10

1 利害が複雑に衝突しているが、何としても事態の解決を模錯する。（　・　）

2 防犯のために、自発的に警護団を結成し、毎日街を循回している。（　・　）

3 病院の所方せんを持って調剤薬局に行ったが、長く待たされた。（　・　）

4 この本は還境問題を網羅的に取り上げており、格好のテキストだろう。（　・　）

9 次の――線の**カタカナ**を**漢字**に直せ。

各2点 /50

1 **キュウカ**中はのんびりしよう。（　）

2 無差別に**ホウゲキ**を受ける。（　）

3 園芸用**バイヨウ**土を買う。（　）

4 君の**コウセキ**を絶対忘れない。（　）

5 原爆の**サンカ**を語り継ぐ。（　）

6 大学の**メイヨ**教授になる。（　）

7 彼の言い分は**ミャクラク**がない。（　）

8 空港で**ケンエキ**を受ける。（　）

9 合成**ジュシ**には様々な用途がある。（　）

10 **ショム**係に配属される。（　）

11 庭で**ボンサイ**を楽しむ。（　）

12 壊した商品を**ベンショウ**する。（　）

5 重度の片凝りに悩んでいた祖母が、評判のよい整体院に通い始めた。（　・　）

8 次の――線のカタカナを漢字一字と送りがな（ひらがな）に直せ。

各2点 ／10

例 問題にコタエル。（答える）

1 あらゆる手段で責任をノガレル。（　）

2 あまりの寒さでフルエル。（　）

3 ワズラワシイ手続きを省く。（　）

4 経営悪化で会社がカタムク。（　）

5 アザヤカナ美しい風景。（　）

13 コンブはミネラル分が豊富だ。（　）

14 新車の出荷台数をルイケイする。（　）

15 大声で相手をイカクする。（　）

16 感情にウッタえかけるデザイン。（　）

17 ムラサキイロの花が咲いている。（　）

18 そんな言葉にはマドわされないぞ。（　）

19 台風の影響で海上がアれる。（　）

20 カイコのマユから生糸を作る。（　）

21 草花がヨツユにぬれている。（　）

22 新茶をツむ季節になった。（　）

23 あまりの怖さに冷やアセをかく。（　）

24 水たまりに葉っぱがウいている。（　）

25 夏はオウギを携帯している。（　）

解答は220ページ

（　）内は解答の補足です。

1 読み

各1点 計30点

1 しゅぎょく
2 こくじ
3 おんち
4 こうじょ
5 ばくぜん
6 てっぱい
7 がんこ
8 かいゆ
9 きゅうくつ
10 るふ
11 どたんば
12 ついとう
13 ぎそう
14 へいがい
15 いかん
16 しょうじょう
17 けんちょ
18 ほうかつ
19 はけん
20 おういん

3 熟語の構成

各2点 計20点

1	2	3	4	5
オ	エ	ウ	ウ	ウ
6	7	8	9	10
ア	エ	ア	エ	イ

4 四字熟語

各2点 計30点

〔問1〕

1 （一朝一《いっちょういっ》）夕《せき》
2 （夏炉冬《かろとう》）扇《せん》
3 （容姿《ようし》）端《たん》（麗《れい》）
4 妙《みょう》（計奇策《けいきさく》）
5 沈《ちん》（思黙考《しもっこう》）
6 （信賞必《しんしょうひっ》）罰《ばっ》

6 同音・同訓異字

各2点 計20点

1 （心《しん》）証《しょう》
2 （不《ふ》）祥《しょう》（事《じ》）
3 併《へい》（設《せつ》）
4 並《へい》（列《れつ》）
5 隔《かく》（世《せい》）
6 （威《い》）嚇《かく》
7 （首《しゅ》）肯《こう》
8 （均《きん》）衡《こう》
9 焦《こ》（がれる）
10 懲《こ》（りる）

7 誤字訂正

各2点 計10点

誤字 → 正字

1 恵（語）→ 敬《けい》（語《ご》）
2 （波）給 → （波《は》）及《きゅう》
3 想（縦）→ 操《そう》（縦《じゅう》）
4 噴（慨）→ 憤《ふん》（慨《がい》）
5 速（刻）→ 即《そっ》（刻《こく》）

---

1 読み

11 土壇場＝ものごとがせっぱつまった状態。
23 岬＝海や湖で突き出ている陸の先端のこと。

2 部首

4 ふねへん＝艇 船 般
10 ひ＝暫 昇 晶

3 熟語の構成

1 無尽＝「未」「不」「無」「非」が一字目にきたら、意味の打ち消し。
7 被爆＝「被る↑爆撃を」と解釈。
8 閑静＝どちらも「しずか」の意。

4 四字熟語

1 一朝一夕＝一日か二日の短い日時、わずかな時間のこと。
3 容姿端麗＝姿や形が整っていて美しいさま。
5 沈思黙考＝黙って深く考えること。
6 信賞必罰＝賞罰を厳正にすること。
7 外柔内剛＝表面は柔和そうだが意志は強いこと。

21 まどわく
22 しも
23 みさき
24 はだあ(い)
25 ほ(められた)
26 いしずえ
27 まかな(い)
28 みにく(い)
29 い(った)
30 なだれ

2 部首

各1点 計10点

1 大 (だい)
2 尸 (かばね しかばね)
3 辛 (からい)
4 舟 (ふねへん)
5 穴 (あなかんむり)
6 儿 (ひとあし にんにょう)
7 言 (げん)
8 田 (た)
9 衣 (ころも)
10 日 (ひ)

7 (外《がい》)柔《じゅう》(内《ない》剛《ごう》)
8 (付《ふ》和《わ》)雷《らい》(同《どう》)
9 狂《きょう》(喜《き》乱《らん》舞《ぶ》)
10 (多《た》岐《き》)亡《ぼう》(羊《よう》)

〔問2〕

11 ク
12 イ
13 コ
14 ケ
15 エ

5 対義語・類義語

各2点 計20点

1 漆黒《しっこく》
2 栄転《えいてん》
3 凡才《ぼんさい》
4 低俗《ていぞく》
5 乾燥《かんそう》
6 昼寝《ひるね》
7 推量《すいりょう》
8 浴槽《よくそう》
9 互角《ごかく》
10 前途《ぜんと》

8 漢字と送りがな

各2点 計10点

1 訴《うった》える
2 陥《おちい》る
3 戻《もど》す
4 鋭《するど》い
5 危《あや》うい

9 書き取り

各2点 計50点

1 網羅《もうら》
2 暴騰《ぼうとう》
3 旋律《せんりつ》
4 騒々《そうぞう》(しい)
(騒騒)
5 余韻《よいん》
6 渓谷《けいこく》
7 木琴《もっきん》
8 暗譜《あんぷ》
9 喚起《かんき》
10 散漫《さんまん》
11 浄財《じょうざい》
12 摩擦《まさつ》
13 失墜《しっつい》
14 犠牲《ぎせい》
15 座礁《ざしょう》
16 霧《きり》
17 丈《たけ》
18 片隅《かたすみ》
19 迎《むか》(える)
20 支《ささ》(え)
21 翼《つばさ》
22 桃《もも》
23 芋《いも》
24 慎《つつし》(み)
25 叫《さけ》(ぶ)

---

5 対義語・類義語

4 高尚＝程度が高く、知的で上品なようす。

6 同音・同訓異字

5 隔世＝時代がへだたっていること。

7 首肯＝うなずくこと。承知すること。

7 誤字訂正

2 波及＝影響がだんだん広がっていくこと。

4 憤慨＝非常に怒ること。

8 漢字と送りがな

5 危うい＝×危い

9 書き取り

9 喚起＝注意や自覚などをよびおこすこと。

11 浄財＝慈善事業や寺などに寄付するお金。

問題は198ページ

第2回

予想問題 解答と解説

（　）内は解答の補足です。

1 読み

各1点 計30点

1 たいぜん
2 げねつ
3 ほうしゅう
4 かこん
5 きが
6 ちかく
7 ゆうふく
8 られつ
9 そうさく
10 ゆうぜい
11 じぎ
12 ありゅう
13 こうけん
14 かんめい
15 とうかつ
16 ふんさい
17 ちつじょ
18 かもく
19 ぎんじょう
20 せいちょう

3 熟語の構成

各2点 計20点

1	2	3	4	5
ウ	ア	エ	ア	イ
6	**7**	**8**	**9**	**10**
イ	ウ	ウ	エ	オ

4 四字熟語

各2点 計30点

〔問1〕

1 (遺《い》憾《かん》千《せん》)万《ばん》
2 (円《えん》転《てん》滑《かつ》)脱《だつ》
3 (呉《ご》)越《えつ》(同《どう》舟《しゅう》)
4 (栄《えい》)枯《こ》(盛《せい》衰《すい》)
5 (竜《りゅう(りょう)》頭《とう》蛇《だ》)尾《び》
6 隠《いん》(忍《にん》自《じ》重《ちょう》)

6 同音・同訓異字

各2点 計20点

1 (急《きゅう》)逝《せい》
2 (宣《せん》)誓《せい》
3 閑《かん》(散《さん》)
4 寛《かん》(大《だい》)
5 壮《そう》(大《だい》)
6 挿《そう》(入《にゅう》)
7 眺《ちょう》(望《ぼう》)
8 懲《ちょう》(罰《ばつ》)
9 堪《た》(えない)
10 垂《た》(れる)

7 誤字訂正

各2点 計10点

誤字 → 正字

1 被(露) → 披《ひ》(露《ろう》)
2 官(視) → 監《かん》(視《し》)
3 (生)慨 → (生《しょう》)涯《がい》
4 委(存) → 依《い》(存《ぞん(そん)》)
5 溝(読) → 購《こう》(読《どく》)

---

1 読み

18 寡黙＝口数が少ないこと。
28 洞＝がけなどにあいた穴。洞穴。

2 部首

1 ふでづくり＝出題範囲では粛のみ
4 あめかんむり＝霜 雰 零
10 おおいかんむり＝覆 要

3 熟語の構成

9 退廷＝「退出する↑法廷を」と解釈。

4 四字熟語

3 呉越同舟＝仲の悪い者同士がたまたま同じ場所にいること。
4 栄枯盛衰＝栄えたり衰えたりすること。
7 好機到来＝物事をするのによい機会が来たということ。
9 権謀術数＝人をだますための計略。
10 破顔一笑＝顔をほころばせてにっこり笑うこと。

21 かろ(うじて)
22 や(む)
23 すた(れた)
24 いつわ(り)
25 くら
26 せ(り)
27 さ(く)
28 ほら
29 よそお(う)
30 もよ(り)

2 部首

各1点 計10点

1 聿 (ふでづくり)
2 口 (くち)
3 ⻊ (ひき)
4 ⻗ (あめかんむり)
5 力 (ちから)
6 巾 (はば)
7 辰 (しんのたつ)
8 寸 (すん)
9 方 (ほうへん　かたへん)
10 覀 (おおいかんむり)

7 (好機《こうき》)到《とう》(来《らい》)
8 (一網《いちもう》打《だ》)尽《じん》
9 (権謀《けんぼう》)術《じゅつ》(数《すう》)
10 (破顔《はがん》一《いっ》)笑《しょう》

〈問2〉
11 カ
12 ク
13 イ
14 ア
15 オ

5 対義語・類義語

各2点 計20点

1 沈降《ちんこう》
2 忘却《ぼうきゃく》
3 詳細《しょうさい》
4 固辞《こじ》
5 陳腐《ちんぷ》

6 仲裁《ちゅうさい》
7 紛糾《ふんきゅう》
8 抄録《しょうろく》
9 提案《ていあん》
10 携帯《けいたい》

8 漢字と送りがな

各2点 計10点

1 珍《めずら》しい
2 輝《かがや》かしい
3 慌《あわ》ただしい

4 汚《きたな》い
5 驚《おどろ》く

9 書き取り

各2点 計50点

1 拝謁《はいえつ》
2 不朽《ふきゅう》
3 若干《じゃっかん》
4 約款《やっかん》
5 麻薬《まやく》
6 過剰《かじょう》
7 海浜《かいひん》
8 珠算《しゅざん》
9 酷似《こくじ》
10 禅宗《ぜんしゅう》
11 盲従《もうじゅう》
12 抹茶《まっちゃ》
13 殉死《じゅんし》

14 封筒《ふうとう》
15 銃声《じゅうせい》
16 偉《えら》(い)
17 淡《あわ》(い)
18 寝坊《ねぼう》
19 軒先《のきさき》
20 峠《とうげ》
21 互《たが》(い)
22 蛍《ほたる》
23 曇《くも》(った)
24 扱《あつか》(い)
25 為替《かわせ》

---

5 対義語・類義語

4 快諾＝頼みごとや申し入れを快く承知すること。

6 同音・同訓異字

8 懲罰＝不正な行為などをした人をこらしめて罰すること。

8 漢字と送りがな

3 慌ただしい＝×慌だしい

9 書き取り

4 約款＝多数の契約を処理するために、あらかじめ定められた契約条項。

20 峠＝山道をのぼりつめた、上り下りの境目。

問題は204ページ

第3回 予想問題 解答と解説

（　）内は解答の補足です。

1 読み

各1点 計30点

1 かつあい
2 きゅうだん
3 すうはい
4 ふしょう
5 さいじょう
6 やっかい
7 せいりょう
8 せんりゅう
9 じゅんしょく
10 せっちゅう
11 せいしゅく
12 しゅんびん
13 ゆかい
14 ちょうせん
15 へんせん
16 ふっとう
17 かんとく
18 あっさく
19 せじょう
20 じゅみょう

3 熟語の構成

各2点 計20点

1	2	3	4	5
エ	エ	ア	ア	オ
6	**7**	**8**	**9**	**10**
エ	ウ	イ	イ	ウ

4 四字熟語

各2点 計30点

〔問1〕

1 （暗雲低《あんうんてい》）迷《めい》
2 （朝令《ちょうれい》）暮《ぼ》（改《かい》）
3 （疑心暗《ぎしんあん》）鬼《き》
4 （無味《むみ》）乾《かん》（燥《そう》）
5 （縦横無《じゅうおうむ》）尽《じん》
6 （粉《ふん》）骨《こっ》（砕身《さいしん》）

6 同音・同訓異字

各2点 計20点

1 （上《じょう》）棟《とう》
2 搭《とう》（載《さい》）
3 凍《とう》（結《けっ》）
4 拐《かい》（帯《たい》）
5 懐《かい》（古《こ》）
6 妥《だ》（結《けっ》）
7 惰《だ》（眠《みん》）
8 駆《か》（ける）
9 欠《か》（けた）
10 懸《か》（ける）

7 誤字訂正

各2点 計10点

誤字　正字

1 （模）錯↓（模《も》）索《さく》
2 循（回）↓巡《じゅん》（回《かい》）
3 所（方）↓処《しょ》（方《ほう》）
4 還（境）↓環《かん》（境《きょう》）
5 片（凝り）↓肩《かた》（凝《こ》り）

---

1 読み

18 圧搾＝圧力を加えてしぼること。圧力を加えて密度を高めること。

19 施錠＝かぎをしめること。

3 熟語の構成

1 合掌＝「合わせる↑手のひらを」と解釈。

4 貢献＝どちらも「ささげる」の意。

5 未決＝「まだ決まっていない」と解釈。

7 亜流＝亜に二番目という意味があることから「二番目の↓系統（流派）」と解釈。

9 労使＝「労働者↕使用者」と解釈。

4 四字熟語

2 朝令暮改＝命令がたびたび変わり、あてにならないこと。

3 疑心暗鬼＝何事も不安に思い、信じられなくなること。

7 雲散霧消＝跡形もなく消えうせるさま。

8 抱腹絶倒＝腹を抱えて転げ回るほど大笑いすること。

9 危機一髪＝非常に危ないせとぎわのこと。

21 すす(める)
22 う(えた)
23 きざ(し)
24 あま
25 いや(な)
26 しぶ(い)
27 かせ(いで)
28 み(て)
29 かお(る)
30 でこぼこ

2 部首

各1点 計10点

1 竜 (りゅう)
2 日 (ひらび いわく)
3 月 (にくづき)
4 一 (いち)
5 石 (いし)
6 彳 (ぎょうにんべん)
7 弓 (ゆみ)
8 矢 (やへん)
9 ⺗ (したごころ)
10 缶 (ほとぎ)

7 (雲散《うんさん》)霧《む》(消《しょう》)
8 (抱《ほう》)腹《ふく》(絶倒《ぜっとう》)
9 (危機一《ききいっ》)髪《ぱつ》
10 (少壮気《しょうそうき》)鋭《えい》

〔問2〕
11 カ
12 エ
13 コ
14 ア
15 オ

5 対義語・類義語

各2点 計20点

1 蓄積《ちくせき》
2 濃厚《のうこう》
3 高慢《こうまん》
4 凡人《ぼんじん》
5 冗漫《じょうまん》
6 卓越《たくえつ》
7 邸宅《ていたく》
8 路傍《ろぼう》
9 運搬《うんぱん》
10 豪放《ごうほう》

8 漢字と送りがな

各2点 計10点

1 逃《のが》れる
2 震《ふる》える
3 煩《わずら》わしい
4 傾《かたむ》く
5 鮮《あざ》やかな

9 書き取り

各2点 計50点

1 休暇《きゅうか》
2 砲撃《ほうげき》
3 培養《ばいよう》
4 功績《こうせき》
5 惨禍《さんか》
6 名誉《めいよ》
7 脈絡《みゃくらく》
8 検疫《けんえき》
9 樹脂《じゅし》
10 庶務《しょむ》
11 盆栽《ぼんさい》
12 弁償《べんしょう》
13 昆布《こんぶ》
14 累計《るいけい》
15 威嚇《いかく》
16 訴《うった》(え)
17 紫色《むらさきいろ》
18 惑《まど》(わされ)
19 荒《あ》(れる)
20 繭《まゆ》
21 夜露《よつゆ》
22 摘《つ》(む)
23 汗《あせ》
24 浮《う》(いて)
25 扇《おうぎ》

---

5 対義語・類義語
6 抜群＝多くの中で、特にすぐれていること。

6 同音・同訓異字
4 拐帯＝他人から預かった金銭などを持ち逃げすること。

7 誤字訂正
3 処方せん＝医者から患者・薬剤師などにあたえる調剤の指定書。

8 漢字と送りがな
5 鮮やかな＝✕鮮かな

9 書き取り
8 検疫＝感染症などを防ぐため、港や空港で人や貨物などを検査し、必要に応じて隔離・消毒などの措置を行うこと。
14 累計＝部分ごとの小計を加えていき、合計を出すこと。

問題は 210 ページ

2級 チャレンジテスト

制限時間 60分

合格点 160点

得点 ／200

1 次の――線の漢字の読みをひらがなで記せ。

各1点 ／30

1 **市井**の声に耳を傾ける。（　　）
2 経歴の**詐称**だと指弾される。（　　）
3 それは**冥加**に尽きる行いだ。（　　）
4 出生数は年ごとに**逓減**している。（　　）
5 **象牙**でできた美しい印鑑。（　　）
6 授業中は私語をやめ**静粛**にする。（　　）
7 医療器具を**煮沸**消毒する。（　　）
8 **拉致**事件を解決する。（　　）
9 彼の意見は**中庸**を得ていた。（　　）
10 隠匿物資を**押収**する。（　　）
11 お盆に先祖の**回向**をした。（　　）
12 彼は航空宇宙工学の**泰斗**だ。（　　）

2 次の漢字の**部首**を記せ。

例 菜（艹）　間（門）

各1点 ／10

1 凸（　　）
2 乏（　　）
3 殴（　　）
4 琴（　　）
5 殉（　　）
6 栃（　　）
7 充（　　）
8 吏（　　）
9 奔（　　）
10 諧（　　）

13 手紙に切手を**貼付**する。（　　）
14 条約の**批准**も国会の仕事である。（　　）
15 古文書を**渉猟**する。（　　）
16 **汗顔**の至りだと謝罪した。（　　）
17 **剛直**な人だが温和な面もある。（　　）
18 学問の**深奥**を究める。（　　）
19 **岐阜**県で生まれ育った。（　　）
20 一般に**流布**していることだ。（　　）
21 **尻込**みせずに挑戦する。（　　）
22 日々の**糧**にも困ることになる。（　　）
23 急な友人の死を**悼**む。（　　）
24 細かな手続きが**煩**わしい。（　　）
25 総攻撃で城を**陥**れた。（　　）
26 それは気に**障**る一言だ。（　　）
27 王は人民を**虐**げる政治を続けた。（　　）
28 **甚**だ不愉快な出来事だ。（　　）
29 育児には**慈**しみの心が必要だ。（　　）
30 **野良**犬に追いかけられた。（　　）

3 **熟語の構成**のしかたには次のようなものがある。

各２点　／20

ア 同じような意味の漢字を重ねたもの　（岩石）
イ 反対または対応の意味を表す字を重ねたもの　（高低）
ウ 上の字が下の字を修飾しているもの　（洋画）
エ 下の字が上の字の目的語・補語になっているもの　（着席）
オ 上の字が下の字の意味を打ち消しているもの　（非常）

次の**熟語**は、右の**ア～オ**のどれにあたるか、**一つ**選び、**記号**で記せ。

1 佳境（　　）
2 遷宮（　　）
3 渋滞（　　）
4 哺乳（　　）
5 涼風（　　）
6 繁閑（　　）
7 彙報（　　）
8 崇仏（　　）
9 無窮（　　）
10 禍福（　　）

解答は 228 ページ

4 次の**四字熟語**について、〔問1〕と〔問2〕に答えよ。

〔**問1**〕

次の**四字熟語**の（1～10）に入る適切な語を下の□の中から選び、**漢字二字**で記せ。

各2点 ／20

ア 雲水（1）

イ 周知（2）

ウ 意思（3）

エ 会者（4）

オ 一日（5）

カ（6）雨読

キ（7）恋雲

ク（8）一遇

あんぎゃ
しょう
じょうり
せいこう
せんざい
せんしゅう
そくてん
そつう
てってい
ろうちょう

5 次の1～5の**対義語**、6～10の**類義語**を後の□の中から選び、**漢字**で記せ。□の中の語は一度だけ使うこと。

各2点 ／20

対義語

1 慶賀 ―（　）

2 寛容 ―（　）

3 卑俗 ―（　）

4 獲得 ―（　）

5 進出 ―（　）

類義語

6 才女 ―（　）

7 運用 ―（　）

8 省略 ―（　）

9 過去 ―（　）

10 鍛錬 ―（　）

ケ（9）去私

コ（10）末節

〔問2〕

次の11〜15の**意味**にあてはまるものを〔問1〕のア〜コの**四字熟語**から**一つ**選び、記号を記せ。

各2点 /10

11 悠々自適の田園生活をすること。（　）

12 非常に待ち遠しいことのたとえ。（　）

13 きわめてまれなよい機会のこと。（　）

14 取るに足りない細かい事柄。（　）

15 あえば必ず別れる運命であること。（　）

あいとう・おうじ・かつあい・こうしょう・さいえん・そうさ・そうしつ・てったい・とうや・へんきょう

6 次の――線の**カタカナ**を**漢字**に直せ。

各2点 /20

1 歯並びを**キョウセイ**する。（　）

2 **キョウセイ**労働をさせられた。（　）

3 **ケイコク**の川の水はきれいだ。（　）

4 大雪で登山中止の**ケイコク**を出す。（　）

5 原油価格が**コウトウ**する。（　）

6 **コウトウ**炎で声がかれる。（　）

7 信号で**イッタン**立ち止まる。（　）

8 事件の**イッタン**を知った。（　）

9 壁面に**コ**った装飾を施す。（　）

10 **コ**らしめのために掃除を命じる。（　）

7 次の各文にまちがって使われている**同じ読みの漢字**が**一字**ある。**上に誤字**を、**下に正しい漢字**を記せ。

各2点 /10

1 昨日の晩に関越地方を走る高速道路のトンネル内で起きた衝突事故は見るに耐えない惨状となった。（　・　）

2 畿内に散在する原始・古代の遺跡からは、土偶のような念土で造った像が多数見つかっている。（　・　）

3 業績が上り調子で社長は気嫌がよいが、現場を担当する部下の苦労は大変なものだ。（　・　）

4 厳しい選挙戦に勝利するためには普段から用意周討な準備を怠らないことが肝要だ。（　・　）

---

9 次の――線の**カタカナ**を**漢字**に直せ。

各2点 /50

1 **ナンキン**状態で原稿を執筆させる。（　）

2 大きな声で**アイサツ**する。（　）

3 父**キトク**の知らせにすぐ帰国した。（　）

4 敵の弱点について**シサ**を与えた。（　）

5 **ミツゲツ**旅行で船に乗る。（　）

6 **レイゲン**あらたかというが本当か。（　）

7 工場で**センバン**を使い鉄を削る。（　）

8 民主主義が**ケイガイカ**する。（　）

9 詩の言葉の調子を**インリツ**という。（　）

10 事の大きさに**リツゼン**とする。（　）

11 彼と**ソウヘキ**をなす選手だ。（　）

12 試合は**ソウゼツ**な戦いとなった。（　）

5 あの教授の講義は、興味深い内容を混切丁寧に理解しやすく説明するので学生に人気がある。（　・　）

8 次の――線の**カタカナ**を**漢字一字と送りがな（ひらがな）**に直せ。

各2点 ／10

例 問題に**コタエル**。（答える）

1 名曲の放送を聞き**ソコネル**。（　）

2 玄関先で傘を**タタム**。（　）

3 長い訓辞で生徒の姿勢が**クズレル**。（　）

4 年を取ると視力が**オトロエル**。（　）

5 甲子園出場に**アコガレル**。（　）

13 **ハッコウ**食品を好んで食べる。（　）

14 熱が出てリンパ**セン**が痛む。（　）

15 **ウルシ**塗りのおわん。（　）

16 口角**アワ**を飛ばす勢いの演説だ。（　）

17 雪洞で**ウ**えと寒さに苦しむ。（　）

18 秀麗の富士を**ナガ**める。（　）

19 勢いの**オモム**くところ敵なし。（　）

20 巨大な雪像に目を**ウバ**われる。（　）

21 ピアニストが名曲を**カナ**でる。（　）

22 刑に服して罪を**ツグナ**う。（　）

23 引っ越しは何かと**アワ**ただしい。（　）

24 **ユウヤミ**が迫る空を見上げる。（　）

25 釣れたのは**ザコ**ばかりだ。（　）

解答は228ページ

2級 チャレンジテスト 解答と解説

（ ）内は解答の補足です。

1 読み

各1点 計30点

1 しせい
2 さしょう
3 みょうが
4 ていげん
5 ぞうげ
6 せいしゅく
7 しゃふつ
8 らち
9 ちゅうよう
10 おうしゅう
11 えこう
12 たいと
13 ちょうふ／てんぷ
14 ひじゅん
15 しょうりょう
16 かんがん
17 ごうちょく
18 しんおう
19 ぎふ
20 るふ

3 熟語の構成

各2点 計20点

1	2	3	4	5
ウ	エ	ア	エ	ウ
6	**7**	**8**	**9**	**10**
イ	ウ	エ	オ	イ

4 四字熟語

各2点 計30点

〔問1〕

1 (雲水《うんすい》)行脚《あんぎゃ》
2 (周知《しゅうち》)徹底《てってい》
3 (意思《いし》)疎通《そつう》
4 (会者《えしゃ》)定離《じょうり》
5 (一日《いちじつ》)千秋《せんしゅう》
6 晴耕《せいこう》(雨読《うどく》)

6 同音・同訓異字

各2点 計20点

1 矯正《きょうせい》
2 強制《きょうせい》
3 渓谷《けいこく》
4 警告《けいこく》
5 高騰《こうとう》
6 喉頭《こうとう》

7 一旦《いったん》
8 一端《いったん》
9 凝《こ》(った)
10 懲《こ》(らしめ)

7 誤字訂正

各2点 計10点

誤字 → 正字

1 耐(え) → 堪《た》(え)
2 念(土) → 粘《ねん》(土《ど》)
3 気(嫌) → 機《き》(嫌《げん》)
4 (周)討 → (周《しゅう》)到《とう》
5 混(切) → 懇《こん》(切《せつ》)

---

1 読み

3 冥加＝知らず知らずのうちに授かっている神仏の加護。思いがけない幸せ。

11 回向＝仏事を営んで死者の成仏を祈ること。

12 泰斗＝泰山北斗の略。その道での第一人者。

13 貼付＝はりつけること。「てんぷ」は慣用読み。

18 深奥＝奥深いところ。

3 熟語の構成

2 遷宮＝「うつす↑神霊を」と解釈。

4 哺乳＝「飲む↑乳を」と解釈。

5 涼風＝「涼しい↓風」と解釈。

7 彙報＝「分類してまとめた↓報告」と解釈。

4 四字熟語

3 意思疎通＝両者の意見や考え方が通じ合うこと。

7 籠鳥恋雲＝捕らわれたものが自由を望むことのたとえ。

9 則天去私＝私心を捨てて生きること。

21 しりご(み)
22 かて
23 いた(む)
24 わずら(わしい)
25 おとしい(れた)
26 さわ(る)
27 しいた(げる)
28 はなは(だ)
29 いつく(しみ)
30 のら

2 部首
各1点 計10点

1 凵(うけばこ)
2 ノ(の　はらいぼう)
3 殳(るまた　ほこづくり)
4 王(おう)
5 歹(かばねへん　いちたへん　がつへん)
6 木(きへん)
7 儿(ひとあし　にんにょう)
8 口(くち)
9 大(だい)
10 言(ごんべん)

7 籠鳥《ろうちょう》(恋雲《れんうん》)
8 千載《せんざい》(一遇《いちぐう》)
9 則天《そくてん》(去私《きょし》)
10 枝葉《しよう》(末節《まっせつ》)

〔問2〕
11 カ
12 オ
13 ク
14 コ
15 エ

5 対義語・類義語
各2点 計20点

1 哀悼《あいとう》
2 偏狭《へんきょう》
3 高尚《こうしょう》
4 喪失《そうしつ》
5 撤退《てったい》
6 才媛《さいえん》
7 操作《そうさ》
8 割愛《かつあい》
9 往時《おうじ》
10 陶冶《とうや》

8 漢字と送りがな
各2点 計10点

1 損《そこ》ねる
2 畳《たた》む
3 崩《くず》れる
4 衰《おとろ》える
5 憧《あこが》れる

9 書き取り
各2点 計50点

1 軟禁《なんきん》
2 挨拶《あいさつ》
3 危篤《きとく》
4 示唆《しさ》
5 蜜月《みつげつ》
6 霊験《れいげん》
7 旋盤《せんばん》
8 形骸化《けいがいか》
9 韻律《いんりつ》
10 慄然《りつぜん》
11 双璧《そうへき》
12 壮絶《そうぜつ》
13 発酵《はっこう》
14 腺《せん》
15 漆《うるし》
16 泡《あわ》
17 飢《う》(え)
18 眺《なが》(める)
19 赴《おもむ》(く)
20 奪《うば》(われる)
21 奏《かな》(でる)
22 償《つぐな》(う)
23 慌《あわ》(ただしい)
24 夕闇《ゆうやみ》
25 雑魚《ざこ》

5 対義語・類義語

1 哀悼＝人の死をかなしみいたむこと。
7 運用＝そのものの持つ機能を生かして用いること。
9 往時＝過ぎ去った時。
10 陶冶＝人の持って生まれた性質や能力を円満に育て上げること。

6 同音・同訓異字

6 喉頭＝呼吸器の一部。気管の上部、咽頭《いんとう》の下部にある。

9 書き取り

1 軟禁＝ある場所へ閉じ込め、一定の自由は許すが外出や外部との連絡をさせないこと。
3 危篤＝病気が重くて死にそうなこと。
5 蜜月＝結婚したばかりの頃。
6 霊験＝神仏の力の現れやしるし。
7 旋盤＝回転させた材料に刃物をあてて、削ったりする機械。
10 慄然＝ぞっとすること。

問題は 222 ページ

メモ

メモ

でる順×分野別

漢検問題集 五訂版 別冊

でる順用例付き
配当漢字表

準2級

◎準2級配当漢字表

◎おもな特別な読み、熟字訓・当て字

◎高校で習う読み（3級以下の配当漢字）

◎部首一覧

旺文社

準2級　配当漢字表

特に覚えておいた方がよい内容を資料としてまとめました。ねらわれやすい問題と過去のデータからでる順上位の漢字・熟語にはがついています。しっかり覚えましょう。

【配当漢字表の見方】

❶ エ

❷

❸ 疫

❹ エキ　ヤク

❺ 疒　やまいだれ

❻ 流行病・悪性の感染症

❼ 書き取り　熟語構成　検疫《けんえき》（検査する←疫病を）

漢字識別　免疫《めんえき》・疫病《えきびょう》

読み　防疫《ぼうえき》・悪疫《あくえき》

❶五十音見出し

❷……過去の出題データから、でる順上位の漢字にを付けました。

❸漢字……準2級の配当漢字328字を並べました。

❹読み……音読みはカタカナ、訓読みはひらがな、送り仮名は細字で示しています。

❺部首……「漢検」で採用している部首・部首名です。部首が問われる問題としてよくでる漢字には、部首の下にが付いています。

❻意味……漢字の基本的な意味を示しています。

❼用例……出題されやすいと思われる問題形式とその用例をまとめました。特にねらわれやすいものにはが付いています。

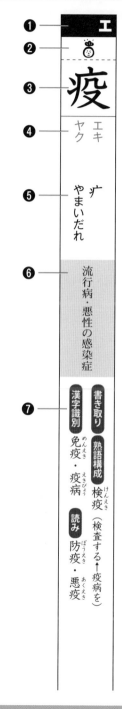

ア	亜	ア	二 に	次ぐ・二番目・準じる・「亜細亜《アジア》」の略	読み 亜流《ありゅう》 漢字識別 亜鉛《あえん》・白亜紀《はくあき》
イ	尉	イ	寸 すん	軍人の階級の一つ	尉官《いかん》・大尉《たいい》
	逸	イツ	辶 しんにょう しんにゅう	失う・世に知られない・すぐれている・逃がす	漢字識別 散逸《さんいつ》・逸脱《いつだつ》 対義語 逸材《いつざい》―凡才 読み 安逸《あんいつ》・秀逸《しゅういつ》 熟語構成 逸話《いつわ》（世に知られていない↓話）
	姻	イン	女 おんなへん	結婚する・結婚によって親類になる	読み 書き取り 婚姻《こんいん》 同音同訓 婚姻届《こんいんとどけ》
	韻	イン	音 おと	音の出たのちまで聞こえるひびき・詩や歌	漢字識別 同音同訓 韻律《いんりつ》・韻文《いんぶん》・余韻《よいん》
ウ	畝	うね	田 た	耕地の面積の単位・うね	読み 書き取り 畝《うね》
	浦	うら	氵 さんずい	海や湖が入り江になったところ・うら	読み 書き取り 浦《うら》・浦風《うらかぜ》・浦伝《うらづた》い
エ	疫	エキ ヤク	疒 やまいだれ	流行病・悪性の感染症	書き取り 熟語構成 検疫《けんえき》（検査する↑疫病を） 漢字識別 免疫《めんえき》・疫病《えきびょう》 読み 防疫《ぼうえき》・悪疫《あくえき》

	漢字	読み	部首	部首名	意味	出題
	謁	エツ	言	ごんべん	身分の高い人に会う	読み 書き取り 拝謁《はいえつ》・謁見《えっけん》
	猿	エン さる	犭	けものへん	さる	漢字識別 猿人《えんじん》・猿芝居《さるしばい》 読み 犬猿《けんえん》・猿知恵《さるぢえ》
オ	凹	オウ	凵	うけばこ	へこみ・くぼみ	読み 凹凸《おうとつ》・凹版《おうはん》・凸凹《でこぼこ》
	翁	オウ	羽	はね	男の老人・男の老人の敬称	読み 同音同訓 老翁《ろうおう》
	虞	おそれ	虍	とらがしら とらかんむり	おそれ・心配	読み 虞《おそれ》
カ	渦	カ うず	氵	さんずい	うず・うずまき・うずまき状のもの	読み 渦潮《うずしお》・渦巻《うずま》く
	禍	カ	礻	しめすへん	悪いできごと・ふしあわせ・わざわいする	熟語構成 禍福《かふく》（わざわい↔さいわい） 四字熟語 禍福得喪《かふくとくそう》 漢字識別 禍根《かこん》・災禍《さいか》・戦禍《せんか》 読み 書き取り 惨禍《さんか》
	靴	カ くつ	革	かわへん	くつ・革で作ったはきもの	読み 革靴《かわぐつ》・靴擦《くつず》れ

カ

漢字	読み	部首	意味	出題例
寡	カ	宀 うかんむり	少ない・夫や妻をなくした人	読み 熟語構成 寡少《かしょう》・寡聞《かぶん》・寡黙《かもく》・寡占《かせん》・多寡《たか》（多い↔すくない）・衆寡《しゅうか》（多数↔少数）
稼	カ かせぐ	禾 のぎへん	生計をたてるためにはたらく・かせぐ	読み 送りがな 稼《かせ》ぐ・稼《かせ》いだ
蚊	か	虫 むしへん	昆虫の「カ」	読み 蚊柱《かばしら》 同音同訓 蚊《か》
拐	カイ	扌 てへん	だましとる・だまして連れ出す	読み 同音同訓 誘拐《ゆうかい》・拐帯《かいたい》
懐	カイ ふところ なつかしい なつかしむ なつく なつける	忄 りっしんべん	思う・なつかしむ・ふところ	熟語構成 述懐《じゅっかい》（述べる←思いを）・懐疑《かいぎ》（いだく←疑いを） 漢字識別 対義語 懐柔《かいじゅう》―威圧 読み 懐石《かいせき》・懐古《かいこ》
劾	ガイ	力 ちから	罪をとり調べる・罪を告発する	読み 同音同訓 熟語構成 弾劾《だんがい》（どちらも「罪をただす」）
涯	ガイ	氵 さんずい	水ぎわ・きし・かぎり・はて	読み 書き取り 生涯《しょうがい》 漢字識別 同音同訓 境涯《きょうがい》・天涯《てんがい》
垣	かき	土 つちへん	しきるための囲い・かきね	読み 人垣《ひとがき》・垣根《かきね》

核	カク	木 きへん	重要点・中心・「核兵器」の略	漢字識別 結核《けっかく》・核分裂《かくぶんれつ》・地核《ちかく》 読み 同音同訓 核心《かくしん》・中核《ちゅうかく》
殻	カク から	殳 るまた ほこづくり	から・外皮・物の表面のかたいおおい	漢字識別 貝殻《かいがら》 読み 殻《から》・地殻《ちかく》・甲殻《こうかく》・甲殻類《こうかくるい》 熟語構成 卵殻《らんかく》（卵の→殻）
嚇	カク	口 くちへん	いかる・しかる・おどす	読み 類義語 熟語構成 威嚇《いかく》（どちらも「おどす」）—脅迫
括	カツ	扌 てへん	くくる・まとめる・しめくくる	読み 概括《がいかつ》・包括《ほうかつ》 漢字識別 括弧《かっこ》・統括《とうかつ》・総括《そうかつ》 同音同訓 対義語 一括《いっかつ》—分割
喝	カツ	口 くちへん	どなる・おどす・しかる	読み 喝破《かっぱ》 同音同訓 漢字識別 一喝《いっかつ》・恐喝《きょうかつ》 四字熟語 大喝一声《だいかついっせい》
渇	カツ かわく	氵 さんずい	水がなくなる・のどがかわく・熱望する	読み 同音同訓 書き取り 渇《かわ》いた
褐	カツ	衤 ころもへん	こげ茶色・あらい布の衣服・ぬのこ	書き取り 読み 同音同訓 褐色《かっしょく》
轄	カツ	車 くるまへん	とりしまる・くさび・とりまとめる	読み 統轄《とうかつ》・管轄《かんかつ》 熟語構成 直轄《ちょっかつ》（直接→管理する） 同音同訓 漢字識別 所轄《しょかつ》

且

かつ

一 いち

その上に・一方で

読み 同音同訓
且《か》つ

缶

カン

缶 ほとぎ

ブリキなどで作った入れもの

熟語構成
製缶《せいかん》（作る↑缶を）

書き取り
缶詰《かんづめ》

陥

カン
おちいる
おとしいれる

阝 こざとへん

おちいる・おとしいれる・不足する・欠ける

送りがな
陥《おち》る

読み 漢字識別 同音同訓 書き取り
陥没《かんぼつ》・陥落《かんらく》・欠陥《けっかん》

患

カン
わずらう

心 こころ

わずらう・わざわい・うれえる

読み 同音同訓
患部《かんぶ》・疾患《しっかん》

漢字識別
急患《きゅうかん》・患者《かんじゃ》

堪

カン
たえる

土 つちへん

たえる・がまんする・すぐれる

読み
堪《た》える・堪《た》えない

棺

カン

木 きへん

死者をおさめる箱・ひつぎ

熟語構成
納棺《のうかん》（おさめる↑ひつぎに）

読み 書き取り
出棺《しゅっかん》

款

カン

欠 あくび かける

まごころから親しむ・証書などの箇条がき

読み
約款《やっかん》・定款《ていかん》

同音同訓 漢字識別
借款《しゃっかん》・落款《らっかん》

閑

カン

門 もんがまえ

しずか・ひま・なおざりにする

熟語構成
繁閑《はんかん》（多忙↔ひま）

読み
閑散《かんさん》・閑職《かんしょく》・閑却《かんきゃく》

漢字識別
安閑《あんかん》・閑古鳥《かんこどり》

四字熟語
閑話休題《かんわきゅうだい》

漢字	読み	部首	意味	出題例
寛	カン	宀 うかんむり	心がひろくゆとりがある	熟語構成 寛厳《かんげん》（寛大↔厳格） 読み 同音同訓 寛大《かんだい》・寛容《かんよう》
憾	カン	忄 りっしんべん	心残りに思う・うらむ	読み 類義語 同音同訓 遺憾《いかん》―残念 四字熟語 遺憾千万《いかんせんばん》
還	カン	辶 しんにょう しんにゅう	もとへもどる・かえる・めぐりもどる	熟語構成 往還《おうかん》（行き↔帰り） 読み 奪還《だっかん》・召還《しょうかん》・還付《かんぷ》・帰還《きかん》 同音同訓 還暦《かんれき》・還元《かんげん》
艦	カン	舟 ふねへん	戦闘に用いる船	読み 艦艇《かんてい》・艦長《かんちょう》 書き取り 艦隊《かんたい》
頑	ガン	頁 おおがい	かたくな・ゆうずうがきかない・じょうぶ	読み 頑健《がんけん》・頑強《がんきょう》・頑丈《がんじょう》・頑張《がんば》る 漢字識別 頑迷《がんめい》 四字熟語 頑固一徹《がんこいってつ》
キ				
飢	キ うえる	飠 しょくへん	食物がなく腹がへる・作物が実らない	読み 同音同訓 送りがな 飢《う》え 熟語構成 飢餓《きが》（どちらも「うえる」）
宜	ギ	宀 うかんむり	よろしい・都合がよい・当然である	同音同訓 漢字識別 時宜《じぎ》・便宜《べんぎ》 読み 適宜《てきぎ》
偽	ギ いつわる にせ	亻 にんべん	いつわる・にせもの・うそ	漢字識別 虚偽《きょぎ》・偽善《ぎぜん》・偽称《ぎしょう》 読み 偽《いつわ》り・偽証《ぎしょう》・偽装《ぎそう》 熟語構成 真偽《しんぎ》（まこと↔偽り）

漢字	読み	部首	意味	出題
擬	ギ	扌 てへん	まねる・にせる・おしはかる・まがい・もどき	漢字識別 読み 同音同訓 模擬《もぎ》・擬態《ぎたい》・擬音《ぎおん》・擬人法《ぎじんほう》 熟語構成 擬似《ぎじ》（どちらも「にせる」）
糾	キュウ	糸 いとへん	合わせる・もつれる・ただす	読み 同音同訓 糾明《きゅうめい》・糾弾《きゅうだん》 類義語 紛糾《ふんきゅう》―混乱
窮	キュウ きわめる きわまる	穴 あなかんむり	きわめる・ゆきづまる	漢字識別 窮屈《きゅうくつ》・困窮《こんきゅう》・窮乏《きゅうぼう》 読み 窮迫《きゅうはく》・窮《きゅう》する 熟語構成 類義語 無窮《むきゅう》（限りがない）―永遠
拒	キョ こばむ	扌 てへん	ふせぐ・よせつけない・ことわる	読み 拒絶《きょぜつ》・拒否《きょひ》・拒《こば》む
享	キョウ	亠 なべぶた けいさんかんむり	身にうける・もてなす・ささげる	読み 享楽《きょうらく》・享年《きょうねん》・享有《きょうゆう》 書き取り 熟語構成 享受《きょうじゅ》（どちらも「うけとる」）
挟	キョウ はさむ はさまる	扌 てへん	はさむ・さしはさむ	読み 挟《はさ》む・挟《はさ》まった 送りがな 挟《はさ》んで
恭	キョウ うやうやしい	㣺 したごころ	かしこまる・つつしんでていねいなさま	同音同訓 読み 対義語 恭順《きょうじゅん》―反抗 熟語構成 恭賀《きょうが》（うやうやしく↓祝う）
矯	キョウ ためる	矢 やへん	まっすぐになおす・いつわる・つよい	同音同訓 読み 矯正《きょうせい》・奇矯《ききょう》

漢字	読み	部首	意味	出題例
暁	ギョウ あかつき	日 ひへん	夜あけ・物事にあかるい・さとる	読み 書き取り 暁《あかつき》
菌	キン	艹 くさかんむり	キノコやカビの類・ばいきん	読み 滅菌《めっきん》・細菌《さいきん》・雑菌《ざっきん》 熟語構成 抗菌《こうきん》（防ぐ←菌を） 書き取り 殺菌《さっきん》
琴	キン こと	王 おう	弦楽器の「こと」	読み 琴《こと》・木琴《もっきん》 同音同訓 琴線《きんせん》
謹	キン つつしむ	言 ごんべん	かしこまる・うやまってていねいにする	読み 謹《つつし》んで・謹呈《きんてい》・謹厳《きんげん》 熟語構成 謹慎《きんしん》（どちらも「つつしむ」）
襟	キン えり	衤 ころもへん	衣服のえり・むね・こころの中	読み 漢字識別 襟元《えりもと》・襟足《えりあし》・襟首《えりくび》・襟章《えりしょう》
吟	ギン	口 くちへん	うめく・うたう・詩歌をつくる・深く味わう	漢字識別 苦吟《くぎん》・吟醸《ぎんじょう》 読み 吟味《ぎんみ》・吟詠《ぎんえい》 熟語構成 独吟《どくぎん》（独りで↓うたう） 書き取り 詩吟《しぎん》

ク

漢字	読み	部首	意味	出題例
隅	グウ すみ	阝 こざとへん	かど・すみ	読み 隅々《すみずみ》 書き取り 片隅《かたすみ》
勲	クン	力 ちから	国家のためにつくした功績	読み 殊勲《しゅくん》・勲章《くんしょう》・勲功《くんこう》 類義語 殊勲《しゅくん》―功名・手柄 熟語構成 叙勲《じょくん》（さずける↑勲章を）

漢字	読み	部首	意味	出題例
薫	クン / かおる	艹 くさかんむり	かおる・よいにおい・人を感化する	読み 薫《かお》り・薫《かお》る
茎	ケイ / くき	艹 くさかんむり	草のくき・はしら	読み 茎《くき》・歯茎《はぐき》 書き取り 地下茎《ちかけい》
渓	ケイ	氵 さんずい	谷・谷間を流れる川	読み 渓流《けいりゅう》・渓谷《けいこく》 同音同訓 雪渓《せっけい》
蛍	ケイ / ほたる	虫 むし	昆虫の「ホタル」	漢字識別 蛍火《ほたるび》 同音同訓 読み 蛍雪《けいせつ》・蛍光《けいこう》
慶	ケイ	心 こころ	よろこぶ・めでたいこと・たまもの・ほうび	読み 同音同訓 漢字識別 慶事《けいじ》・同慶《どうけい》 熟語構成 慶弔《けいちょう》（祝う↔弔う） 類義語 慶賀《けいが》—祝福
傑	ケツ	亻 にんべん	すぐれる・才知のすぐれた人物	漢字識別 傑作《けっさく》・傑出《けっしゅつ》・怪傑《かいけつ》・英傑《えいけつ》 読み 豪傑《ごうけつ》・俊傑《しゅんけつ》 四字熟語 英俊豪傑《えいしゅんごうけつ》
嫌	ケン / ゲン / きらう / いや	女 おんなへん	きらう・いやがる・うたがう	漢字識別 機嫌《きげん》・嫌気《いやけ(き)》 読み 毛嫌《けぎら》い・嫌疑《けんぎ》 同音同訓 嫌煙《けんえん》 書き取り 嫌《いや》がる
献	ケン / コン	犬 いぬ	ささげる・酒をすすめる・かしこい人	読み 献身《けんしん》・文献《ぶんけん》・献血《けんけつ》 漢字識別 類義語 貢献《こうけん》—寄与 熟語構成 献呈《けんてい》（どちらも「さしあげる」）

謙	繭	顕	懸	弦	呉	碁	江
					コ		
ケン	ケン まゆ	ケン	ケン ケ かける かかる	ゲン つる	ゴ	ゴ	コウ え
言 ごんべん	糸 いと	頁 おおがい	心 こころ	弓 ゆみへん	口 くち	石 いし	氵 さんずい
へりくだる・態度をつつしむ	まゆ・きぬいと	あきらか・あらわれる・名声や地位が高い	かける・つりさげる・ひっかかる	弓に張るつる・半月・楽器に張る糸	中国の古い国名	ご・石と盤を用いて行うゲーム	大きな川・長江《ちょうこう》のこと
同音同訓 謙虚《けんきょ》 読み 熟語構成 謙譲《けんじょう》（どちらも「へりくだる」）	読み 繭《まゆ》・繭玉《まゆだま》	読み 顕著《けんちょ》・顕在《けんざい》 漢字識別 同音同訓 露顕《ろけん》・顕彰《けんしょう》・顕微鏡《けんびきょう》 熟語構成 隠顕《いんけん》（隠れる↔あらわれる） 四字熟語 破邪顕正《はじゃけんしょう(せい)》	同音同訓 懸《か》けて 漢字識別 懸案《けんあん》 読み 命懸《いのちが》け・懸賞《けんしょう》 熟語構成 懸命《けんめい》（懸ける↑命を）	読み 下弦《かげん》・管弦《かんげん》・上弦《じょうげん》 熟語構成 弦楽《げんがく》（弦楽器の↓音楽）	読み 同音同訓 呉服《ごふく》 四字熟語 呉越同舟《ごえつどうしゅう》	読み 碁石《ごいし》・囲碁《いご》・碁盤《ごばん》	読み 江戸《えど》 同音同訓 書き取り 入《い》り江《え》

コ

漢字	読み	部首	意味	出題・用例
肯	コウ	肉 にく	きいれる・うなずく	読み 同音同訓 肯定《こうてい》・首肯《しゅこう》
侯	コウ	イ にんべん	領主・きみ・爵位のある人	読み 王侯《おうこう》 同音同訓 諸侯《しょこう》
洪	コウ	氵 さんずい	おおみず・大きい・ひろい	読み 洪積《こうせき》・洪積層《こうせきそう》 同音同訓 洪水《こうずい》
貢	コウ ク みつぐ	貝 かい こがい	みつぐ・すすめる・みつぎもの	同音同訓 読み 熟語構成 貢献《こうけん》（どちらも「ささげる」）
溝	コウ みぞ	氵 さんずい	くぼみ・みぞ・水路	同音同訓 側溝《そっこう》・排水溝《はいすいこう》 読み 溝《みぞ》・海溝《かいこう》・下水溝《げすいこう》 書き取り 溝《みぞ》
衡	コウ	行 ぎょうがまえ ゆきがまえ	はかり・よこ・つりあい	読み 均衡《きんこう》・平衡《へいこう》 同音同訓 漢字識別 度量衡《どりょうこう》
購	コウ	貝 かいへん	代償をはらって手に入れる・買い求める	読み 誤字訂正 購読《こうどく》 同音同訓 購入《こうにゅう》・購買《こうばい》
拷	ゴウ	扌 てへん	打ってせめる	読み 拷問《ごうもん》

剛

ゴウ

刂 りっとう

かたい・力がつよい

読み 剛直《ごうちょく》・剛胆《ごうたん》・剛健《ごうけん》・剛腕《ごうわん》 四字熟語 外柔内剛《がいじゅうないごう》

熟語構成 剛柔《ごうじゅう》（かたい↕柔らかい）

酷

コク

酉 とりへん

はげしい・むごい・きびしい

漢字識別 冷酷《れいこく》・過酷《かこく》・酷使《こくし》・酷暑《こくしょ》

読み 対義語 酷評《こくひょう》—賛辞 熟語構成 酷似《こくじ》（すごく↓似ている）

昆

コン

日 ひ

むし・兄・のち・子孫

同音同訓 昆虫《こんちゅう》 読み 書き取り 昆布《こんぶ》

懇

コン
ねんごろ

心 こころ

うちとける・心を込めてする・ていねい

読み 懇意《こんい》・懇談《こんだん》 漢字識別 懇願《こんがん》・懇親会《こんしんかい》

熟語構成 懇請《こんせい》（心を込めて↓頼む） 四字熟語 懇切丁寧《こんせつていねい》

サ

唆

サ
そそのかす

口 くちへん

そそのかす・けしかける

同音同訓 書き取り 示唆《しさ》 読み 教唆《きょうさ》

詐

サ

言 ごんべん

いつわる・だます・うそ

読み 同音同訓 詐称《さしょう》・詐欺《さぎ》

砕

サイ
くだく
くだける

石 いしへん

うちくだく・細かい・くだくだしい

読み 砕《くだ》いて・粉砕《ふんさい》 漢字識別 砕氷《さいひょう》・砕石《さいせき》

熟語構成 破砕《はさい》（どちらも「くだく」）

宰

サイ

宀 うかんむり

とりしまる・つかさどる・かしら・料理する

読み 同音同訓 宰相《さいしょう》・主宰《しゅさい》 漢字識別 宰領《さいりょう》

行	漢字	読み	部首	意味	用例
サ	栽	サイ	木 き	苗木を植える・植えこみ	読み 対義語 栽培《さいばい》―自生　同音同訓 盆栽《ぼんさい》・植栽《しょくさい》
サ	斎	サイ	斉 せい	ものいみする・つつしむ・へや	読み 書斎《しょさい》　同音同訓 斎場《さいじょう》　四字熟語 精進潔斎《しょうじんけっさい》
サ	索	サク	糸 いと	なわ・さがしもとめる・ものさびしい	漢字識別 索引《さくいん》・探索《たんさく》・検索《けんさく》・索漠《さくばく》　読み 捜索《そうさく》・思索《しさく》・模索《もさく》
サ	酢	サク す	酉 とりへん	す・すっぱい	読み 酢《す》・酢豚《すぶた》　同音同訓 酢酸《さくさん》
サ	桟	サン	木 きへん	かけはし・さんばし・たな	読み 桟道《さんどう》・桟橋《さんばし》
サ	傘	サン かさ	人 ひとやね	かさ	読み 傘《かさ》・唐傘《からかさ》
シ	肢	シ	月 にくづき	てあし・本体からわかれ出たもの	漢字識別 四肢《しし》・肢体《したい》　読み 下肢《かし》・選択肢《せんたくし》
シ	嗣	シ	口 くち	あとを受けつぐ・あとつぎ	読み 嫡嗣《ちゃくし》

賜	シ たまわる	貝 かいへん	身分の高い人が物を与える・めぐむ・いただく	読み 書き取り 賜《たまわ》る
璽	ジ	玉 たま	天子の印・しるし	玉璽《ぎょくじ》・国璽《こくじ》
漆	シツ うるし	氵 さんずい	うるし・うるしのように黒い	読み 漆塗《うるしぬ》り・漆器《しっき》 漢字識別 乾漆《かんしつ》・漆細工《うるしざいく》 熟語構成 漆黒《しっこく》（漆のような→黒）
遮	シャ さえぎる	辶 しんにょう しんにゅう	さえぎる・おしとどめる・おおってかくす	読み 遮断《しゃだん》・遮《さえぎ》る 熟語構成 遮光《しゃこう》（遮る←光を）
蛇	ジャ ダ へび	虫 むしへん	へび・へびのようにくねったさま	漢字識別 長蛇《ちょうだ》・蛇足《だそく》・蛇口《じゃぐち》・蛇腹《じゃばら》 同音同訓 対義語 蛇行《だこう》―直進 四字熟語 竜頭《（りょう）りゅうとう》蛇尾《だび》
酌	シャク くむ	酉 とりへん	さけをつぐ・さかもり・くみとる	読み 酌量《しゃくりょう》・晩酌《ばんしゃく》・媒酌《ばいしゃく》 熟語構成 独酌《どくしゃく》（独りで→酒をつぐ） 四字熟語 情状酌量《じょうじょうしゃくりょう》
爵	シャク	爫 つめかんむり つめがしら	貴族の階級をあらわすことば	読み 漢字識別 爵位《しゃくい》・伯爵《はくしゃく》 同音同訓 男爵《だんしゃく》・侯爵《こうしゃく》
珠	シュ	王 おうへん たまへん	たま・美しいもののたとえ	読み 熟語構成 珠玉《しゅぎょく》（どちらも「ほうせき」） 漢字識別 真珠《しんじゅ》・珠算《しゅざん》

儒
ジュ

亻 にんべん

孔子《こうし》の教え・学者

読み 儒教《じゅきょう》

囚
シュウ

口 くにがまえ

とらえる・とりこ・とらわれ人

熟語構成 虜囚《りょしゅう》（どちらも「とりこ」）

漢字識別 読み 囚人《しゅうじん》・幽囚《ゆうしゅう》

臭
シュウ
くさい
におう

自 みずから

におい・くさい・悪いうわさ

読み 臭《くさ》い・臭気《しゅうき》・体臭《たいしゅう》

熟語構成 腐臭《ふしゅう》（腐った↓におい）

同音同訓 無臭《むしゅう》

愁
シュウ
うれえる
うれい

心 こころ

うれえる・かなしむ

漢字識別 哀愁《あいしゅう》・愁嘆場《しゅうたんば》・愁傷《しゅうしょう》・郷愁《きょうしゅう》

読み 熟語構成 憂愁《ゆうしゅう》（どちらも「うれえる」）・旅愁《りょしゅう》（旅の↓うれい）

酬
シュウ

酉 とりへん

むくいる・お返しする・返礼する

読み 同音同訓 応酬《おうしゅう》・報酬《ほうしゅう》

醜
シュウ
みにくい

酉 とりへん

みにくい・けがれ・きらう・似ている

読み 醜態《しゅうたい》・醜《みにく》い

漢字識別 醜聞《しゅうぶん》・醜悪《しゅうあく》

熟語構成 美醜《びしゅう》（美しい↕醜い）

汁
ジュウ
しる

氵 さんずい

しる・つゆ

読み 漢字識別 苦汁《くじゅう》・汁粉《しるこ》・墨汁《ぼくじゅう》

同音同訓 果汁《かじゅう》

四字熟語 一汁一菜《いちじゅういっさい》

充
ジュウ
あてる

儿 ひとあし にんにょう

みちる・みたす・あてる

読み 漢字識別 拡充《かくじゅう》・充当《じゅうとう》・充満《じゅうまん》

同音同訓 補充《ほじゅう》・充血《じゅうけつ》

四字熟語 汗牛充棟《かんぎゅうじゅうとう》

渋	ジュウ しぶ しぶい しぶる	氵	さんずい	しぶい・とどこおる・しぶる	読み 渋《しぶ》い・茶渋《ちゃしぶ》・難渋《なんじゅう》 漢字識別 渋皮《しぶかわ》・苦渋《くじゅう》・渋滞《じゅうたい》 同音同訓 渋面《じゅうめん》
銃	ジュウ	金	かねへん	てっぽう・じゅう	読み 猟銃《りょうじゅう》・銃口《じゅうこう》 同音同訓 銃器《じゅうき》・銃撃《じゅうげき》 熟語構成 銃創《じゅうそう》（銃による→傷） 書き取り 銃声《じゅうせい》
叔	シュク	又	また	父母の弟、妹・兄弟の順の三番目	読み 叔母《おば》・叔父《おじ》
淑	シュク	氵	さんずい	しとやか・よいと思ってしたう	漢字識別 貞淑《ていしゅく》 読み 同音同訓 私淑《ししゅく》 熟語構成 淑女《しゅくじょ》（しとやかな→女性）
粛	シュク	聿	ふでづくり	つつしむ・ただす	読み 自粛《じしゅく》・粛々《しゅくしゅく》・粛然《しゅくぜん》・粛清《しゅくせい》 漢字識別 厳粛《げんしゅく》・静粛《せいしゅく》 四字熟語 綱紀粛正《こうきしゅくせい》
塾	ジュク	土	つち	まなびや・私設の学校・へや	読み 私塾《しじゅく》
俊	シュン	亻	にんべん	すぐれる・すぐれた人物	読み 漢字識別 俊足《しゅんそく》・俊傑《しゅんけつ》・俊才《しゅんさい》 熟語構成 俊敏《しゅんびん》（どちらも「才知がすぐれる」）
准	ジュン	冫	にすい	なぞらえる・次ぐ・ゆるす	読み 同音同訓 批准《ひじゅん》

殉

ジュン

歹　かばねへん・いちたへん・がつへん

あとを追って死ぬ・生命をなげだす

熟語構成　殉職《じゅんしょく》（命を投げ出す↑職務で）

読み　同音同訓　殉教《じゅんきょう》

循

ジュン

彳　ぎょうにんべん

したがう・めぐる

同音同訓　読み　循環《じゅんかん》・因循《いんじゅん》

庶

ショ

广　まだれ

もろもろ・正妻でない女性の生んだ子

熟語構成　庶務《しょむ》（いろいろの↓事務）

読み　類義語　庶民《しょみん》―大衆

緒

ショ
チョ
お

糸　いとへん

ものごとのはじめ・こころ・ひも

漢字識別　緒戦《しょせん》・鼻緒《はなお》・端緒《たんしょ（ちょ）》・情緒《じょうしょ（ちょ）》

読み　一緒《いっしょ》・内緒《ないしょ》

叙

ジョ

又　また

順序だててのべる・位につける

読み　漢字識別　叙勲《じょくん》・叙述《じょじゅつ》・叙情《じょじょう》・自叙伝《じじょでん》

熟語構成　叙景《じょけい》（詩文に表す↑景色を）

升

ショウ
ます

十　じゅう

ます・容量の単位

読み　升目《ますめ》・升席《ますせき》

漢字識別　升酒《ますざけ》・一升瓶《いっしょうびん》

抄

ショウ

扌　てへん

ぬきがき・書き写す・かすめとる・紙をすく

読み　漢字識別　抄本《しょうほん》・抄訳《しょうやく》

類義語　抄録《しょうろく》―抜粋

肖

ショウ

肉　にく

にる・にせる・かたどる

同音同訓　熟語構成　不肖《ふしょう》（似ていない）

読み　肖像《しょうぞう》

尚	ショウ	⺌ しょう	なお・まだ・重んじる・程度が高い	読み 同音同訓 高尚《こうしょう》 熟語構成 尚早《しょうそう》（まだ↓早い） 漢字識別 好尚《こうしょう》 四字熟語 時期尚早《じきしょうそう》
宵	ショウ よい	宀 うかんむり	よい・日が暮れてまもないころ	読み 宵《よい》・宵《よい》の口《くち》・宵宮《よいみや》
症	ショウ	疒 やまいだれ	病気のしるし・病気の状態	読み 軽症《けいしょう》・症状《しょうじょう》 漢字識別 炎症《えんしょう》・既往症《きおうしょう》
祥	ショウ	礻 しめすへん	めでたいこと・きざし・しるし	同音同訓 読み 発祥《はっしょう》・不祥事《ふしょうじ》 熟語構成 不祥《ふしょう》（めでたくない）
渉	ショウ	氵 さんずい	わたる・広く見聞する・かかわる	同音同訓 漢字識別 読み 干渉《かんしょう》 類義語 交渉《こうしょう》―談判 熟語構成 渉外《しょうがい》（交渉する↑外部と）
訟	ショウ	言 ごんべん	うったえる・あらそう・うったえ	読み 同音同訓 訴訟《そしょう》
硝	ショウ	石 いしへん	鉱物の一種・火薬の原料	漢字識別 煙硝《えんしょう》・硝酸《しょうさん》・硝石《しょうせき》 熟語構成 同音同訓 硝煙《しょうえん》（火薬の↓煙）
粧	ショウ	米 こめへん	よそおう	読み 同音同訓 化粧《けしょう》

詔
ショウ
みことのり

言 ごんべん

天子の命令・みことのり・つげる

同音同訓 **書き取り** 詔書《しょうしょ》

読み **熟語構成** 詔勅《しょうちょく》（どちらも「天子のことば」）

奨
ショウ

大 だい

すすめる・すすめ励ます・助ける

漢字識別 奨励《しょうれい》・報奨《ほうしょう》・奨学金《しょうがくきん》 **読み** 推奨《すいしょう》

熟語構成 勧奨《かんしょう》（どちらも「すすめる」）

彰
ショウ

彡 さんづくり

あきらかである・あらわす・あや

読み **同音同訓** 表彰《ひょうしょう》・顕彰《けんしょう》

償
ショウ
つぐなう

亻 にんべん

損失を補う・むくいる

読み 償却《しょうきゃく》・有償《ゆうしょう》 **漢字識別** 賠償《ばいしょう》 **同音同訓** 償還《しょうかん》

熟語構成 無償《むしょう》（報償がない）

礁
ショウ

石 いしへん

水面に現れていない岩・水底の岩

熟語構成 環礁《かんしょう》（輪の形をした↓サンゴ礁） **読み** 岩礁《がんしょう》・座礁《ざしょう》

同音同訓 暗礁《あんしょう》・漁礁《ぎょしょう》

浄
ジョウ

氵 さんずい

きよい・きよめる・けがれがない

読み **同音同訓** 洗浄《せんじょう》・自浄《じじょう》・浄財《じょうざい》・浄化《じょうか》 **漢字識別** 清浄《せいじょう》

熟語構成 不浄《ふじょう》（清浄ではない）

剰
ジョウ

刂 りっとう

あまる・のこり

読み 過剰《かじょう》・剰余《じょうよ》 **同音同訓** 余剰《よじょう》

壌
ジョウ

土 つちへん

つち・肥えた土地

読み **同音同訓** **熟語構成** 土壌《どじょう》（どちらも「つち」）

醸	ジョウ かもす	酉 とりへん	かもす・酒をつくる・ある状態をつくりだす	漢字識別 読み 同音同訓 醸造《じょうぞう》・吟醸《ぎんじょう》・醸成《じょうせい》
津	シン つ	氵 さんずい	みなと・きし・あふれる	読み 津波《つなみ》
唇	シン くちびる	口 くち	くちびる	読み 唇《くちびる》
娠	シン	女 おんなへん	みごもる	読み 同音同訓 妊娠《にんしん》
紳	シン	糸 いとへん	教養のある人・身分の高い人	読み 同音同訓 紳士《しんし》
診	シン みる	言 ごんべん	病状を調べる	読み 診《み》て・診療《しんりょう》・休診《きゅうしん》 漢字識別 打診《だしん》・検診《けんしん》・診断《しんだん》
刃	ジン は	刀 かたな	は・やいば・きる	読み 刃先《はさき》 同音同訓 刃物《はもの》 書き取り 刃渡《はわた》り
迅	ジン	辶 しんにょう しんにゅう	はやい・はげしい	読み 同音同訓 迅速《じんそく》 四字熟語 迅速果断《じんそくかだん》・疾風迅雷《しっぷうじんらい》

シ	甚	ジン はなはだ はなはだしい	甘 かん あまい	はなはだしい・非常に・度をこす	読み 甚《はなは》だ・甚《はなは》だしい
ス	帥	スイ	巾 はば	ひきいる・軍をひきいる長	同音同訓 読み 総帥《そうすい》
	睡	スイ	目 めへん	ねむる・ねむり	漢字識別 熟睡《じゅくすい》・睡魔《すいま》・仮睡《かすい》 読み 一睡《いっすい》 同音同訓 午睡《ごすい》・睡眠《すいみん》
	枢	スウ	木 きへん	ものごとのかなめ・中心	読み 中枢《ちゅうすう》 熟語構成 枢要《すうよう》（どちらも「かなめ」） 漢字識別 枢軸《すうじく》
	崇	スウ	山 やま	たかい・あがめる・尊ぶ	読み 崇高《すうこう》・崇拝《すうはい》・崇敬《すうけい》 熟語構成 崇仏《すうぶつ》（とうとぶ↑仏を） 漢字識別 尊崇《そんすう》
	据	すえる すわる	扌 てへん	そのままにしておく・すえる	読み 同音同訓 据《す》わった・見据《みす》えて
	杉	すぎ	木 きへん	すぎ	読み 杉並木《すぎなみき》・杉《すぎ》
セ	斉	セイ	斉 せい	そろえる・そろう・ととのえる・ひとしい	読み 同音同訓 斉唱《せいしょう》・一斉《いっせい》

逝	セイ ゆく いく	辶 しんにょう しんにゅう	ゆく・去って行く・人が死ぬ	読み 熟語構成 急逝《きゅうせい》（急に↓死ぬ）・逝去《せいきょ》（どちらも「この世をさる」）
誓	セイ ちかう	言 げん	かたく約束する	読み 同音同訓 宣誓《せんせい》・誓約《せいやく》 漢字識別 誓願《せいがん》 熟語構成 誓詞《せいし》（誓いの↓ことば）
析	セキ	木 きへん	木をさく・こまかくわける・解く・分解する	読み 漢字識別 透析《とうせき》・解析《かいせき》・分析《ぶんせき》
拙	セツ つたない	扌 てへん	つたない・へた・自分の謙称	読み 拙宅《せったく》・拙劣《せつれつ》 漢字識別 稚拙《ちせつ》・拙速《せっそく》 熟語構成 巧拙《こうせつ》（うまい↕へた）
窃	セツ	穴 あなかんむり	ぬすむ・ぬすびと・ひそかに	読み 同音同訓 窃盗《せっとう》
仙	セン	亻 にんべん	せんにん・高尚な人・非凡な人	漢字識別 仙人《せんにん》・六歌仙《ろっかせん》・神仙《しんせん》 読み 仙薬《せんやく》 熟語構成 仙境《せんきょう》（仙人の↓場所）
栓	セン	木 きへん	穴などをふさぐもの・管に付ける開閉装置	読み 消火栓《しょうかせん》・耳栓《みみせん》 同音同訓 血栓《けっせん》 書き取り 栓抜《せんぬ》き
旋	セン	方 ほうへん かたへん	めぐる・ぐるぐるまわる・うねる・かえる	漢字識別 周旋《しゅうせん》・旋律《せんりつ》 読み 旋回《せんかい》 同音同訓 旋風《せんぷう》

漢字	読み	部首	意味	出題例
践	セン	𧾷 あしへん	ふむ・ふみ行う・したがう・位につく	同音同訓 読み 熟語構成 実践《じっせん》（実際に↓行動する）
遷	セン	辶 しんにょう しんにゅう	うつる・うつす・かえる・移り変わる	読み 同音同訓 漢字識別 変遷《へんせん》 熟語構成 遷都《せんと》（うつす↑首都を） 対義語 左遷《させん》―栄転
薦	セン すすめる	艹 くさかんむり	すすめる	読み 自薦《じせん》・薦《すす》める 同音同訓 推薦《すいせん》
繊	セン	糸 いとへん	細い・うすぎぬ・ほっそりして美しい	読み 同音同訓 繊細《せんさい》・繊維《せんい》 熟語構成 繊毛《せんもう》（非常に細い↓毛）
禅	ゼン	礻 しめすへん	天子が位をゆずる・精神を統一して真理を悟ること	読み 漢字識別 座禅《ざぜん》・禅宗《ぜんしゅう》・禅問答《ぜんもんどう》 同音同訓 禅譲《ぜんじょう》 熟語構成 参禅《さんぜん》（参加する↑禅の道に）
漸	ゼン	氵 さんずい	だんだんと・次第に・ようやく・すすむ	読み 漸次《ぜんじ》・漸増《ぜんぞう》 熟語構成 漸進《ぜんしん》（だんだんと↓進む） 同音同訓 漸進的《ぜんしんてき》
租	ソ	禾 のぎへん	ねんぐ・土地を借りる	同音同訓 租借地《そしゃくち》・租税《そぜい》 読み 租借《そしゃく》 熟語構成 免租《めんそ》（免除する↑税を）
疎	ソ うとい うとむ	𤴔 ひきへん	あらい・おおざっぱ・うとい・親しくない	読み 漢字識別 空疎《くうそ》・疎遠《そえん》・疎通《そつう》・疎略《そりゃく》 熟語構成 疎密《そみつ》（まばら↔ぎっしり）・親疎《しんそ》（親密↔疎遠）

塑	ソ	土 つち	土をこねて形をつくる	【同音同訓】【読み】塑像《そぞう》・彫塑《ちょうそ》・可塑《かそ》
壮	ソウ	士 さむらい	若者・さかん・りっぱなこと	【漢字識別】【同音同訓】壮健《そうけん》・悲壮《ひそう》・勇壮《ゆうそう》 【読み】壮観《そうかん》・壮快《そうかい》・壮行《そうこう》 【四字熟語】少壮気鋭《しょうそうきえい》・気宇壮大《きうそうだい》
荘	ソウ	艹 くさかんむり	おごそか・おもおもしい・別宅	【同音同訓】【読み】荘重《そうちょう》・山荘《さんそう》
捜	ソウ さがす	扌 てへん	さがす・さぐる・さがしもとめる	【読み】【熟語構成】捜索《そうさく》（どちらも「さがす」） 【同音同訓】捜査《そうさ》
挿	ソウ さす	扌 てへん	さす・さしはさむ・さしこむ	【同音同訓】【読み】挿話《そうわ》・挿入《そうにゅう》・挿《さ》す
曹	ソウ	曰 ひらび いわく	裁判をつかさどる官・軍隊の階級の一つ	【同音同訓】法曹《ほうそう》・法曹界《ほうそうかい》 【読み】重曹《じゅうそう》
喪	ソウ も	口 くち	も・とむらいの礼・失う・なくす	【読み】喪《も》・喪中《もちゅう》 【漢字識別】【同音同訓】喪主《もしゅ》・喪章《もしょう》 【熟語構成】喪失《そうしつ》（どちらも「うしなう」）
槽	ソウ	木 きへん	おけ・おけの形をしたもの	【読み】【同音同訓】浴槽《よくそう》・水槽《すいそう》

見出し	漢字	音訓	部首	意味	用例
ソ	霜	ソウ しも	雨 あめかんむり	しも・年月・しものように白い	読み 霜《しも》・初霜《はつしも》 熟語構成 霜柱《しもばしら》（霜の↓柱）
ソ	藻	ソウ も	艹 くさかんむり	も・水草・あや	同音同訓 藻《も》くず・藻類《そうるい》 読み 藻《も》・海藻《かいそう》
タ	妥	ダ	女 おんな	おれあう・ゆずりあう・おだやか	同音同訓 妥協《だきょう》・妥結《だけつ》 読み 妥当《だとう》
タ	堕	ダ	土 つち	おちる・おとす・おこたる	読み 熟語構成 対義語 堕落《だらく》（どちらも「おちる」）—更生 同音同訓 自堕落《じだらく》
タ	惰	ダ	忄 りっしんべん	なまける・ある状態が続くこと	読み 惰眠《だみん》・惰弱《だじゃく》・遊惰《ゆうだ》 漢字識別 怠惰《たいだ》・惰力《だりょく》 同音同訓 惰性《だせい》
タ	駄	ダ	馬 うまへん	荷を負わせる・はきもの・粗悪な	読み 駄文《だぶん》・駄弁《だべん》・駄作《ださく》 漢字識別 無駄《むだ》・駄賃《だちん》 同音同訓 駄目《だめ》・駄菓子《だがし》
タ	泰	タイ	氺 したみず	やすらか・おちついている・はなはだしい	漢字識別 安泰《あんたい》・泰平《たいへい》・泰斗《たいと》 読み 同音同訓 泰然《たいぜん》 四字熟語 泰然自若《たいぜんじじゃく》
タ	濯	タク	氵 さんずい	あらう・すすぐ	同音同訓 洗濯《せんたく》・洗濯物《せんたくもの》

チ

漢字	読み	部首	意味	用例
但	ただし	亻 にんべん	ただ・それだけ・ただし	読み 但《ただ》し
棚	たな	木 きへん	たな・かけはし	読み 棚田《たなだ》・戸棚《とだな》・棚卸《たなおろ》し 漢字識別 大陸棚《たいりくだな》・書棚《しょだな》
痴	チ	疒 やまいだれ	おろか・色欲に迷う・執着・夢中になる	読み 愚痴《ぐち》・音痴《おんち》 熟語構成 痴態《ちたい》（おろかな→態度）
逐	チク	辶 しんにょう しんにゅう	おう・おい払う・順をおう・きそう	漢字識別 逐一《ちくいち》・駆逐《くちく》・逐電《ちくでん》 読み 逐次《ちくじ》・逐語訳《ちくごやく》・放逐《ほうちく》
秩	チツ	禾 のぎへん	順序・くらい・役人の俸給	読み 対義語 秩序《ちつじょ》―混乱 四字熟語 安寧秩序《あんねいちつじょ》
嫡	チャク	女 おんなへん	本妻・本妻の生んだ子・直系の血すじ	読み 嫡子《ちゃくし》
衷	チュウ	衣 ころも	まごころ・なかほど	読み 折衷《せっちゅう》 漢字識別 同音同訓 苦衷《くちゅう》・衷心《ちゅうしん》
弔	チョウ とむらう	弓 ゆみ	とむらう・人の死をいたむ	熟語構成 慶弔《けいちょう》（祝う↔弔う） 読み 弔慰《ちょうい》・弔《とむら》い 同音同訓 弔問《ちょうもん》 漢字識別 弔辞《ちょうじ》

チ

挑	チョウ いどむ	扌 てへん	いどむ・しかける・かかげる	読み 挑《いど》む・挑発《ちょうはつ》 熟語構成 同音同訓 挑戦《ちょうせん》（挑む↑戦いを）
眺	チョウ ながめる	目 めへん	ながめる・ながめ	読み 送りがな 眺《なが》める 同音同訓 眺望《ちょうぼう》 四字熟語 眺望絶佳《ちょうぼうぜっか》
釣	チョウ つる	金 かねへん	魚をつる・つりさげる	読み 同音同訓 釣《つ》り
懲	チョウ こりる こらす こらしめる	心 こころ	こらす・こらしめる・こりごりする	読み 懲戒《ちょうかい》・懲役《ちょうえき》・懲《こ》りた 同音同訓 懲罰《ちょうばつ》・懲《こ》りず 熟語構成 懲悪《ちょうあく》（懲らしめる↑悪を）
勅	チョク	力 ちから	天子のことば、命令・いましめる	熟語構成 勅使《ちょくし》（天皇の↓使者） 読み 詔勅《しょうちょく》・勅願《ちょくがん》
朕	チン	月 つきへん	天子の自称	同音同訓 朕《ちん》

ツ

塚	つか	土 つちへん	土を高く盛った墓・墓・もりつち	読み 塚《つか》・貝塚《かいづか》・一里塚《いちりづか》 同音同訓 筆塚《ふでづか》
漬	つける つかる	氵 さんずい	ひたす・つかる・つけものにする	読み 同音同訓 漬《つ》ける・漬《つ》かった

テ

漢字	読み	部首・部首名	意味	用例
坪	つぼ	土 つちへん	土地の面積の単位・たいらなさま	読み 建坪《たてつぼ》・坪庭《つぼにわ》・坪《つぼ》
呈	テイ	口 くち	さしだす・さしあげる・あらわししめす	漢字識別 呈示《ていじ》・露呈《ろてい》・進呈《しんてい》 読み 熟語構成 謹呈《きんてい》（謹んで↓差し上げる） 同音同訓 贈呈《ぞうてい》
廷	テイ	廴 えんにょう	政務をとる所・役所・裁判所	読み 宮廷《きゅうてい》・出廷《しゅってい》 同音同訓 書き取り 法廷《ほうてい》 熟語構成 閉廷《へいてい》（閉じる↑法廷を）
邸	テイ	阝 おおざと	りっぱな住居・やしき	読み 別邸《べってい》・邸内《ていない》 同音同訓 邸宅《ていたく》・官邸《かんてい》 漢字識別 豪邸《ごうてい》 熟語構成 公邸《こうてい》（公務用の↓邸宅）
亭	テイ	亠 なべぶた けいさんかんむり	しゅくば・やどや・あずまや	同音同訓 読み 亭主《ていしゅ》・料亭《りょうてい》
貞	テイ	貝 かい こがい	みさおを守る・ただしい・まこと	貞淑《ていしゅく》
逓	テイ	辶 しんにょう しんにゅう	次々と伝え送る・しだいに・代わる	読み 同音同訓 逓減《ていげん》 熟語構成 逓増《ていぞう》（しだいに↓増える）
偵	テイ	亻 にんべん	うかがう・ようすをさぐる・事情をさぐる人	漢字識別 読み 偵察《ていさつ》・密偵《みってい》 同音同訓 内偵《ないてい》・探偵《たんてい》

テ

艇
テイ

舟 ふねへん

ふね・こぶね・ボート

読み 艦艇《かんてい》・競艇《きょうてい》

同音同訓 潜水艇《せんすいてい》

泥
デイ
どろ

氵 さんずい

どろ・にごる・こだわる

読み 泥沼《どろぬま》・泥《どろ》・泥臭《どろくさ》い・泥縄《どろなわ》

迭
テツ

辶 しんにょう しんにゅう

かわる・にげる・かわるがわる

読み

同音同訓 更迭《こうてつ》

徹
テツ

彳 ぎょうにんべん

とおる・つらぬきとおす・とりはらう

漢字識別 徹底《てってい》・透徹《とうてつ》

読み 冷徹《れいてつ》・徹《てっ》して・徹底《てってい》

熟語構成 徹夜《てつや》（とおす↑夜を）

四字熟語 初志貫徹《しょしかんてつ》

撤
テツ

扌 てへん

やめる・とりのぞく・ひきあげる

読み 撤収《てっしゅう》

漢字識別 撤廃《てっぱい》・撤回《てっかい》・撤退《てったい》

熟語構成 撤兵《てっぺい》（ひきあげる↑兵を）

ト

悼
トウ
いたむ

忄 りっしんべん

いたむ・人の死をかなしむ

読み 追悼《ついとう》・哀悼《あいとう》

同音同訓 悼辞《とうじ》

搭
トウ

扌 てへん

のる・のせる

同音同訓 搭載《とうさい》・搭乗員《とうじょういん》・搭乗券《とうじょうけん》

読み

熟語構成 搭乗《とうじょう》（どちらも「のる」）

棟
トウ
むね
むな

木 きへん

屋根のむね・むなぎ・長い建て物を数える語

読み 棟上《むねあ》げ

同音同訓 病棟《びょうとう》・上棟式《じょうとうしき》

熟語構成 上棟《じょうとう》（上げる↑棟木を）

ナ

漢字	読み	部首	部首名	意味	出題例
筒	トウ・つつ	⺮	たけかんむり	つつ・くだ	読み 筒抜《つつぬ》け・筒先《つつさき》・水筒《すいとう》 漢字識別 封筒《ふうとう》・竹筒《たけづつ》 同音同訓 円筒《えんとう》・発煙筒《はつえんとう》
謄	トウ	言	げん	うつす・原本を書き写す	読み 同音同訓 謄本《とうほん》 熟語構成 謄写《とうしゃ》（どちらも「かきうつす」）
騰	トウ	馬	うま	あがる・のぼる・物価が高くなる	読み 騰貴《とうき》・急騰《きゅうとう》 同音同訓 高騰《こうとう》・沸騰《ふっとう》 熟語構成 暴騰《ぼうとう》（爆発的に↓上がる）
洞	ドウ・ほら	氵	さんずい	ほらあな・ふかい・見とおす	読み 洞察《どうさつ》・洞《ほら》 漢字識別 空洞《くうどう》・洞穴《どうけつ（ほらあな）》
督	トク	目	め	みはる・ひきいる・うながす	漢字識別 読み 監督《かんとく》・督促《とくそく》 同音同訓 督励《とくれい》
凸	トツ	凵	うけばこ	でこ・まわりが低く中央がでているさま	読み 凸凹《でこぼこ》・凹凸《おうとつ》・凸版《とっぱん》
屯	トン	屮	てつ	たむろ・寄り集まる	読み 熟語構成 駐屯《ちゅうとん》（どちらも「とどまる」）
軟	ナン・やわらか・やわらかい	車	くるまへん	やわらかい・よわい	読み 軟化《なんか》・軟禁《なんきん》・軟《やわ》らかい 漢字識別 軟弱《なんじゃく》・柔軟《じゅうなん》 熟語構成 硬軟《こうなん》（かたい↔やわらかい）

行	漢字	読み	部首	意味	用例
ニ	尼	ニ / あま	尸 かばね しかばね	あま・出家した女性	読み 尼《あま》 / 書き取り 尼寺《あまでら》
ニ	妊	ニン	女 おんなへん	みごもる	読み 妊婦《にんぷ》・妊娠《にんしん》
ニ	忍	ニン / しのぶ / しのばせる	心 こころ	こらえる・しのぶ・むごい	漢字識別 残忍《ざんにん》・忍従《にんじゅう》・忍耐《にんたい》 / 読み 忍《しの》び・忍苦《にんく》 / 四字熟語 隠忍自重《いんにんじちょう》・堅忍不抜《けんにんふばつ》
ネ	寧	ネイ	宀 うかんむり	やすらか・ねんごろにする	読み 丁寧《ていねい》 / 熟語構成 安寧《あんねい》（どちらも「やすらか」） / 四字熟語 安寧秩序《あんねいちつじょ》
ハ	把	ハ	扌 てへん	とる・にぎる・とって・たば	読み 大雑把《おおざっぱ》・把握《はあく》 / 漢字識別 把持《はじ》
ハ	覇	ハ	襾 おおいかんむり	はたがしら・武力で天下を従える・優勝する	読み 覇者《はしゃ》・連覇《れんぱ》・覇気《はき》 / 漢字識別 制覇《せいは》・覇権《はけん》 / 熟語構成 争覇《そうは》（争う↑優勝を）
ハ	廃	ハイ / すたれる / すたる	广 まだれ	すてる・やめる・すたれる	漢字識別 撤廃《てっぱい》・荒廃《こうはい》・廃棄《はいき》 / 熟語構成 存廃《そんぱい》（存続↔廃止） / 読み 興廃《こうはい》・廃刊《はいかん》・廃《すた》れて・廃坑《はいこう》
ハ	培	バイ / つちかう	土 つちへん	やしない育てる・つちかう	読み 同音同訓 培養《ばいよう》・栽培《さいばい》

漢字	読み	部首	部首名	意味	用例
媒	バイ	女	おんなへん	なかだち・なこうど	漢字識別 読み 媒酌《ばいしゃく》・媒介《ばいかい》・触媒《しょくばい》 熟語構成 媒体《ばいたい》（媒介する→物体）
賠	バイ	貝	かいへん	つぐなう・うめあわせのため代物を払う	同音同訓 熟語構成 読み 賠償《ばいしょう》（どちらも「つぐなう」）
伯	ハク	亻	にんべん	父母の兄、姉・兄弟で最年長の者・一芸にすぐれた人	漢字識別 同音同訓 伯仲《はくちゅう》・画伯《がはく》 読み 伯爵《はくしゃく》・伯父《おじ》さん 四字熟語 勢力伯仲《せいりょくはくちゅう》
舶	ハク	舟	ふねへん	ふね・海洋を航行する大きな船	読み 熟語構成 船舶《せんぱく》（どちらも「ふね」） 同音同訓 対義語 舶来《はくらい》―国産
漠	バク	氵	さんずい	さばく・ひろい・はっきりしないさま	読み 広漠《こうばく》・空漠《くうばく》 漢字識別 砂漠《さばく》・荒漠《こうばく》 対義語 漠然《ばくぜん》―鮮明
肌	はだ	月	にくづき	はだ・ひふ・物の表面	読み 肌合《はだあ》い・山肌《やまはだ》・肌着《はだぎ》・鳥肌《とりはだ》 漢字識別 柔肌《やわはだ》・素肌《すはだ》・肌色《はだいろ》
鉢	ハチ ハツ	金	かねへん	はち・皿の深く大きいもの	読み 鉢巻《はちまき》・鉢合《はちあ》わせ・火鉢《ひばち》
閥	バツ	門	もんがまえ	いえがら・てがら・なかま・党派	読み 派閥《はばつ》・財閥《ざいばつ》 熟語構成 学閥《がくばつ》（出身学校による→派閥）

ハ

漢字	読み	部首	意味	出題
煩	ハン ボン わずらう わずらわす	火 ひへん	わずらわしい・ 苦しみなやむ	読み 煩《わずら》わしい・煩忙《はんぼう》 同音同訓 煩雑《はんざつ》
頒	ハン	頁 おおがい	くばる・分ける・ しく・まだら	読み 頒価《はんか》 同音同訓 対義語 頒布《はんぷ》―回収

ヒ

漢字	読み	部首	意味	出題
妃	ヒ	女 おんなへん	きさき・皇族の妻	読み 同音同訓 王妃《おうひ》・妃殿下《ひでんか》
披	ヒ	扌 てへん	ひらく・ひろめる・ うちあける	同音同訓 熟語構成 披露《ひろう》（どちらも「あらわす」） 読み 披見《ひけん》 四字熟語 襲名披露《しゅうめいひろう》
扉	ヒ とびら	戸 とだれ とかんむり	とびら・ 開き戸	読み 扉《とびら》・扉絵《とびらえ》
罷	ヒ	罒 あみがしら あみめ よこめ	やめる・ 役目をやめさせる・ つかれる	同音同訓 読み 熟語構成 罷業《ひぎょう》（やめる↑業務を）・罷免《ひめん》 （どちらも「やめさせる」）
猫	ビョウ ねこ	犭 けものへん	ねこ	読み 猫背《ねこぜ》・猫舌《ねこじた》
賓	ヒン	貝 かい こがい	客人・もてなす・ したがう	読み 国賓《こくひん》・主賓《しゅひん》・来賓《らいひん》 漢字識別 同音同訓 賓客《ひんきゃく(かく)》 熟語構成 貴賓《きひん》（とうとい↓客人）

フ

頻	ヒン	頁 おおがい	しきりに・しばしば・何度も	熟語構成 同音同訓 頻発《ひんぱつ》（しきりに↓起きる） 読み 漢字識別 頻出《ひんしゅつ》・頻度《ひんど》・頻繁《ひんぱん》
瓶	ビン	瓦 かわら	かめ・びん	読み 花瓶《かびん》・鉄瓶《てつびん》 漢字識別 大瓶《おおびん》・瓶詰《びんづめ》
扶	フ	扌 てへん	たすける・力を貸す・ささえる	熟語構成 扶助《ふじょ》（どちらも「たすける」） 読み 同音同訓 扶養《ふよう》
附	フ	阝 こざとへん	つく・つけ加える・つきしたがう	附表《ふひょう》・附随《ふずい》
譜	フ	言 ごんべん	しるす・系統図・音楽の譜・つづく	読み 同音同訓 系譜《けいふ》・採譜《さいふ》・楽譜《がくふ》 熟語構成 棋譜《きふ》（囲碁将棋の対局の↓記録） 書き取り 暗譜《あんぷ》
侮	ブ あなどる	亻 にんべん	あなどる・ばかにする	読み 軽侮《けいぶ》・侮辱《ぶじょく》
沸	フツ わく わかす	氵 さんずい	にえたつ・水がわき出る・盛んに起こる	読み 沸点《ふってん》・沸々《ふつふつ》・沸《わ》いた・沸騰《ふっとう》
雰	フン	⻗ あめかんむり	気分・ようす・大気・空気	同音同訓 読み 雰囲気《ふんいき》

憤

フン
いきどおる

忄 りっしんべん

いかりもだえる・ふるいたつ

漢字識別　熟語構成　読み　同音同訓

発憤《はっぷん》（発する↑いきどおりを）

憤慨《ふんがい》・憤然《ふんぜん》・憤激《ふんげき》

丙

ヘイ

一 いち

十干《じっかん》の第三・ひのえ・第三位

同音同訓

丙《へい》・甲乙丙丁《こうおつへいてい》

併

ヘイ
あわせる

亻 にんべん

ならぶ・ならべる・あわせる

読み　熟語構成

合併《がっぺい》・併読《へいどく》・併発《へいはつ》・併せる《あわ》

併用《へいよう》（あわせて↓用いる）

同音同訓

併合《へいごう》・併設《へいせつ》

塀

ヘイ

土 つちへん

敷地などのさかいにする囲い・かき

読み

板塀《いたべい》・土塀《どべい》

同音同訓

塀《へい》

幣

ヘイ

巾 はば

ぬさ・通貨・客への贈り物

熟語構成

造幣《ぞうへい》（造る↑貨幣を）

同音同訓

紙幣《しへい》

弊

ヘイ

廾 こまぬき にじゅうあし

やぶれる・悪いこと・謙遜《けんそん》のことば・よわる

読み　同音同訓

弊社《へいしゃ》・語弊《ごへい》

弊害《へいがい》・疲弊《ひへい》

漢字識別

旧弊《きゅうへい》・弊風《へいふう》

偏

ヘン
かたよる

亻 にんべん

かたよる・片方・漢字の「へん」

読み　漢字識別

偏屈《へんくつ》・偏重《へんちょう》・偏る《かたよ》

偏食《へんしょく》・偏在《へんざい》

熟語構成

不偏《ふへん》（偏りがない）

遍

ヘン

辶 しんにょう しんにゅう

広く行き渡る・あまねく・回数を表す語

漢字識別

普遍《ふへん》・遍在《へんざい》

読み

遍歴《へんれき》・遍路《へんろ》

ホ

漢字	読み	部首・部首名	意味	出題例
泡	ホウ / あわ	氵 さんずい	あわ	読み 発泡《はっぽう》・気泡《きほう》・一泡《ひとあわ》 漢字識別 泡雪《あわゆき》 同音同訓 水泡《すいほう》 書き取り 泡立《あわだ》つ
俸	ホウ	亻 にんべん	ふち・給料	同音同訓 ◎俸給《ほうきゅう》 読み 減俸《げんぽう》 漢字識別 本俸《ほんぽう》 熟語構成 年俸《ねんぽう》（一年分の↓給料）
褒	ホウ / ほめる	衣 ◎ ころも	ほめる・ほめたたえる	読み 同音同訓 送りがな ◎褒《ほ》める・褒《ほ》められる
剖	ボウ	刂 りっとう	切りさく・切りわける	読み 同音同訓 熟語構成 解剖《かいぼう》（どちらも「きりわける」）
紡	ボウ / つむぐ	糸 いとへん	つむぐ・つむいだ糸	同音同訓 熟語構成 紡績《ぼうせき》（どちらも「糸をつむぐ」） 読み 混紡《こんぼう》
朴	ボク	木 きへん	すなお・うわべをかざらない・ほおの木	読み 質朴《しつぼく》・素朴《そぼく》 漢字識別 朴直《ぼくちょく》
僕	ボク	亻 にんべん	しもべ・めしつかい・男性の自称	熟語構成 読み 同音同訓 公僕《こうぼく》（おおやけの↓しもべ）
撲	ボク	扌 てへん	うつ・なぐる・たたく	漢字識別 同音同訓 撲滅《ぼくめつ》・打撲《だぼく》 読み ◎相撲《すもう》

行	漢字	読み	部首	部首名	意味	用例
ホ	堀	ほり	土	つちへん	地をほる・あな・ほり・掘った川または池	読み 堀端《ほりばた》・堀《ほり》
ホ	奔	ホン	大	だい	勢いよくはしる・にげ出す・思うままにする	漢字識別 狂奔《きょうほん》・出奔《しゅっぽん》 熟語構成 奔流《ほんりゅう》（はげしい↓流れ） 読み 奔放《ほんぽう》・奔走《ほんそう》
マ	麻	マ あさ	麻	あさ	あさ・しびれる	漢字識別 麻薬《まやく》・麻縄《あさなわ》 読み 麻酔《ますい》・麻《あさ》 四字熟語 快刀乱麻《かいとうらんま》
マ	摩	マ	手	て	こする・みがく・せまる	漢字識別 摩天楼《まてんろう》 読み 摩滅《まめつ》・摩耗《まもう》 書き取り 摩擦《まさつ》
マ	磨	マ みがく	石	いし	みがく・すりへらす・はげみきわめる	読み 磨耗《まもう》・磨《みが》く 漢字識別 磨滅《まめつ》・錬磨《れんま》 熟語構成 研磨《けんま》（どちらも「みがく」）
マ	抹	マツ	扌	てへん	こする・ぬりつぶす・けす・こな	漢字識別 抹消《まっしょう》 読み 一抹《いちまつ》・抹茶《まっちゃ》
ミ	岬	みさき	山	やまへん	陸地が海や湖につき出ているところ	読み 岬《みさき》
メ	銘	メイ	金	かねへん	しるす・上等なもの・深く心に記憶する	読み 銘菓《めいか》・銘柄《めいがら》・感銘《かんめい》 漢字識別 碑銘《ひめい》・無銘《むめい》 四字熟語 正真正銘《しょうしんしょうめい》

行	漢字	読み	部首	意味	出題例
モ	妄	モウ ボウ	女 おんな	みだりに・でたらめ・いつわり	漢字識別 迷妄《めいもう》・妄想《もうそう(ぞう)》・妄動《もうどう》 同音同訓 妄執《もうしゅう》 熟語構成 妄信《(ぼう)もうしん》（みだりに↓信じる）
	盲	モウ	目 め	目が見えない・道理にくらい・むやみに行う	読み 盲導犬《もうどうけん》・盲従《もうじゅう》 同音同訓 漢字識別 盲点《もうてん》・盲腸《もうちょう》
	耗	モウ コウ	耒 すきへん らいすき	へる・へらす・たより	同音同訓 対義語 消耗《しょうもう》―蓄積 読み 摩耗《まもう》・磨耗《まもう》 漢字識別 熟語構成 損耗《そんもう》（どちらも「へる」）
ヤ	厄	ヤク	厂 がんだれ	わざわい・よくない・まわりあわせ	読み 厄介《やっかい》 漢字識別 熟語構成 災厄《さいやく》（どちらも「わざわい」）・厄年《やくどし》（わざわいの↓年）
ユ	愉	ユ	忄 りっしんべん	たのしい・よろこぶ	読み 同音同訓 熟語構成 愉悦《ゆえつ》（どちらも「よろこぶ」）・愉快《ゆかい》（どちらも「たのしい」）
	諭	ユ さとす	言 ごんべん	いいきかせる・教え導く・さとす	読み 同音同訓 教諭《きょうゆ》・説諭《せつゆ》 熟語構成 諭旨《ゆし》（諭す↑主旨を）
	癒	ユ いえる いやす	疒 やまいだれ	病気や傷がなおる・いえる	漢字識別 読み 癒着《ゆちゃく》・治癒《ちゆ》・平癒《へいゆ》 同音同訓 快癒《かいゆ》
	唯	ユイ イ	口 くちへん	ただ・それだけ・返事のことば・はい	読み 唯美《ゆいび》 書き取り 唯一《ゆいいつ》

区分	漢字	読み	部首	意味	出題例
ユ	悠	ユウ	心 こころ	とおい・はるか・ゆったりしたさま	読み 悠久《ゆうきゅう》 同音同訓 悠長《ゆうちょう》・悠揚《ゆうよう》・悠然《ゆうぜん》
ユ	猶	ユウ	犭 けものへん	ためらう・ゆったりしたさま・さながら	同音同訓 読み 猶予《ゆうよ》
ユ	裕	ユウ	衤 ころもへん	ゆたか・ゆとりがある・ゆるやか	漢字識別 読み 富裕《ふゆう》・裕福《ゆうふく》 同音同訓 余裕《よゆう》
ユ	融	ユウ	虫 むし	とける・やわらぐ・流通する	読み 同音同訓 融資《ゆうし》・融和《ゆうわ》・融合《ゆうごう》 漢字識別 金融《きんゆう》・融通《ゆうずう》 熟語構成 融解《ゆうかい》（どちらも「とける」）
ヨ	庸	ヨウ	广 まだれ	ふつう・もちいる・かたよらない	読み 同音同訓 中庸《ちゅうよう》・凡庸《ぼんよう》
ヨ	窯	ヨウ かま	穴 あなかんむり	陶器を焼くかま・かまど	読み 窯《かま》・窯元《かまもと》・窯出《かまだ》し
ラ	羅	ラ	罒 あみがしら あみめ よこめ	あみ・あみで捕らえる・つらねる	読み 漢字識別 網羅《もうら》・羅列《られつ》・甲羅《こうら》・羅針盤《らしんばん》
ラ	酪	ラク	酉 とりへん	乳から作った飲料や食品	読み 熟語構成 酪農《らくのう》（牛などを飼い乳製品を作る→農業）

リ

漢字	読み	部首	意味	出題
痢	リ	疒 やまいだれ	はらをくだすこと	同音同訓 赤痢《せきり》 読み 下痢《げり》
履	リ はく	尸 かばね しかばね	はきもの・ふむ・経験する・おこなう	漢字識別 読み 草履《ぞうり》・履修《りしゅう》・履歴《りれき》・履行《りこう》・履物《はきもの》 同音同訓 履《は》く
柳	リュウ やなぎ	木 きへん	やなぎ・細くしなやかなもののたとえ	読み 同音同訓 川柳《せんりゅう》
竜	リュウ たつ	竜 りゅう	想像上の動物・天子のたとえ	読み 竜宮《りゅうぐう》・竜巻《たつまき》 漢字識別 同音同訓 恐竜《きょうりゅう》・登竜門《とうりゅうもん》・竜神《りゅうじん》
硫	リュウ	石 いしへん	非金属元素の一種・いおう	読み 同音同訓 硫酸《りゅうさん》
虜	リョ	虍 とらがしら とらかんむり	とりこ・とりこにする・戦争でいけどりにする	熟語構成 虜囚《りょしゅう》(どちらも「とりこ」) 読み 捕虜《ほりょ》
涼	リョウ すずしい すずむ	氵 さんずい	すずしい・さびしいさま	読み 荒涼《こうりょう》・清涼《せいりょう》・涼感《りょうかん》 漢字識別 涼風《りょうふう》 同音同訓 熟語構成 納涼《のうりょう》(とりこむ←涼しさを)
僚	リョウ	亻 にんべん	ともがら・なかま・役人	読み 同音同訓 官僚《かんりょう》・閣僚《かくりょう》・同僚《どうりょう》 漢字識別 僚友《りょうゆう》

	リ		ル		レ		ワ	
漢字	寮	倫	累	塁	戻	鈴	賄	枠
読み	リョウ	リン	ルイ	ルイ	レイ もどす もどる	レイ リン すず	ワイ まかなう	わく
部首	宀 うかんむり	亻 にんべん	糸 いと	土 つち	戸 とだれ とかんむり	金 かねへん	貝 かいへん	木 きへん
意味	寄宿舎・別荘	人の行うべき道・順序・たぐい	かかわり・かさねる・次々と・しきりに	とりで・かさねる・野球のベース	もどす・いたる・道理にそむく	すず・振って鳴らす器具	金品を贈る・そでの下・まかなう	かこい・わく・制限
用例	読み 入寮《にゅうりょう》・寮母《りょうぼ》・寮生《りょうせい》 熟語構成 退寮《たいりょう》（出る↑寮を） 同音同訓 学生寮《がくせいりょう》	読み 倫理《りんり》・人倫《じんりん》	読み 累積《るいせき》・係累《けいるい》 漢字識別 累加《るいか》・累計《るいけい》	漢字識別 読み 孤塁《こるい》・塁審《るいしん》・土塁《どるい》 熟語構成 盗塁《とうるい》（盗む↑塁を）	読み 戻《もど》し・後戻《あともど》り	読み 鈴虫《すずむし》・予鈴《よれい》 熟語構成 振鈴《しんれい》（振る↑鈴を） 漢字識別 風鈴《ふうりん》	読み 熟語構成 贈賄《ぞうわい》（贈る↑わいろを）・収賄《しゅうわい》（受け取る↑わいろを）	読み 大枠《おおわく》・別枠《べつわく》・窓枠《まどわく》 書き取り 枠組《わくぐ》み

おもな特別な読み、熟字訓・当て字

ア

小豆	あずき
海女・海士	あま
硫黄	いおう
意気地	いくじ
田舎	いなか
息吹	いぶき
海原	うなばら
乳母	うば
浮気	うわき
浮つく	うわつく
笑顔	えがお
叔父・伯父	おじ
乙女	おとめ
叔母・伯母	おば
お巡りさん	おまわりさん
お神酒	おみき
母屋・母家	おもや

カ

神楽	かぐら
河岸	かし
風邪	かぜ
仮名	かな
蚊帳	かや
為替	かわせ
玄人	くろうと
心地	ここち
居士	こじ

サ

早乙女	さおとめ
雑魚	ざこ
桟敷	さじき
差し支える	さしつかえる
五月	さつき
早苗	さなえ
五月雨	さみだれ
時雨	しぐれ
竹刀	しない
老舗	しにせ
芝生	しばふ
三味線	しゃみせん
砂利	じゃり
数珠	じゅず

白髪 しらが
素人 しろうと
師走 しわす（しはす）
数寄屋・数奇屋 すきや
相撲 すもう
草履 ぞうり

タ

山車 だし
太刀 たち
立ち退く たちのく
足袋 たび
稚児 ちご
築山 つきやま
梅雨 つゆ
凸凹 でこぼこ
伝馬船 てんません
投網 とあみ
十重二十重 とえはたえ
読経 どきょう

ナ

仲人 なこうど
名残 なごり
雪崩 なだれ
野良 のら
祝詞 のりと

ハ

二十・二十歳 はたち
波止場 はとば
日和 ひより
吹雪 ふぶき

マ

土産 みやげ
息子 むすこ
猛者 もさ
紅葉 もみじ
木綿 もめん
最寄り もより

ヤ

八百長 やおちょう
大和 やまと
浴衣 ゆかた
行方 ゆくえ
寄席 よせ

ワ

若人 わこうど

高校で習う読み（3級以下の配当漢字）

200字

- 3級以下の配当漢字で、高校で新たに習う読みを一覧にしました。
- 音読みをカタカナで、訓読みをひらがなで、送り仮名を細字で表しています。

悪 ◀漢字
オ ◀読み
悪寒《おかん》 ◀用例

悪
オ
悪寒《おかん》

依
エ
帰依《きえ》

因
よる
病気《びょうき》に因《よ》る欠席《けっせき》

栄
はえ
はえる
栄《は》えある優勝《ゆうしょう》

詠
よむ
和歌《わか》を詠《よ》む

益
ヤク
御利益《ごりやく》

遠
オン
久遠《くおん》・遠流《おんる》

汚
けがす
けがれる
けがらわしい
聖域《せいいき》を汚《けが》す・
汚《けが》らわしい行為《こうい》

押
オウ
押韻《おういん》・押収《おうしゅう》

殴
オウ
殴殺《おうさつ》・殴打《おうだ》

桜
オウ
桜花《おうか》

奥
オウ
深奥《しんおう》・
奥義《おうぎ》（奥儀《おうぎ》）

火
ほ
火影《ほかげ》・火照《ほて》る

価
あたい
価《あたい》が高《たか》い

華
ケ
華厳《けごん》・法華《ほっけ》

過
あやまつ
あやまち
道《みち》を過《あやま》つ・
過《あやま》ちを繰《く》り返《かえ》す

嫁
カ
転嫁《てんか》

回
エ
回向《えこう》

会
エ
会釈《えしゃく》・会得《えとく》

解
ゲ
解毒《げどく》・解熱《げねつ》

各
おのおの
各《おのおの》の考《かんが》え

格
コウ
格子戸《こうしど》

鑑 かんがみる 前例《ぜんれい》を鑑《かんが》みる

眼 ゲン 開眼《かいげん》

忌 いむ いまわしい 肉食《にくしょく》を忌《い》む・忌《い》まわしい予言《よげん》

基 もとい 国《くに》の基《もとい》

期 ゴ 最期《さいご》・末期《まつご》

戯 たわむれる 猫《ねこ》が戯《たわむ》れる

詰 キツ 詰問《きつもん》・難詰《なんきつ》

脚 キャ 脚立《きゃたつ》・行脚《あんぎゃ》

虐 しいたげる 動物《どうぶつ》を虐《しいた》げる

久 ク 久遠《くおん》

宮 ク 宮内庁《くないちょう》

虚 コ 虚空《こくう》・虚無僧《こむそう》

供 ク 供物《くもつ》・供養《くよう》

狭 キョウ 狭義《きょうぎ》・偏狭《へんきょう》

脅 おびやかす 生活《せいかつ》を脅《おびや》かす

競 せる 魚《さかな》を競《せ》る

仰 おおせ 仰《おお》せの通《とお》りです

業 ゴウ 業火《ごうか》・非業《ひごう》

勤 ゴン 勤行《ごんぎょう》

契 ちぎる 将来《しょうらい》を契《ちぎ》る

憩 いこう 樹下《じゅか》に憩《いこ》う

潔 いさぎよい 潔《いさぎよ》い態度《たいど》

肩 ケン 双肩《そうけん》・肩甲骨《けんこうこつ》

建 コン 建立《こんりゅう》

絹 ケン 絹糸《けんし》・正絹《しょうけん》

権 ゴン 権化《ごんげ》・権現《ごんげん》

験 ゲン 霊験《れいげん》

厳 ゴン 荘厳《そうごん》

庫 ク 庫裏《くり》

鼓 つづみ 鼓《つづみ》を打《う》つ

功 ク 功徳《くどく》

行 アン 行脚《あんぎゃ》

更 ふける ふかす 夜《よ》が更《ふ》ける

香 キョウ 香車《きょうしゃ》・香子《きょうす》

候 そうろう 居候《いそうろう》・候文《そうろうぶん》

控 コウ 控除《こうじょ》・控訴《こうそ》

慌	コウ	経済恐慌《けいざいきょうこう》
絞	コウ	絞殺《こうさつ》・絞首刑《こうしゅけい》
興	おこる おこす	運動《うんどう》が興《おこ》る・事業《じぎょう》を興《おこ》す
彩	いろどる	花《はな》で食卓《しょくたく》を彩《いろど》る
際	きわ	一際《ひときわ》・手際《てぎわ》
搾	サク	搾取《さくしゅ》・搾乳《さくにゅう》
冊	サク	短冊《たんざく》
殺	サイ セツ	相殺《そうさい》・殺生《せっしょう》
惨	ザン みじめ	惨敗《ざんぱい》・惨《みじ》めな思《おも》い
産	うぶ	産毛《うぶげ》・産湯《うぶゆ》
酸	すい	酸《す》い食《た》べ物《もの》
仕	ジ	給仕《きゅうじ》

矢	シ	一矢《いっし》を報《むく》いる
旨	むね	その旨《むね》を伝《つた》える
伺	シ	伺候《しこう》
枝	シ	枝葉末節《しようまっせつ》
施	セ	施主《せしゅ》・お布施《ふせ》
事	ズ	好事家《こうずか》
慈	いつくしむ	動物《どうぶつ》を慈《いつく》しむ
質	チ	言質《げんち》
煮	シャ	煮沸消毒《しゃふつしょうどく》
若	ニャク もしくは	老若男女《ろうにゃくなんにょ》・A若《も》しくはB
寂	セキ	寂《せき》として
主	ス	座主《ざす》

秀	ひいでる	一芸《いちげい》に秀《ひい》でる
就	ジュ	成就《じょうじゅ》
衆	シュ	衆生《しゅじょう》
従	ショウ ジュ	合従連衡《がっしょうれんこう》・従三位《じゅさんみ》
祝	シュウ	ご祝儀《しゅうぎ》・祝言《しゅうげん》
瞬	またたく	星《ほし》が瞬《またた》く
初	うい	初陣《ういじん》・初々《ういうい》しい
女	ニョウ	女房《にょうぼう》
如	ニョ	如実《にょじつ》・如来《にょらい》
沼	ショウ	沼沢《しょうたく》・湖沼《こしょう》
焦	あせる	気《き》が焦《あせ》る
障	さわる	気《き》に障《さわ》る

上 ショウ 身上《しんしょう》をつぶす

常 とこ 常夏《とこなつ》・常世《とこよ》

情 セイ 風情《ふぜい》

食 ジキ くらう 断食《だんじき》・酒《さけ》を食《く》らう

織 ショク 織機《しょっき》・染織《せんしょく》

辱 はずかしめる 公衆《こうしゅう》の面前《めんぜん》で辱《はずかし》める

神 こう 神々《こうごう》しい

穂 スイ 出穂《しゅっすい》

数 ス 数奇屋《すきや》・数寄屋《すきや》

井 セイ 市井《しせい》・油井《ゆせい》

成 ジョウ 成就《じょうじゅ》・成仏《じょうぶつ》

声 ショウ 声明《しょうみょう》・大音声《だいおんじょう》

青 ショウ 緑青《ろくしょう》・群青《ぐんじょう》

政 ショウ まつりごと 摂政《せっしょう》・政《まつりごと》を行《おこな》う

清 ショウ 清浄《しょうじょう》

盛 ジョウ 繁盛《はんじょう》

婿 セイ 女婿《じょせい》

請 シン こう 普請《ふしん》・助《たす》けを請《こ》う

赤 シャク 赤銅《しゃくどう》

昔 セキ 昔日《せきじつ》

接 つぐ 骨《ほね》を接《つ》ぐ

節 セチ お節料理《せちりょうり》

説 ゼイ 遊説《ゆうぜい》

染 しみる しみ 目《め》に染《し》みる・染《し》み抜《ぬ》き

阻 はばむ 追撃《ついげき》を阻《はば》む

礎 いしずえ 国《くに》の礎《いしずえ》を築《きず》く

奏 かなでる 琴《こと》を奏《かな》でる

桑 ソウ 桑園《そうえん》・桑田《そうでん》

巣 ソウ 営巣《えいそう》・病巣《びょうそう》

葬 ほうむる 死者《ししゃ》を葬《ほうむ》る

装 よそおう 平静《へいせい》を装《よそお》う

想 ソ 愛想《あいそ》を尽《つ》かす

操 みさお 操《みさお》を尽《つ》くす

袋 タイ 風袋《ふうたい》

担 かつぐ になう 荷物《にもつ》を担《かつ》ぐ・責任《せきにん》を担《にな》う

端 は 端数《はすう》・半端《はんぱ》

団　トン　座布団《ざぶとん》

壇　タン　土壇場《どたんば》

着　ジャク　愛着《あいじゃく》

沖　チュウ　沖天《ちゅうてん》・沖積層《ちゅうせきそう》

兆　きざす　きざし　新芽《しんめ》が兆《きざ》す・春《はる》の兆《きざ》し

澄　チョウ　清澄《せいちょう》

鎮　しずめる　しずまる　内乱《ないらん》を鎮《しず》める・争乱《そうらん》が鎮《しず》まる

通　ツ　通夜《つや》

定　さだか　定《さだ》かでない

滴　したたる　水《みず》が滴《したた》る

天　あめ　天《あめ》が下《した》

度　ト　御法度《ごはっと》

灯　ひ　灯《ひ》をともす

統　すべる　一党《いっとう》を統《す》べる

頭　ト　音頭《おんど》

道　トウ　神道《しんとう》

南　ナ　南無《なむ》

難　かたい　想像《そうぞう》に難《かた》くない

納　ナ　ナン　納屋《なや》・納戸《なんど》

白　ビャク　白夜《びゃくや》

博　バク　博徒《ばくと》

反　ホン　謀反《むほん》

坂　ハン　急坂《きゅうはん》・登坂《とうはん（と）》

否　いな　賛成《さんせい》か否《いな》か

卑　いやしい　いやしむ　いやしめる　卑《いや》しい根性《こんじょう》・人《ひと》を卑《いや》しめる

泌　ヒ　泌尿器《ひにょうき》

氷　ひ　氷室《ひむろ》

苗　ビョウ　種苗《しゅびょう》

病　ヘイ　疾病《しっぺい》

富　フウ　富貴《ふうき》

敷　フ　敷設《ふせつ》

風　フ　風情《ふぜい》

覆　くつがえす　くつがえる　政権《せいけん》を覆《くつがえ》す・判決《はんけつ》が覆《くつがえ》る

払　フツ　払暁《ふつぎょう》・払底《ふってい》

聞　モン　前代未聞《ぜんだいみもん》・聴聞《ちょうもん》

柄　ヘイ　横柄《おうへい》・葉柄《ようへい》

- **歩** フ　将棋《しょうぎ》の歩《ふ》
- **芳** かんばしい　芳《かんば》しい香《かお》り
- **奉** たてまつる　会長《かいちょう》に奉《たてまつ》る
- **法** ハッ　ホッ　御法度《ごはっと》・法主《ほっす》
- **倣** ならう　前例《ぜんれい》に倣《なら》う
- **亡** モウ　ない　亡者《もうじゃ》・亡《な》き父《ちち》の形見《かたみ》
- **傍** かたわら　勉強《べんきょう》の傍《かたわ》らラジオを聞《き》く
- **暴** あばく　不正《ふせい》を暴《あば》く
- **謀** ム　はかる　謀反《むほん》・暗殺《あんさつ》を謀《はか》る
- **翻** ひるがえる　ひるがえす　旗《はた》が翻《ひるがえ》る・決意《けつい》を翻《ひるがえ》す
- **凡** ハン　凡例《はんれい》
- **末** バツ　末座《ばつざ》

- **免** まぬかれる　罪《つみ》を免《まぬか》れる
- **面** つら　面構《つらがま》え・面《つら》の皮《かわ》
- **目** ま　目《ま》の当《あ》たり
- **由** ユイ　よし　由緒《ゆいしょ》・ご栄転《えいてん》の由《よし》
- **遊** ユ　物見遊山《ものみゆさん》
- **憂** うい　物憂《ものう》い
- **腰** ヨウ　腰痛《ようつう》
- **謡** うたい　うたう　謡物《うたいもの》・歌《うた》を謡《うた》う
- **欲** ほっする　立身《りっしん》を欲《ほっ》する
- **絡** からむ　からまる　からめる　金《かね》の絡《から》む話《はなし》・つたが絡《から》まる
- **利** きく　顔《かお》が利《き》く
- **立** リュウ　建立《こんりゅう》

- **律** リチ　律儀《りちぎ》（律義《りちぎ》）
- **流** ル　流転《るてん》・流浪《るろう》
- **陵** みささぎ　天皇《てんのう》の陵《みささぎ》
- **糧** ロウ　かて　兵糧《ひょうろう》・生《い》きる糧《かて》
- **緑** ロク　緑青《ろくしょう》
- **礼** ライ　礼賛《らいさん》
- **霊** リョウ　たま　悪霊《あくりょう》・御霊《みたま》
- **麗** うるわしい　麗《うるわ》しい女性《じょせい》
- **老** ふける　両親《りょうしん》が老《ふ》ける
- **和** オ　和尚《おしょう》

部首一覧

1画

一	いち
丨	ぼう たてぼう
丶	てん
ノ	の はらいぼう
乙	おつ
し	おつ
亅	はねぼう

2画

二	に
亠	なべぶた けいさんかんむり
人	ひと
イ	にんべん
𠆢	ひとやね
入	いる
儿	ひとあし にんにょう
八	はち
ハ	は
冂	どうがまえ けいがまえ まきがまえ
冖	わかんむり
冫	にすい
几	つくえ
凵	うけばこ
刀	かたな
刂	りっとう
力	ちから
勹	つつみがまえ
匕	ひ
匚	はこがまえ
匸	かくしがまえ
十	じゅう
卜	と うらない
卩	わりふ ふしづくり
㔾	わりふ ふしづくり
厂	がんだれ
厶	む
又	また

3画

口	くち
口	くちへん
囗	くにがまえ
土	つち
土	つちへん
士	さむらい
夂	すいにょう ふゆがしら
夕	た ゆうべ
大	だい
女	おんな
女	おんなへん
子	こ
子	こへん
宀	うかんむり
寸	すん
小	しょう
⺌	しょう
尢	だいのまげあし
尸	かばね しかばね
屮	てつ
山	やま
山	やまへん
川	かわ
巛	かわ
工	え たくみ
工	たくみへん
己	おのれ
巾	はば
巾	はばへん きんべん
干	かん いちじゅう
幺	よう いとがしら
广	まだれ
廴	えんにょう
廾	こまぬき にじゅうあし
弋	しきがまえ
弓	ゆみ
弓	ゆみへん
彑	けいがしら
彡	さんづくり
彳	ぎょうにんべん
⺍	つかんむり
忄	りっしんべん
扌	てへん
氵	さんずい
犭	けものへん
艹	くさかんむり
辶	しんにょう しんにゅう
阝	おおざと
阝	こざとへん

4画

心	こころ
⺗	したごころ
戈	ほこづくり ほこがまえ
戸	と
戸	とだれ とかんむり
手	て
支	し
攵	のぶん ぼくづくり
文	ぶん
斗	とます
斤	きん
斤	おのづくり
方	ほう
方	ほうへん かたへん
日	ひ
日	ひへん
曰	ひらび いわく
月	つき
月	つきへん
木	き
木	きへん
欠	あくび かける
止	とめる
歹	かばねへん いちたへん がつへん
殳	るまた ほこづくり
毋	なかれ
比	ならびひ くらべる
毛	け
氏	うじ
气	きがまえ
水	みず
火	ひ
火	ひへん
灬	れんが れっか
爪	つめ
爫	つめかんむり つめがしら
父	ちち
片	かた
片	かたへん
牙	きば
牛	うし
牛	うしへん
犬	いぬ
王	おう
王	おうへん たまへん
礻	しめすへん
耂	おいかんむり おいがしら
月	にくづき
辶	しんにょう しんにゅう

5画

玄	げん

5画																	
玉	瓦	甘	生	用	田	田	疋	疋	疒	癶	白	皮	皿	目	目	矛	矢
たま	かわら	かん あまい	うまれる	もちいる	た	たへん	ひき	ひきへん	やまいだれ	はつがしら	しろ	けがわ	さら	め	めへん	ほこ	や

														6画			
矢	旡	石	石	示	禾	禾	穴	穴	立	立	氺	罒	衤	竹	⺮	米	米
やへん	なし ぶ すでのつくり	いし	いしへん	しめす	のぎ	のぎへん	あな	あなかんむり	たつ	たつへん	したみず	あみがしら あみめ よこめ	ころもへん	たけ	たけかんむり	こめ	こめへん

糸	糸	缶	羊	羽	而	耒	耳	耳	聿	肉	自	至	臼	舌	舟	舟	艮
いと	いとへん	ほとぎ	ひつじ	はね	しかして しこうして	すきへん らいすき	みみ	みみへん	ふでづくり	にく	みずから	いたる	うす	した	ふね	ふねへん	ねづくり こんづくり

										7画							
色	虍	虫	虫	血	行	行	衣	西	襾	見	臣	角	角	言	言	谷	豆
いろ	とらがしら とらかんむり	むし	むしへん	ち	ぎょう	ぎょうがまえ ゆきがまえ	ころも	にし	おおいかんむり	みる	しん	かく つの	つのへん	げん	ごんべん	たに	まめ

豕	豸	貝	貝	赤	走	走	足	足	身	車	車	辛	辰	酉	酉	釆	釆
ぶた いのこ	むじなへん	かい こがい	かいへん	あか	はしる	そうにょう	あし	あしへん	み	くるま	くるまへん	からい	しんのたつ	ひよみのとり	とりへん	のごめ	のごめへん

					8画												
里	里	舛	麦	麦	金	金	長	門	門	阜	隶	隹	雨	雨	青	非	斉
さと	さとへん	まいあし	むぎ	ばくにょう	かね	かねへん	ながい	もん	もんがまえ	おか	れいづくり	ふるとり	あめ	あめかんむり	あお	あらず ひ	せい

	9画											10画					
食	面	革	革	音	頁	風	飛	食	食	首	香	馬	馬	骨	骨	高	髟
しょくへん	めん	かくのかわ つくりがわ	かわへん	おと	おおがい	かぜ	とぶ	しょく	しょくへん	くび	か かおり	うま	うまへん	ほね	ほねへん	たかい	かみがしら

					11画								12画		13画	14画
鬯	鬼	鬼	韋	竜	魚	魚	鳥	鹿	麻	黄	黒	亀	歯	歯	鼓	鼻
ちょう	おに	きにょう	なめしがわ	りゅう	うお	うおへん	とり	しか	あさ	き	くろ	かめ	は	はへん	つづみ	はな

メモ

メモ

メモ